GO MATH!

¡VIVAN LAS MATEMÁTICAS!

Volumen 1

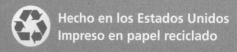

Hecho en los Estados Unidos
Impreso en papel reciclado

Houghton Mifflin Harcourt

Printed in the U.S.A.

ISBN 978-0-544-67817-0

1 2 3 4 5 6 7 8 9 10   0868   24 23 22 21 20 19 18 17 16 15

4500534462   ^ B C D E F G

Estimados estudiantes y familiares:

Bienvenidos a **Go Math! ¡Vivan las Matemáticas!** para 4.° grado. En este interesante programa de matemáticas encontrarán actividades prácticas y problemas del mundo real que tendrán que resolver. Y lo mejor de todo es que podrán escribir sus ideas y sus respuestas directamente en el libro. Escribir y dibujar en las páginas de **Go Math! ¡Vivan las Matemáticas!** les ayudará a percibir de manera detallada lo que están aprendiendo y ¡entenderán muy bien las matemáticas!

A propósito, todas las páginas de este libro están impresas en papel reciclado. Queremos que sepan que al participar en el programa **Go Math! ¡Vivan las Matemáticas!,** están ayudando a proteger el medio ambiente.

Atentamente,
Los autores

Hecho en los Estados Unidos
Impreso en papel reciclado

GO MATH!

¡VIVAN LAS MATEMÁTICAS!

Autores

Juli K. Dixon, Ph.D.
Professor, Mathematics Education
University of Central Florida
Orlando, Florida

Edward B. Burger, Ph.D.
President, Southwestern University
Georgetown, Texas

Steven J. Leinwand
Principal Research Analyst
American Institutes for
    Research (AIR)
Washington, D.C.

Contributor

Rena Petrello
Professor, Mathematics
Moorpark College
Moorpark, CA

Matthew R. Larson, Ph.D.
K-12 Curriculum Specialist for
    Mathematics
Lincoln Public Schools
Lincoln, Nebraska

Martha E. Sandoval-Martinez
Math Instructor
El Camino College
Torrance, California

English Language Learners Consultant

Elizabeth Jiménez
CEO, GEMAS Consulting
Professional Expert on English
    Learner Education
Bilingual Education and
    Dual Language
Pomona, California

Valor posicional y operaciones con números enteros

Estándares comunes · **Área de atención** Desarrollar la comprensión y fluidez de la multiplicación de varios dígitos, y desarrollar la comprensión de la división para encontrar cocientes que implican dividendos de varios dígitos

En el mundo Proyecto Los alimentos en el espacio **2**

Área de atención

APRENDE EN LÍNEA

¡Aprende en línea! Tus lecciones de matemáticas son interactivas.
Usa *i*Tools, Modelos matemáticos animados y el Glosario multimedia.

Presentación del Capítulo 1

En este capítulo explorarás y descubrirás las respuestas a las siguientes **Preguntas esenciales:**

• ¿Cómo puedes usar el valor posicional para comparar, sumar, restar y estimar números enteros?

• ¿Cómo comparas y ordenas números enteros?

• ¿Cuáles son algunas de las estrategias que puedes usar para redondear números enteros?

• ¿En qué se parece sumar y restar números de 5 y 6 dígitos a sumar y restar números de 3 dígitos?

Entrenador personal en matemáticas
Evaluación e intervención en línea

Presentación del Capítulo 2

En este capítulo explorarás y descubrirás las respuestas a las siguientes **Preguntas esenciales:**

• ¿Qué estrategias puedes usar para multiplicar por números de 1 dígito?

• ¿Cómo puedes usar modelos para multiplicar un número de varios dígitos por un número de 1 dígito?

• ¿Cómo puedes usar la estimación para comprobar tu respuesta?

• ¿Cómo usa el valor posicional la estrategia de productos parciales?

Práctica y tarea

Repaso de la lección y Repaso en espiral en cada lección

Presentación del Capítulo 3

En este capítulo explorarás y descubrirás las respuestas a las siguientes **Preguntas esenciales:**

• ¿Qué estrategias puedes usar para multiplicar números de 2 dígitos?

• ¿Cómo puedes usar el valor posicional para multiplicar números de 2 dígitos?

• ¿Cómo puedes elegir el mejor método para multiplicar números de 2 dígitos?

Dividir entre números de 1 dígito — 195

ÁREAS Operaciones y pensamiento algebraico
Números y operaciones en base diez
ESTÁNDARES ESTATALES COMUNES 4.OA.A.3, 4.NBT.B.6

Presentación del Capítulo 4

En este capítulo explorarás y descubrirás las respuestas a las siguientes **Preguntas esenciales:**

• ¿Cómo puedes dividir entre números de 1 dígito?

• ¿Cómo puedes usar el residuo en problemas de división?

• ¿Cómo puedes estimar cocientes?

• ¿Cómo puedes representar la división con un divisor de 1 dígito?

Presentación del
Capítulo 5

En este capítulo explorarás y descubrirás las respuestas a las siguientes **Preguntas esenciales:**

• ¿Cómo puedes hallar factores y múltiplos y cómo puedes generar y describir patrones numéricos?

• ¿Cómo puedes usar modelos o listas para hallar factores?

• ¿Cómo puedes crear un patrón numérico?

GAS ST

Fracciones y números decimales

Área de atención Desarrollar la comprensión de la equivalencia de las fracciones, la suma y la resta de fracciones con denominadores comunes, y la multiplicación de fracciones de números enteros

¡Aprende en línea! Tus lecciones de matemáticas son interactivas. Usa *i*Tools, Modelos matemáticos animados y el Glosario multimedia.

6 Equivalencia y comparación de fracciones — 325

ÁREA Números y operaciones: Fracciones
ESTÁNDARES ESTATALES COMUNES 4.NF.A.1, 4.NF.A.2

Presentación del Capítulo 6

En este capítulo explorarás y descubrirás las respuestas a las siguientes **Preguntas esenciales:**

- ¿Qué estrategias puedes usar para comparar fracciones y escribir fracciones equivalentes?
- ¿Qué modelos pueden ayudarte a comparar y ordenar fracciones?
- ¿Cómo puedes hallar fracciones equivalentes?
- ¿Cómo puedes resolver problemas que contienen fracciones?

7 Sumar y restar fracciones — 383

ÁREA Números y operaciones: Fracciones
ESTÁNDARES ESTATALES COMUNES 4.NF.B.3a, 4.NF.B.3b, 4.NF.B.3c, 4.NF.B.3d

Presentación del Capítulo 7

En este capítulo explorarás y descubrirás las respuestas a las siguientes **Preguntas esenciales:**

- ¿Cómo sumas o restas fracciones que tienen el mismo denominador?
- ¿Por qué sumas o restas los numeradores y no los denominadores?
- ¿Por qué conviertes los números mixtos cuando sumas o restas fracciones?
- ¿Cómo sabes que tu suma o diferencia es razonable?

Geometría, medición y datos

Estándares comunes

Área de atención Comprender que las figuras geométricas se pueden analizar y clasificar de acuerdo a sus propiedades, como lados paralelos, lados perpendiculares, medidas particulares de los ángulos y la simetría

---

APRENDE EN LÍNEA

¡Aprende en línea! Tus lecciones de matemáticas son interactivas. Usa *i*Tools, Modelos matemáticos animados y el Glosario multimedia.

Pregunta esencial
¿Cómo puedes identificar y dibujar puntos, líneas, segmentos, semirrectas y ángulos?
Comenzar

Presentación del Capítulo 10

En este capítulo explorarás y descubrirás las respuestas a las siguientes **Preguntas esenciales:**

- ¿Cómo puedes dibujar e identificar rectas y ángulos y cómo puedes clasificar figuras?
- ¿Qué son los bloques de geometría?
- ¿Cómo puedes clasificar triángulos y cuadriláteros?
- ¿Cómo reconoces la simetría en un polígono?

Presentación del Capítulo 11

En este capítulo explorarás y descubrirás las respuestas a las siguientes **Preguntas esenciales:**

- ¿Cómo puedes medir ángulos y resolver problemas de medidas de ángulos?
- ¿Cómo puedes usar fracciones y grados para comprender las medidas de los ángulos?
- ¿Cómo puedes usar un transportador para medir y clasificar ángulos?
- ¿Cómo pueden ayudarte las ecuaciones a hallar la medida de un ángulo?

Presentación del Capítulo 12

En este capítulo explorarás y descubrirás las respuestas a las siguientes **Preguntas esenciales:**

- ¿Cómo puedes usar el tamaño relativo de las unidades de medida para resolver problemas y para generar tablas de medidas que muestren una relación?
- ¿Cómo puedes comparar unidades métricas de longitud, masa o volumen líquido?
- ¿Cómo puedes comparar unidades del sistema usual de longitud, peso o volumen líquido?

Práctica y tarea

Repaso de la lección y Repaso en espiral en cada lección

Presentación del Capítulo 13

En este capítulo explorarás y descubrirás las respuestas a las siguientes **Preguntas esenciales:**

- ¿Cómo puedes usar fórmulas de perímetro y área para resolver problemas?
- ¿En qué se diferencia el área del perímetro?
- ¿Cuáles son algunos de los métodos que puedes usar para hallar el área y el perímetro de una figura?
- ¿Cómo pueden tener el mismo perímetro o la misma área dos rectángulos diferentes?

Valor posicional y operaciones con números enteros

Estándares comunes

ÁREA DE ATENCIÓN Desarrollar la comprensión y fluidez de la multiplicación de varios dígitos, y desarrollar la comprensión de la división para encontrar cocientes que implican dividendos de varios dígitos

Despegue del transbordador espacial desde el Centro Espacial Kennedy ▶

Los alimentos en el espacio

En los Estados Unidos se planea enviar una misión tripulada a Marte. La tripulación debe llevar todos los alimentos necesarios para el viaje, porque en Marte no hay alimento.

Para comenzar

ESCRIBE *Matemáticas*

Trabaja con un compañero. Serán los encargados de planificar la cantidad de alimentos necesarios para llevar en la misión a Marte. Deben decidir cuánto alimento se necesitará para todo el viaje. Usen los Datos importantes como ayuda. **Expliquen** su razonamiento.

Datos importantes

- Duración del viaje a Marte: 6 meses
- Duración de la estadía en Marte: 6 meses
- Duración del viaje de regreso a la Tierra: 6 meses
- Cantidad de astronautas: 6
- 2 tazas de agua pesan 1 libra.
- 1 mes = 30 días (en promedio).
- Cada astronauta necesita 10 tazas de agua y 4 libras de alimentos por día.

_____

_____

_____

_____

_____

_____

_____

_____

_____

_____

Completado por _____

Valor posicional, suma y resta hasta un millón

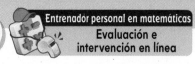

✓ Muestra lo que sabes

Comprueba si comprendes las destrezas importantes.

Nombre _____

▶ **Decenas y unidades** **Escribe los números que faltan.** (2.NBT.A.3)

1. 27 = _____ decenas y _____ unidades

2. 93 = _____ decenas y _____ unidades

▶ **Reagrupar centenas en decenas** **Reagrupa. Escribe los números que faltan.** (3.NBT.A.2)

3. 5 centenas y 4 decenas = _____ decenas

4. 8 centenas y 9 decenas = _____ decenas

▶ **Sumar y restar números de dos dígitos** **Suma o resta.** (3.NBT.A.2)

5.
$$\begin{array}{r} 27 \\ + 34 \\ \hline \end{array}$$

6.
$$\begin{array}{r} 95 \\ + 46 \\ \hline \end{array}$$

7.
$$\begin{array}{r} 84 \\ - 27 \\ \hline \end{array}$$

Matemáticas En el mundo

El estadio de los Phillies de Philadelphia es un gran campo de béisbol situado en Philadelphia, Pennsylvania. Usa las siguientes pistas para hallar la capacidad máxima del estadio.

• El número de 5 dígitos tiene un 4 en el lugar de mayor valor posicional y un 1 en el lugar de menor valor posicional.

• El dígito que está en el lugar de los millares tiene un valor de 3,000.

• El dígito que está en el lugar de las centenas es el doble del dígito que está en el lugar de los millares.

• Hay un 5 en el lugar de las decenas.

Desarrollo del vocabulario

▶ **Visualízalo** • • • • • • • • • • • • • • • • •

Escribe las palabras de repaso marcadas con ✓ de mayor a menor según su valor posicional.

Valor posicional

mayor _____

_____

_____

_____

menor _____

Palabras de repaso

✓ centenas

✓ decenas

✓ decenas de millar

✓ millares

operaciones inversas

✓ unidades

Palabras nuevas

estimación

forma desarrollada

forma escrita

forma normal

período

redondear

▶ **Comprende el vocabulario** • • • • • • • • • • • • • • • •

Lee la definición. ¿Qué palabra describe?

1. Reemplazar un número con otro número que indica de manera

   aproximada cuántos hay o cuánto hay _____

2. Una manera de escribir números mostrando el valor de cada dígito

   _____

3. Un número cercano a una cantidad exacta _____

4. Cada grupo de tres dígitos separado por una coma en un número de

   múltiples dígitos _____

5. Una manera de escribir números usando los dígitos 0 a 9, en la que

   cada dígito tiene un valor posicional _____

© Houghton Mifflin Harcourt Publishing Company

• **Libro interactivo del estudiante**
• **Glosario multimedia**

Vocabulario del Capítulo 1

estimación

estimate (*noun*)

27

forma desarrollada

expanded form

31

operaciones inversas

inverse operations

61

período

period

65

redondear

round

83

forma normal

standard form

33

millares

thousands

48

forma escrita

word form

32

Una manera de escribir los números mostrando el valor de cada dígito

Ejemplo: $253 = 200 + 50 + 3$

Un número cercano a la cantidad exacta. Una estimación indica cuántos o cuánto hay aproximadamente.

Cada grupo de tres dígitos en un número de varios dígitos; por lo general, los períodos suelen separarse con comas o espacios.

Ejemplo: 85,643,900 tiene tres períodos.

Período			Período		
centenas de millar	decenas de millar	millares	centenas	decenas	unidades

Operaciones que se cancelan entre sí, como la suma y la resta o la multiplicación y la división

Ejemplo: $6 \times 8 = 48$ y $48 \div 6 = 8$

Una manera de escribir los números usando los dígitos 0 a 9, en la que cada dígito ocupa un valor posicional

Ejemplo: 3,450 ◄—— forma normal

Reemplazar un número con otro número que indica cuánto o qué cantidad hay aproximadamente

Una manera de escribir los números con palabras

Ejemplo: cuatrocientos cincuenta y tres mil doscientos doce

El período que sigue al período de las unidades en el sistema numérico de base diez

Período			Período		
centenas de millar	decenas de millar	millares	centenas	decenas	unidades

Visita al espacio

Para 2 jugadores

Materiales

- 1 ficha de juego roja
- 1 ficha de juego azul
- Tarjetas de pistas
- 1 cubo numerado

Instrucciones

1. Coloca tu ficha en la SALIDA.

2. Lanza el cubo numerado y avanza esa cantidad de espacios.

3. Si caes en uno de los siguientes espacios:

   Espacio azul Sigue las instrucciones.

   Espacio rojo Saca una Tarjeta de pistas del montón. Lee la pregunta. Si tu respuesta es correcta, quédate con la tarjeta. Si no, coloca la tarjeta debajo del montón.

4. Junta al menos 5 Tarjetas de pistas. Recorre la pista todas las veces que necesites.

5. Cuando tengas 5 Tarjetas de pistas, toma el camino central más próximo para alcanzar la LLEGADA. Debes alcanzar la LLEGADA en pasos exactos.

6. Ganará la partida el primer jugador que alcance la LLEGADA.

Recuadro de palabras

estimación

forma desarrollada

forma escrita

forma normal

millares

operaciones
  inversas

período

redondear

SACA
UNA PISTA

Avanza 1 espacio.
turboporpulsores!
¡Los cohetes
tienen

LLEGADA

SACA
UNA PISTA

El mal tiempo
retrasa el despegue.
Retrocede 1 espacio.

Hay que reparar
los motores.
Retrocede 1 espacio.

SACA
UNA PISTA

LLEGADA

¡Listos para
el despegue!
Avanza
1 espacio.

SALIDA ▶

SACA
UNA PISTA

Escríbelo

Reflexiona

Elige una idea. Escribe sobre ella en el espacio de abajo.

- Describe cómo escribir un número de tres dígitos de tres maneras diferentes.

- ¿44,000 es una buena estimación de 43,986? Explica cómo lo sabes.

- Explica e ilustra dos maneras de redondear números.

Nombre _____

Representar relaciones de valor posicional

Pregunta esencial ¿Cómo puedes describir el valor de un dígito?

Estándares comunes Números y operaciones en base diez—4.NBT.A1
PRÁCTICAS MATEMÁTICAS
MP5, MP6

Soluciona el problema

Actividad Forma números hasta 10,000.

Materiales ■ bloques de base diez

1	10	100	1,000	10,000

  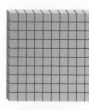 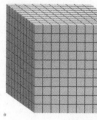

?

cubo   barra   marco   cubo   _____

1   10 unidades   _____ decenas   _____ centenas   _____ millares

Un cubo pequeño representa 1.

_____ cubos pequeños forman una barra. La barra representa _____.

_____ barras forman un marco. El marco representa _____.

_____ marcos forman un cubo grande. El cubo grande representa _____.

1. Describe el patrón de las formas de los modelos. ¿Cuál será la forma del modelo para 10,000?

_____

_____

_____

_____

Charla matemática

PRÁCTICAS MATEMÁTICAS ⑤

Representa ¿Qué otro tipo de bloque de base diez puedes usar para representar 100,000?

2. Describe el patrón que observas en el tamaño de los modelos. ¿Qué relación habrá entre el tamaño del modelo para 100,000 y el tamaño del modelo para 10,000?

_____

_____

_____

Valor de un dígito

El valor de un dígito depende del valor posicional que tenga en el número. Una tabla de valor posicional puede ayudarte a comprender el valor de cada dígito en un número. El valor de cada lugar es 10 veces mayor que el valor del lugar que está a su derecha.

 Escribe 894,613 en la tabla. Halla el valor del dígito 9.

MILLONES			MILLARES			UNIDADES		
Centenas	Decenas	Unidades	Centenas	Decenas	Unidades	Centenas	Decenas	Unidades
			8 centenas de millar	9 decenas de millar	4 millares	6 centenas	1 decena	3 unidades
			800,000	90,000	4,000	600	10	3

El valor del dígito 9 es 9 decenas de millar o _____.

 Compara el valor de los dígitos subrayados.

$$2,\underline{3}04 \qquad\qquad 16,1\underline{3}5$$

> **Charla matemática**
>
> **PRÁCTICAS MATEMÁTICAS ⑥**
>
> Describe cómo puedes comparar el valor de los dígitos sin dibujar un modelo.

PASO 1 Halla el valor de 3 en 2,304.

Muestra 2,304 en una tabla de valor posicional.

MILLARES			UNIDADES		
Centenas	Decenas	Unidades	Centenas	Decenas	Unidades

Piensa: El valor del dígito 3 es _____.

Representa el valor del dígito 3.

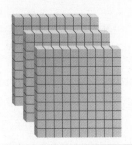

PASO 2 Halla el valor de 3 en 16,135.

Muestra 16,135 en una tabla de valor posicional.

MILLARES			UNIDADES		
Centenas	Decenas	Unidades	Centenas	Decenas	Unidades

Piensa: El valor del dígito 3 es _____.

Representa el valor del dígito 3.

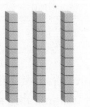

Cada centena es 10 veces mayor que 10, entonces 3 centenas es diez veces mayor que 3 decenas.

Entonces, el valor de 3 en 2,304 es _____ veces mayor que el valor de 3 en 16,135.

Nombre _____

1. Completa la siguiente tabla.

Número	1,000,000	100,000	10,000	1,000	100	10	1
Modelo	?	?	?				
Forma				cubo	marco	barra	cubo
Grupo				10 centenas	10 decenas	10 unidades	1 unidad

Halla el valor del dígito subrayado.

2. 703,890

_____

3. 63,540

_____

4. 182,034

_____

✓ **5.** 345,890

_____

Compara el valor de los dígitos subrayados.

6. 2,000 y 200

El valor de 2 en _____ es _____

veces mayor que el valor de 2 en _____.

✓ **7.** 40 y 400

El valor de 4 en _____ es _____ veces

mayor que el valor de 4 en _____.

Por tu cuenta

Halla el valor del dígito subrayado.

8. 230,001

_____

9. 803,040

_____

10. 46,842

_____

11. 980,650

_____

12. Greg ha ahorrado 4,385 monedas de 1¢ y Hannah ha ahorrado 3,899 monedas de 1¢. ¿Cuántas veces es mayor el valor de 3 en 3,899 que el valor de 3 en 4,385?

_____

13. MÁS AL DETALLE Shawn quiere representar el número 13,450 usando bloques de base diez. ¿Cuántos cubos grandes, marcos y barras necesita para representar ese número?

_____

© Houghton Mifflin Harcourt Publishing Company

Resolución de problemas • Aplicaciones 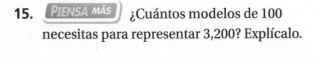 En el mundo

Usa la tabla para responder la pregunta 14.

14. MÁS AL DETALLE ¿Cuál es el valor del dígito 7 en la población de Memphis? ¿Cuál es el valor del dígito 1 en la población de Denver? ¿Cuántas veces mayor es este valor que el valor del dígito 1 en la población de Cleveland?

_____

15. PIENSA MÁS ¿Cuántos modelos de 100 necesitas para representar 3,200? Explícalo.

_____

_____

_____

Poblaciones de ciudades

Ciudad	Población*
Cleveland	431,369
Denver	610,345
Memphis	676,640

*Estimación de la Oficina del Censo de los EE. UU., 2009

16. PRÁCTICA MATEMÁTICA ⑥ Sid escribió 541,309 en un papel. **Explica** con números y palabras cómo cambiaría el número si intercambiara el dígito que está en la posición de las centenas de millar con el dígito que está en la posición de las decenas.

ESCRIBE ▸ *Matemáticas* • **Muestra tu trabajo**

_____

_____

_____

17. PIENSA MÁS En los ejercicios 17a a 17e, elige Verdadero o Falso para cada enunciado.

17a.	El valor de 7 en 375,081 es 7,000.	○ Verdadero	○ Falso
17b.	El valor de 6 en 269,480 es 600,000.	○ Verdadero	○ Falso
17c.	El valor de 5 en 427,593 es 500.	○ Verdadero	○ Falso
17d.	El valor de 1 en 375,081 es 10.	○ Verdadero	○ Falso
17e.	El valor de 4 en 943,268 es 40,000.	○ Verdadero	○ Falso

Representar relaciones de valor posicional

 ESTÁNDAR COMÚN—4.NBT.A.1
Generalizan la comprensión del valor de posición para los números enteros de dígitos múltiples.

Halla el valor del dígito subrayado.

1. 6,0<u>3</u>5

2. 43,<u>7</u>82

3. 506,08<u>7</u>

4. 4<u>9</u>,254

_____ _____ _____ _____

5. 1<u>3</u>6,422

6. 673,<u>5</u>12

7. <u>8</u>14,295

8. 73<u>6</u>,144

_____ _____ _____ _____

Compara el valor de los dígitos subrayados.

9. 6,<u>3</u>00 y 5<u>3</u>0

El valor de 3 en _____ es _____ veces

mayor que el valor de 3 en _____ .

10. <u>2</u>,783 y 7,<u>2</u>83

El valor de 2 en _____ es _____ veces

mayor que el valor de 2 en _____ .

Resolución de problemas En el mundo

Usa la tabla para responder las preguntas 11 y 12.

11. ¿Cuál es el valor del dígito 9 en la asistencia al partido de los Redskins contra los Titans?

_____

12. ¿En qué partido la asistencia tiene un 7 en el lugar de las decenas de millar?

_____

Asistencia a partidos de fútbol americano	
Partido	**Asistencia**
Redskins contra Titans	69,143
Ravens contra Panthers	73,021
Patriots contra Colts	68,756

13. **ESCRIBE** ▸*Matemáticas* ¿Cómo se compara un dígito en el lugar de las decenas de millar con un dígito en el lugar de los millares?

_____

_____

_____

Repaso de la lección (4.NBT.A1)

1. Durante una temporada, un total de 453,193 personas asistieron a los partidos de un equipo de béisbol. ¿Cuál es el valor del dígito 5 en el número de personas?

_____

_____

2. Hal olvidó el número de personas que había en el partido de básquetbol. Pero sí recuerda que el número tenía cuatro dígitos y un 3 en el lugar de las decenas. Escribe un número que se le pueda ocurrir a Hal.

_____

_____

Repaso en espiral (Repaso de 3.NBT.A.3, 3.NF.A.1, 3.MD.A.1, 3.G.A.1)

3. Los panecillos para perritos calientes vienen en paquetes de 8. Para la merienda de la escuela, el Sr. Spencer compró 30 paquetes de panecillos para perritos calientes. ¿Cuántos panecillos compró?

_____

4. Hay 8 estudiantes en el microbús. Cinco de los estudiantes son niños. ¿Qué fracción de los estudiantes son niños?

_____

5. En el reloj que está a continuación se muestra la hora en que Amber sale de su casa para ir a la escuela. ¿A qué hora sale Amber de su casa?

_____

6. Jeremy dibujó un polígono con cuatro ángulos rectos y cuatro lados que tienen la misma longitud.

¿Qué clase de polígono dibujó Jeremy?

_____

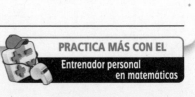

PRACTICA MÁS CON EL
Entrenador personal
en matemáticas

Leer y escribir números

Pregunta esencial ¿Cómo puedes leer y escribir números hasta las centenas de millar?

Estándares comunes Números y operaciones en base diez—4.NBT.A.2

PRÁCTICAS MATEMÁTICAS
MP2, MP4, MP7

Soluciona el problema · En el mundo

La Estación Espacial Internacional usa 262,400 celdas solares para convertir la luz del sol en electricidad.

Escribe 262,400 en la forma normal, la forma escrita y la forma desarrollada.

Usa una tabla de valor posicional.

Cada grupo de tres dígitos separado por una coma se llama **período**. Cada período tiene centenas, decenas y unidades. El mayor valor posicional en el período de los millares es el de las centenas de millar.

Escribe 262,400 en la siguiente tabla de valor posicional.

PERÍODO   PERÍODO

MILLARES			UNIDADES		
Centenas	Decenas	Unidades	Centenas	Decenas	Unidades

El número 262,400 tiene dos períodos: los millares y las unidades.

Forma normal: 262,400

Forma escrita: doscientos sesenta y dos mil cuatrocientos

Forma desarrollada: 200,000 + 60,000 + 2,000 + 400

Charla matemática · **PRÁCTICAS MATEMÁTICAS** ⑦

Busca estructuras ¿Cómo puedes usar una tabla de valor posicional para saber qué dígito de un número tiene el mayor valor?

¡Inténtalo! Usa el valor posicional para leer y escribir números.

Ⓐ Forma normal: _____

   Forma escrita: noventa y dos mil ciento setenta

   Forma desarrollada:

   90,000 + 2,000 + _____ + 70

Ⓑ Forma normal: 200,007

   Forma escrita:

   doscientos _____ _____

   Forma desarrollada:

   _____ + 7

1. ¿Cómo puedes usar el valor posicional y el nombre de los períodos para leer y escribir 324,904 en la forma escrita?

_____

_____

_____

Lee y escribe el número de otras dos formas.

2. cuatrocientos ocho mil diecisiete

_____

_____

3. 65,058

_____

_____

PRÁCTICAS MATEMÁTICAS ②

Charla matemática

Símbolos y palabras Explica cómo puedes usar la forma desarrollada de un número para escribir el número en la forma normal.

Por tu cuenta

Lee y escribe el número de otras dos formas.

4. quinientos ocho mil

_____

5. cuarenta mil seiscientos diecinueve

_____

6. 570,020

_____

7. 400,000 + 60,000 + 5,000 + 100

_____

8. Durante la semana de la feria del condado, se vendieron quince mil seiscientos nueve entradas. ¿Es correcto escribir este número como 15,069? Explica.

_____

9. *MÁS AL DETALLE* En el partido de fútbol del sábado había 94,172 personas. En el partido de fútbol del lunes había 1,000 personas menos. En la forma escrita, ¿cuántas personas había en el partido de fútbol del lunes?

_____

10. Richard obtuvo 263,148 resultados en una búsqueda en Internet. ¿Cuál es el valor del dígito 6 en este número? Explica.

_____

_____

Nombre _____

11. Yvonne escribió los números dieciséis mil novecientos dieciocho y 64,704 en el pizarrón. ¿Cuál de los números tiene un valor mayor en el lugar de los millares?

_____

12. **MÁS AL DETALLE** Matthew halló la suma de 3 millares 4 centenas 3 decenas 1 unidad + 4 millares 8 centenas 3 decenas 5 unidades. Victoria halló la suma de 5 millares 7 centenas 4 unidades + 3 millares 2 centenas 3 decenas 1 unidad. ¿Quién obtuvo la suma mayor? ¿Cuál fue la suma mayor?

_____

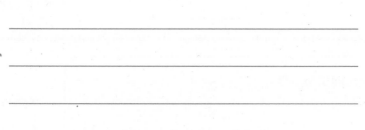
Resolución de problemas • Aplicaciones En el mundo

Usa la tabla para resolver los problemas 13 a 15.

13. **PRÁCTICA MATEMÁTICA ④** **Usa las gráficas** ¿Qué ciudad tiene una población de doscientos cincuenta y cinco mil ciento veinticuatro?

_____

14. Escribe la población de Raleigh en la forma desarrollada y en la forma escrita.

_____

_____

Ciudades importantes de North Carolina	
Ciudad	**Población***
Durham	229,171
Greensboro	255,124
Raleigh	405,612

*Estimación de la Oficina del Censo de los EE. UU., 2008

15. **PIENSA MÁS** **¿Cuál es el error?** Sophia dijo que la forma desarrollada de 605,970 es 600,000 + 50,000 + 900 + 70. Describe el error de Sophia y da la respuesta correcta.

_____

_____

_____

_____

Soluciona el problema En el mundo

16. **MÁS AL DETALLE** Mark arrojó seis pelotas mientras participaba en un juego de números. Tres pelotas cayeron en una sección y tres pelotas cayeron en otra sección. Su puntaje es mayor que una centena de millar. ¿Cuál podría ser ese puntaje?

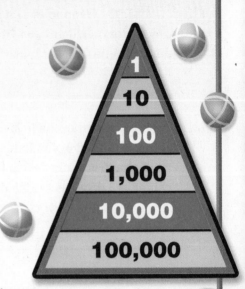

a. ¿Qué sabes? _____

_____

b. ¿Cómo puedes usar lo que sabes sobre el valor posicional para

hallar el puntaje de Mark? _____

_____

_____

_____

_____

_____

c. Haz un diagrama para mostrar una manera de resolver el problema.

d. Completa las oraciones.

Tres pelotas podrían haber caído en la

sección de_____.

Tres pelotas podrían haber caído en la

sección de _____.

El puntaje de Mark podría ser _____

_____.

17. **PIENSA MÁS** ¿Cuál es otra manera de escribir 615,004?
Marca todas las opciones correctas.

(A) seiscientos quince mil cuatro

(B) seiscientos cinco mil catorce

(C) 60,000 + 10,000 + 5,000 + 4

(D) 600,000 + 10,000 + 5,000 + 4

Leer y escribir números

Estándares comunes **ESTÁNDAR COMÚN—4.NBT.A.2**
Generalizan la comprensión del valor de posición para los números enteros de dígitos múltiples.

Lee y escribe el número de otras dos formas.

1. seiscientos noventa y dos mil cuatro

forma normal: 692,004;

forma desarrollada:

600,000 + 90,000 +

2,000 + 4

2. 314,207

3. 600,000 + 80,000 + 10

Usa el número 913,256.

4. Escribe el nombre del período que tiene los dígitos 913.

5. Escribe el dígito que está en el lugar de las decenas de millar.

6. Escribe el valor del dígito 9.

Resolución de problemas

Usa la tabla para responder las preguntas 7 y 8.

Población en 2008

Estado	Población
Alaska	686,293
Dakota del Sur	804,194
Wyoming	532,668

7. ¿En qué estado la población es ochocientos cuatro mil ciento noventa y cuatro?

8. ¿Cuál es el valor del dígito 8 en la población de Alaska?

9. **ESCRIBE** ▸*Matemáticas* ¿Está *70 mil* en la forma normal o en la forma escrita? Explica.

_____

_____

_____

Repaso de la lección (4.NBT.A.2)

1. Según una investigación del año 2008, los niños de entre 6 y 11 años miran sesenta y nueve mil ciento ocho minutos de televisión al año. ¿Cómo se escribe ese número en forma normal?

_____

2. ¿Cuál es el valor del dígito 4 en el número 84,230?

_____

Repaso en espiral (Repaso de 3.OA.C.7, 3.OA.D.8, 3.OA.D.9, 4.NBT.A.1)

3. Una hormiga tiene 6 patas. ¿Cuántas patas tienen 8 hormigas?

_____

4. Las vacaciones de Latricia comienzan dentro de 4 semanas. Hay 7 días en una semana. ¿Cuántos días faltan para las vacaciones de Latricia?

_____

5. Marta juntó 363 latas. Diego juntó 295 latas. ¿Cuántas latas juntaron Marta y Diego?

_____

6. La ciudad donde vive Tim tiene 106,534 habitantes. ¿Cuál es el valor de 6 en 106,534?

_____

PRACTICA MÁS CON EL
Entrenador personal
en matemáticas

Nombre _____

Comparar y ordenar números

Pregunta esencial ¿Cómo puedes comparar y ordenar números?

Estándares comunes Números y operaciones en base diez— 4.NBT.A.2
PRÁCTICAS MATEMÁTICAS
MP2, MP4, MP7

 Soluciona el problema En el mundo

El Parque Nacional del Gran Cañón, en Arizona, recibió 651,028 visitantes en julio de 2008 y 665,188 en julio de 2009. ¿En qué año recibió el parque más visitantes durante el mes de julio?

- ¿Cuántos visitantes hubo en julio de 2008?

  _____

- ¿Cuántos visitantes hubo en julio de 2009?

  _____

Ejemplo 1 Usa una tabla de valor posicional.

Puedes usar una tabla de valor posicional para alinear los dígitos según el valor posicional. Alínea las unidades con las unidades, las decenas con las decenas y así sucesivamente. Compara 651,028 y 665,188.

Escribe 651,028 y 665,188 en la siguiente tabla de valor posicional.

MILLARES			UNIDADES		
Centenas	Decenas	Unidades	Centenas	Decenas	Unidades

Comienza desde la izquierda. Compara los dígitos en cada valor posicional hasta que los dígitos no coincidan.

PASO 1 Compara las centenas de millar.

651,028

665,188

6 centenas de millar ◯ 6 centenas de millar
↑ Escribe <, > o =.

Los dígitos que están en el lugar de las centenas de millar son iguales.

PASO 2 Compara las decenas de millar.

651,028

665,188

5 decenas de millar ◯ 6 decenas de millar
↑ Escribe <, > o =.

5 decenas de millar es menor que 6 decenas de millar. Entonces, 651,028 < 665,188.

Como 651,028 < 665,188, hubo más visitantes en julio de 2009 que en julio de 2008.

🔒 Ejemplo 2 Usa una recta numérica para ordenar 10,408, 10,433 y 10,416 de menor a mayor.

Ubica y rotula cada punto en la recta numérica. El primer punto está marcado como ejemplo.

10,408

|←—————————————————————————————————————→|
10,400   10,410   10,420   10,430   10,440   10,450

Piensa: Los números que están a la izquierda están más cerca de 0.

Entonces, los números ordenados de menor a mayor son 10,408, 10,416 y 10,433. 10,408 < 10,416 < 10,433

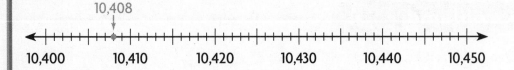

Comparte y muestra 🖊 MATH BOARD

1. Compara 15,327 y 15,341.
   Escribe <, > o =. Usa la recta numérica como ayuda.

|←—————————————————————————————————————→|
15,300   15,310   15,320   15,330   15,340   15,350   15,360

15,327 ◯ 15,341

Compara. Escribe <, > o =.

2. $631,328 ◯ $640,009

✅ 3. 56,991 ◯ 52,880

4. 708,561 ◯ 629,672

5. 143,062 ◯ 98,643

Ordena de mayor a menor.

✅ 6. 20,650; 21,150; 20,890

_____

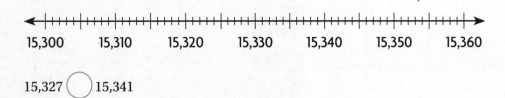

Charla matemática

PRÁCTICAS MATEMÁTICAS ②

Razona ¿Por qué no se comienza con los dígitos de las unidades cuando se comparan tres números de varios dígitos?

Nombre _____

Compara. Escribe <, > o =.

7. $2,212 $\bigcirc$ $2,600

8. 88,304 $\bigcirc$ 88,304

9. $524,116 $\bigcirc$ $61,090

10. 751,272 $\bigcirc$ 851,001

Ordena de menor a mayor.

11. 41,090; 41,190; 40,009

12. 910,763; 912,005; 95,408

_____

_____

PRÁCTICA MATEMÁTICA 7 Identifica las relaciones **Álgebra** Escribe todos los dígitos que pueden reemplazar a cada ▪.

13. $567 < 5$▪$5 < 582$

14. $464,545 > 4$▪$3,535 > 443,550$

_____

_____

15. MÁS AL DETALLE El cuentakilómetros en el auto de Leah marca 156,261 millas. El cuentakilómetros en el auto de Casey marca 165,002 millas. El cuentakilómetros en el auto de Mike marca 145,834 millas. ¿De quién es el auto que tiene más millas? Ordena las cantidades en millas de menor a mayor.

_____

16. MÁS AL DETALLE En la tienda de autos usados de Mónica, el personal de ventas se propuso un objetivo de $25,500 en ventas por semana. Las ventas durante tres semanas fueron $28,288, $25,369 y $25,876. ¿Qué total no alcanzó el objetivo?

_____

17. PIENSA MÁS ¿Cuál es el error? Max dijo que 36,594 es menor que 5,980 porque 3 es menor que 5. **Describe** el error de Max y da la respuesta correcta.

_____

_____

_____

Resolución de problemas • Aplicaciones En el mundo

Usa la gráfica con dibujos para resolver los problemas 18 a 20.

18. **PRÁCTICA MATEMÁTICA ④ Usa gráficas** ¿En qué mes el Parque Nacional del Gran Cañón tuvo aproximadamente 7,500 campistas?

_____

19. _MÁS AL DETALLE_ ¿Cuántos campistas más hubo en julio y agosto que en junio y septiembre?

_____

20. ¿Qué pasaría si durante el mes de octubre el parque tuviera 22,500 campistas? ¿Cuántos símbolos habría en la gráfica con dibujos para el mes de octubre?

_____

Campistas del Parque Nacional del Gran Cañón	
Mes (2008)	**Número estimado de campistas**
Junio	🏕️ 🏕️
Julio	🏕️ 🏕️ 🏕️
Agosto	🏕️ 🏕️ 🏕️
Septiembre	🏕️ 🏕️

Clave: Cada 🏕️ = 5,000.

21. _PIENSA MÁS_ **¿Cuál es la pregunta?** Compara: 643,251, 633,512 y 633,893. La respuesta es 633,512.

_____

_____

Entrenador personal en matemáticas

22. _PIENSA MÁS ➕_ La escuela de Zachary se propuso juntar 12,155 latas de comida por día. Durante los primeros 3 días juntaron 12,250 latas, 10,505 latas y 12,434 latas. Escribe cada número en la tabla, según hayan alcanzado su objetivo o no.

| 12,434 | 10,505 | 12,250 |

Alcanzaron su objetivo	No alcanzaron su objetivo

Nombre _____

Comparar y ordenar números

Estándares comunes

ESTÁNDAR COMÚN— 4.NBT.A.2
Generalizan la comprensión del valor de posición para los números enteros de dígitos múltiples.

Compara. Escribe <, > o =.

1. 3,273 $\bigcirc$ < 3,279

2. $1,323 $\bigcirc$ $1,400

3. 52,692 $\bigcirc$ 52,692

4. $413,005 $\bigcirc$ $62,910

5. 382,144 $\bigcirc$ 382,144

6. 157,932 $\bigcirc$ 200,013

7. 401,322 $\bigcirc$ 410,322

8. 989,063 $\bigcirc$ 980,639

9. 258,766 $\bigcirc$ 258,596

Ordena de menor a mayor.

10. 23,710; 23,751; 23,715

_____

11. 52,701; 54,025; 5,206

_____

12. 465,321; 456,321; 456,231

_____

13. $330,820; $329,854; $303,962

_____

Resolución de problemas En el mundo

14. Un periódico en línea tuvo 350,080 visitantes en octubre, 350,489 en noviembre y 305,939 en diciembre. ¿Cuál es el orden de los meses de mayor a menor según el número de visitantes?

_____

15. A continuación se muestra el área continental total en millas cuadradas de tres estados.

    Colorado: 103,718

    Nuevo México: 121,356

    Arizona: 113,635

¿Cuál es el orden de los estados de menor a mayor según el área continental total?

_____

16. **ESCRIBE** ▸*Matemáticas* Supón que los dígitos que están más a la izquierda en dos números son 8 y 3. ¿Puedes saber cuál número es el mayor? Explica.

_____

_____

_____

Repaso de la lección (4.NBT.A.2)

1. En la campaña anual para recaudar fondos, la meta de una compañía sin fines de lucro era recaudar $55,500 por día. Después de tres días, había recaudado $55,053; $56,482 y $55,593. ¿Qué cantidad fue menor que la meta diaria?

_____

2. Ordena los siguientes números de mayor a menor: 90,048; 93,405; 90,543.

_____

Repaso en espiral (Repasos de 3.NF.A.3d, 3.MD.D.8, 4.NBT.A.1, 4.NBT.A.2)

3. Escribe una fracción que sea menor que $\frac{5}{6}$ y tenga un denominador de 8.

_____

4. ¿Cuál es el perímetro del siguiente rectángulo?

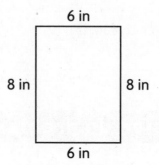

6 in
8 in   8 in
6 in

_____

5. Una página web tuvo 826,140 visitas el mes pasado. ¿Cuál es el valor de 8 en 826,140?

_____

6. Escribe 680,705 en forma desarrollada.

_____

PRACTICA MÁS CON EL
Entrenador personal
en matemáticas

Nombre _____

Redondear números

Pregunta esencial ¿Cómo puedes redondear números?

Estándares comunes Números y operaciones en base diez—4.NBT.A.3

PRÁCTICAS MATEMÁTICAS
MP2, MP4, MP6

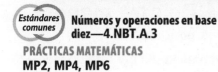

🔑 Soluciona el problema

Durante mayo de 2008, el monumento nacional monte Rushmore en South Dakota recibió 138,202 visitantes. Una página web informó que alrededor de cien mil personas visitaron el parque durante ese mes. ¿La estimación es razonable?

- Subraya lo que debes hallar.
- Encierra en un círculo la información que usarás.

Una **estimación** te indica aproximadamente cuántos o cuánto. Es un número cercano a una cantidad exacta. Puedes **redondear** un número para hallar una estimación.

🔑 De una manera Usa una recta numérica.

Para redondear un número a la centena de millar más próxima, halla las centenas de millar entre las que se encuentra.

_____ $<$ 138,202 $<$ _____

Usa una recta numérica para ver de qué centena de millar está más cerca 138,202.

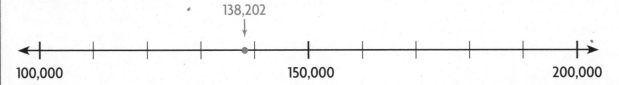

138,202

100,000   150,000   200,000

138,202 está más cerca de _____ que de _____.

Entonces, cien mil es una estimación razonable para 138,202.

Charla matemática PRÁCTICAS MATEMÁTICAS ④

Usa modelos ¿Cómo puedes usar un modelo para redondear números?

1. ¿Qué número está en el medio de 100,000 y 200,000?

_____

2. Si sabes dónde está el punto medio, ¿cómo te ayuda esa información a hallar de qué centena de millar está más cerca 138,202? Explica.

_____

_____

_____

🔑 De otra manera Usa el valor posicional.

El monte Rushmore está ubicado a 5,725 pies sobre el nivel del mar. ¿Aproximadamente a qué altura sobre el nivel del mar está el monte Rushmore, redondeada al millar de pies más próximo?

Para redondear un número al millar más próximo, halla los millares entre los que se encuentra.

_____ < 5,725 < _____

Observa el dígito que está en el valor posicional de la derecha.

5,725

Piensa: El dígito que está en el lugar de las centenas es 7. Entonces, 5,725 está más cerca de 6,000 que de 5,000.

Entonces, el monte Rushmore está aproximadamente a _____ pies sobre el nivel del mar.

> **Charla matemática**
>
> PRÁCTICAS MATEMÁTICAS ⑥
>
> **Explica** la diferencia entre usar un modelo y usar un valor posicional al redondear números.

---

3. ¿Qué número está en el medio de 70,000 y 80,000?

_____

4. ¿Cuánto es 75,000 redondeado a la decena de millar más próxima? Explica.

_____

_____

_____

> **Idea matemática**
>
> Cuando un número está exactamente en el medio de dos números de redondeo, redondea al número mayor.

¡Inténtalo! Redondea al valor posicional del dígito subrayado.

Ⓐ 6̲4,999

_____

Ⓒ 301̲,587

_____

Ⓑ 8̲50,000

_____

Ⓓ 10̲,832

_____

Nombre _____

1. Supón que en una ciudad viven 255,113 personas. ¿Es razonable decir que aproximadamente 300,000 personas viven en esa ciudad? Usa la recta numérica como ayuda para resolver el problema. Explícalo.

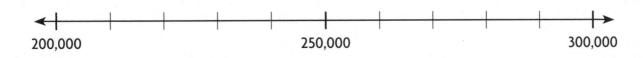

200,000   250,000   300,000

_____

_____

Redondea al valor posicional del dígito subrayado.

2. 934,567   ✓ 3. 641,267   4. 234,890   ✓ 5. 347,456

_____   _____   _____   _____

Por tu cuenta

Redondea al valor posicional del dígito subrayado.

6. *MÁS AL DETALLE* Redondeado a la centena más próxima, una fábrica produjo 3,600 frascos de puré de manzana el jueves y 4,200 frascos de puré de manzana el viernes. Redondeando al millar más próximo, ¿cuántos frascos de puré de manzana produjeron en los dos días?

_____

Resolución de problemas • Aplicaciones *En el mundo*

7. *PIENSA MÁS* Al número 2,⬛00 le falta un dígito. Ese número redondeado al millar más próximo es 3,000. Escribe todas las posibilidades para el dígito que falta. Explica tu respuesta.

_____

_____

_____

_____

8. MÁS AL DETALLE Un elefante pesa 6,728 libras. Una elefanta pesa 5,843 libras. Redondeando a la centena más próxima, ¿cuál es el peso total de ambos elefantes?

_____

9. PIENSA MÁS Aproximadamente 300,000 personas asistieron a un festival. Para los ejercicios 9a a 9e, elige Sí o No para indicar qué números podrían ser el número exacto de personas que asistieron al festival.

9a. 351,213   ○ Sí   ○ No

9b. 249,899   ○ Sí   ○ No

9c. 252,348   ○ Sí   ○ No

9d. 389,001   ○ Sí   ○ No

9e. 305,992   ○ Sí   ○ No

Conectar con las Ciencias

Recopilación de datos

Algunos científicos cuentan y miden grupos de cosas. Se pueden usar puntos de referencia para estimar el tamaño de un grupo o una población. Un *punto de referencia* es un número conocido de cosas que sirve como ayuda para comprender el tamaño o la cantidad de un número diferente de esas cosas.

Usa el punto de referencia para hallar una estimación razonable del número de conchitas de almeja que se necesitarían para llenar un frasco.

Se necesitaría una cantidad alrededor de 5 veces mayor que el punto de referencia para llenar el frasco. $100 + 100 + 100 + 100 + 100 = 500$

Punto de referencia 100 conchitas

200; 500; o 5,000

La estimación más razonable del número de conchitas de almeja que se necesitarían para llenar el frasco es 500 piezas.

PRÁCTICA MATEMÁTICA ① Evalúa si es razonable **Usa el punto de referencia para hallar una estimación razonable. Encierra en un círculo la estimación razonable.**

10.

500 cuentas   1,000; 2,000; o 3,000

11.

10,000 briznas de pasto   1,000; 10,000; o 100,000

Redondear números

 ESTÁNDAR COMÚN— 4.NBT.A.3
Generalizan la comprensión del valor de posición para los números enteros de dígitos múltiples.

Redondea al valor posicional del dígito subrayado.

1. 8<u>6</u>2,840

862,840   _860,000_

↑
menor que 5

2. 12<u>3</u>,499

_____

3. <u>5</u>52,945

_____

- Observa el dígito que está a la derecha.

- Si el dígito que está a la derecha es *menor que* 5, el dígito que está en el lugar de redondeo queda igual.

- Si el dígito que está a la derecha es 5 o *mayor*, el dígito que está en el lugar de redondeo aumenta en uno.

- Escribe ceros para los dígitos que están a la derecha del lugar de redondeo.

4. 3<u>8</u>9,422

_____

5. <u>2</u>09,767

_____

6. 19<u>1</u>,306

_____

7. <u>6</u>6,098

_____

Resolución de problemas

Usa la tabla para resolver los problemas 8 y 9.

8. Halla la altura del monte Whitney en la tabla. Redondea la altura al millar de pies más próximo.

_____ pies

9. ¿Cuál es la altura del monte Bona redondeada a la decena de millar de pies más próxima?

_____ pies

Altura de los montes		
Nombre	**Estado**	**Altura (pies)**
monte Bona	Alaska	16,500
monte Whitney	California	14,494

10. **ESCRIBE** ▸*Matemáticas*   Jessie dice que si debe redondear 763,400 a la decena de millar más próxima, redondearía este número a 770,000. ¿Está en lo correcto? Explica.

_____

Repaso de la lección (4.NBT.A.3)

1. ¿Qué número es 247,039 redondeado al millar más próximo?

_____

_____

2. En 2008, se estimó que la población de Vermont era 620,000 redondeada a la decena de millar más próxima. ¿Cuál puede haber sido la población exacta de Vermont en 2008?

_____

_____

Repaso en espiral (Repaso de 3.NF.A.1, 4.NBT.A.2)

3. Escribe el símbolo que hace que el siguiente enunciado numérico sea verdadero.

$$\$546{,}322 \bigcirc \$540{,}997$$

4. En agosto de 2009, pasaron alrededor de 714,587 pasajeros por el Aeropuerto Internacional de Pittsburgh. Escribe un número mayor que 714,587.

_____

_____

5. June hizo un diseño con 6 fichas iguales. Una ficha es amarilla, 2 son azules y 3 son moradas. ¿Qué fracción de las fichas son amarillas y moradas?

_____

_____

6. La clase de cuarto grado juntó 40,583 latas y botellas de plástico. Escribe este número en palabras.

_____

_____

PRACTICA MÁS CON EL
Entrenador personal
en matemáticas

Revisión de la mitad del capítulo

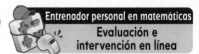
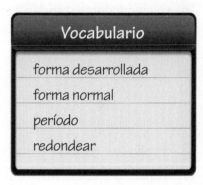
Entrenador personal en matemáticas
Evaluación e
intervención en línea

Vocabulario

Elige el término del recuadro que mejor corresponda.

Vocabulario
forma desarrollada
forma normal
período
redondear

1. La _____ de 23,850 es 20,000 + 3,000 + 800 + 50. (pág. 11)

2. Puedes _____ para hallar *alrededor* de cuánto o de cuántos. (pág. 23)

3. En 192,860 los dígitos 1, 9 y 2 están en el mismo _____. (pág. 11)

Conceptos y destrezas

Halla el valor del dígito subrayado. (4.NBT.A.1)

4. 3<u>8</u>0,671

5. 10,6<u>9</u>8

6. <u>6</u>50,234

_____   _____   _____

Escribe el número de otras dos formas. (4.NBT.A.2)

7. 293,805

8. 300,000 + 5,000 + 20 + 6

_____   _____

_____   _____

_____   _____

Compara. Escribe <, > o =. (4.NBT.A.2)

9. 457,380 ◯ 458,590

10. 390,040 ◯ 39,040

11. 11,809 ◯ 11,980

Redondea al valor posicional del dígito subrayado. (4.NBT.A.3)

12. <u>1</u>40,250

13. 10,<u>4</u>50

14. 126,<u>2</u>34

_____   _____   _____

15. El año pasado, trescientas veintitrés mil personas visitaron el museo. ¿Cuál es el número en la forma normal? (4.NBT.A.2)

_____

16. Rachel redondeó 16,473 a la centena más próxima. Luego, redondeó su respuesta al millar más próximo ¿Cuál es el número final? (4.NBT.A.3)

_____

17. ¿Cuál es el volcán más alto de la cordillera de las Cascadas? (4.NBT.A.2)

Volcanes de la cordillera de las Cascadas		
Nombre	**Estado**	**Altura (en pies)**
Lassen Peak	CA	10,457
Monte Rainier	WA	14,410
Monte Shasta	CA	14,161
Monte Saint Helens	WA	8,364

_____

18. Richard obtuvo 263,148 resultados cuando realizó una búsqueda en Internet. ¿Cuál es el valor del dígito 6 en este número? (4.NBT.1)

_____

© Houghton Mifflin Harcourt Publishing Company

Nombre _____

Convertir números

Pregunta esencial ¿Cómo puedes convertir un número entero?

Estándares comunes

Números y operaciones en base diez—4.NBT.A.1
También 4.NBT.A.2

PRÁCTICAS MATEMÁTICAS
MP2, MP5, MP7

Investigar

Materiales ■ bloques de base diez

Puedes reagrupar números para convertirlos.

A. Usa cubos grandes y marcos para representar 1,200. Haz un dibujo rápido de tu modelo.

En el modelo se muestran _____ cubo grande y _____ marcos.

Otra manera de expresar 1,200 es _____ millar y _____ centenas.

B. Usa sólo marcos para representar 1,200.
Haz un dibujo rápido de tu modelo.

En el modelo se muestran _____ marcos.

Otra manera de expresar 1,200 es _____ centenas.

Sacar conclusiones

1. ¿Cuál es la relación entre la cantidad de cubos grandes y de marcos del primer modelo y la cantidad de marcos del segundo modelo?

_____

_____

2. ¿Puedes usar sólo barras para representar 1,200? Explícalo.

_____

_____

3. Convertiste 1,200 en centenas. ¿Cómo puedes convertir 1,200 en decenas? Explícalo.

_____

_____

4. PIENSA MÁS ¿Cómo serían los modelos del Paso A y del Paso B para 5,200? ¿Cómo puedes convertir 5,200 en centenas?

_____

_____

_____

Hacer conexiones

También puedes usar una tabla de valor posicional como ayuda para convertir números.

MILLARES			UNIDADES		
Centenas	Decenas	Unidades	Centenas	Decenas	Unidades
5	0	0,	0	0	0

└─────────┘ 5 centenas de millar
└────────────────┘ 50 decenas de millar
└──────────────────────┘ 500 millares
└────────────────────────────┘ 5,000 centenas
└────────────────────────────────────┘ 50,000 decenas
└──┘ 500,000 unidades

Escribe 32 centenas en la siguiente tabla de valor posicional.
¿Cómo se escribe 32 centenas en la forma normal?

MILLARES			UNIDADES		
Centenas	Decenas	Unidades	Centenas	Decenas	Unidades

└────────────────────┘ 32 centenas

32 centenas se escribe _____ en la forma normal.

Charla matemática
PRÁCTICAS MATEMÁTICAS ⑦

Busca estructuras ¿Cómo puede una tabla de valor posicional ayudarte a convertir números?

Nombre _____

Convierte los números. Haz un dibujo rápido como ayuda.

1. 150

2. 1,400

_____ decenas

_____ centenas

3. 2 millares y 3 centenas

4. 13 centenas

_____ centenas

_____ millar y _____ centenas

Convierte los números. Usa la tabla de valor posicional como ayuda.

5. 18 millares = _____

MILLARES			UNIDADES		
Centenas	Decenas	Unidades	Centenas	Decenas	Unidades

6. 570,000 = 57 _____

MILLARES			UNIDADES		
Centenas	Decenas	Unidades	Centenas	Decenas	Unidades

Convierte los números.

7. 580 = _____ decenas

8. 740,000 = _____ decenas de millar

9. 8 centenas y 4 decenas = 84 _____

10. 29 millares = _____

Soluciona el problema En el mundo

11. PIENSA MÁS   Una tienda de juguetes debe encargar 3,000 carros de control remoto y puede encargarlos en conjuntos de 10. ¿Cuántos conjuntos de 10 debe encargar la tienda?

a. ¿Qué información debes usar?

_____

_____

_____

c. ¿Cómo puede ayudarte convertir números a resolver este problema?

_____

_____

_____

b. ¿Qué debes hallar?

_____

_____

d. Describe una estrategia que puedes usar para resolver el problema.

_____

_____

_____

e. ¿Cuántos conjuntos de 10 carros de control remoto debe comprar la tienda?

_____

12. MÁS AL DETALLE   En una venta de cítricos, Iván vendió 53 cajones de naranjas el viernes y 27 cajones el sábado. Había 10 naranjas en cada cajón. ¿Cuántas naranjas vendió en total?

_____

13. PRÁCTICA MATEMÁTICA ② **Razona** Una tienda vendió un total de 15,000 cajas de botones el mes pasado, y 12,000 cajas este mes. Si la tienda vendió 270,000 botones, ¿cuántos botones había en cada caja?

_____

14. PIENSA MÁS   En los ejercicios 14a a 14d, elige Verdadero o Falso para cada uno de los enunciados.

14a.	Puedo convertir 9 centenas y 3 decenas en 39 decenas.	○ Verdadero	○ Falso
14b.	Puedo convertir 370,000 en 37 decenas de millar.	○ Verdadero	○ Falso
14c.	Puedo convertir 780 en 78 decenas.	○ Verdadero	○ Falso
14d.	Puedo convertir 42,000 en 42 millares.	○ Verdadero	○ Falso

Convertir números

Conviete el número. Usa la tabla de valor posicional como ayuda.

Estándares comunes

ESTÁNDAR COMÚN—4.NBT.A.1
Generalizan la comprensión del valor de posición para los números enteros de dígitos múltiples.

1. 760 centenas = ____76,000____

MILLARES			UNIDADES		
Centenas	Decenas	Unidades	Centenas	Decenas	Unidades
	7	6,	0	0	0

2. 24 decenas de millar = _____

MILLARES			UNIDADES		
Centenas	Decenas	Unidades	Centenas	Decenas	Unidades

Conviete los números.

3. 120,000 = _____ decenas de millar

4. 4 millares y 7 centenas = 47 _____

Resolución de problemas En el mundo

5. Para la feria, los organizadores pidieron 32 rollos de boletos. Cada rollo tiene 100 boletos. ¿Cuántos boletos pidieron en total?

_____

6. En una huerta de manzanas se venden manzanas en bolsas de 10. Un día, en la huerta se vendió un total de 2,430 manzanas. ¿Cuántas bolsas de manzanas se vendieron?

_____

7. **ESCRIBE** *Matemáticas* Explica cómo puedes convertir 5,400 en centenas. Incluye un dibujo rápido o una tabla de valor posicional en tu explicación.

_____

Repaso de la lección (4.NBT.A.1)

1. Una moneda de 10¢ tiene el mismo valor que 10 monedas de 1¢. Marley llevó 290 monedas de 1¢ al banco. ¿Cuántas monedas de 10¢ le dieron a Marley?

2. Un productor de cítricos envía pomelos en cajas de 10. Una temporada, el productor envió 20,400 cajas de pomelos. ¿Cuántos pomelos envió?

Repaso en espiral (Repaso de 3.OA.B.5, 4.NBT.A.3, 4.NBT.B.4)

3. Había 2,605 personas en el partido de básquetbol. Un periodista redondeó este número a la centena más próxima para un artículo de periódico. ¿Qué número usó el periodista?

4. Para llegar al Nivel 3 de un juego, un jugador debe anotar 14,175 puntos. Ann anota 14,205 puntos, Benny anota 14,089 puntos y Chuck anota 10,463 puntos. ¿Qué puntaje es mayor que el puntaje del Nivel 3?

5. Henry contó 350 casilleros en su escuela. Hayley contó 403 casilleros en su escuela. ¿Cómo es el valor de 3 en 350 comparado con el valor de 3 en 403?

6. Hay 4 panecillos en cada plato. Hay 0 platos de panecillos de limón. ¿Cuántos panecillos de limón hay?

PRACTICA MÁS CON EL
Entrenador personal
en matemáticas

Sumar números enteros

Pregunta esencial ¿Cómo puedes sumar números enteros?

Estándares comunes **Números y operaciones en base diez—4.NBT.B.4** *También 4.OA.A.3, 4.NBT.A.3*
PRÁCTICAS MATEMÁTICAS
MP2, MP6, MP8

Soluciona el problema

Alaska es el estado de mayor área de los Estados Unidos. Su área continental es 570,374 millas cuadradas y su área acuática es 86,051 millas cuadradas. Halla el área total de Alaska.

- Subraya lo que tienes que hallar.
- Encierra en un círculo la información que usarás.

 Halla la suma.

Suma. 570,374 + 86,051

Piensa: Al sumar dos números, es importante alinear los sumandos según su valor posicional.

PASO 1 Suma las unidades.

Suma las decenas. Reagrupa.

12 decenas = 1 centena y _____ decenas

$$570,\overset{1}{3}74$$
$$+\ 86,051$$

▲ En la foto se muestra el contorno del área de Alaska.

PASO 2 Suma las centenas.

Suma los millares.

$$570,\overset{1}{3}74$$
$$+\ 86,051$$
$$25$$

PASO 3 Suma las decenas de millar.

Reagrupa.

15 decenas de millar =

1 centena de millar y _____ centena de millar

$$5\overset{1}{7}0,\overset{1}{3}74$$
$$+\ 86,051$$
$$6,425$$

> **Charla matemática**
>
> **PRÁCTICAS MATEMÁTICAS** ⑧
>
> **Saca conclusiones** cómo sabes cuándo debes reagrupar al sumar.

PASO 4 Suma las centenas de millar.

$$5\overset{1}{7}0,\overset{1}{3}74$$
$$+\ 86,051$$
$$56,425$$

Entonces, el área total de Alaska es _____ millas cuadradas.

Estima Puedes estimar para saber si un resultado es razonable. Para estimar una suma, redondea cada sumando antes de sumar.

🔑 Ejemplo Estima. Luego halla la suma.

Juneau tiene un área de 2,717 millas cuadradas. Valdez tiene un área de 222 millas cuadradas. ¿Cuál es el área de las dos ciudades juntas?

A Estima. Usa la cuadrícula como ayuda para alinear los sumandos según su valor posicional.

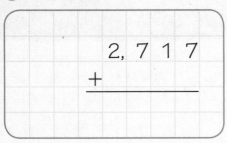

Redondea al millar más próximo.

Redondea a la centena más próxima.

Entonces, el área de Juneau y Valdez juntas es alrededor de _____ millas cuadradas.

B Halla la suma.

Piensa: Empieza por sumar las unidades.

> **⚠ Para evitar errores**
>
> Recuerda alinear los sumandos según su valor posicional.

Entonces, el área de Juneau y Valdez juntas es _____ millas cuadradas.

- ¿Es razonable la suma? Explícalo.

_____

Comparte y muestra 🖊 MATH BOARD

1. Usa la cuadrícula para hallar 738,901 + 162,389.

Usa la cuadrícula para alinear los sumandos según su valor posicional.

Nombre _____

Estima. Luego halla la suma.

2. Estimación: _____   ✓ **3.** Estimación: _____   ✓ **4.** Estimación: _____

$$72{,}931$$
$$+18{,}563$$

$$432{,}068$$
$$+239{,}576$$

$$64{,}505$$
$$+38{,}972$$

PRÁCTICAS MATEMÁTICAS ⑥

Explica cómo estimar te ayuda a saber si tu respuesta es razonable.

Por tu cuenta

Estima. Luego halla la suma.

5. Estimación: _____

$$839{,}136$$
$$+120{,}193$$

6. Estimación: _____

$$186{,}231$$
$$+ \ 88{,}941$$

7. Estimación: _____

$$744{,}201$$
$$+168{,}900$$

8. **MÁS AL DETALLE** Al primer partido de fútbol de la temporada asistieron 62,732 personas. Al segundo partido asistieron 469 personas más que al primer partido. ¿Cuál es el número total de personas que asistieron a los primeros dos partidos?

_____

9. **MÁS AL DETALLE** La Florería Daisy vendió 135,649 flores durante su primer año. El segundo año, la tienda vendió 9,754 más flores que en el primer año. En el tercer año vendió 1,343 más flores que en el segundo año. ¿Cuántas flores vendió la tienda durante los tres años?

_____

PRÁCTICA MATEMÁTICA ② **Razona de manera abstracta Álgebra** Halla el número que falta e indica la propiedad que usaste para hallarlo. Escribe *conmutativa* o *asociativa*.

Recuerda

Propiedad conmutativa

$4 + 5 = 5 + 4$

Propiedad asociativa

$4 + (7 + 3) = (4 + 7) + 3$

10. $(4{,}580 + 5{,}008) + 2{,}351 = 4{,}580 + (\underline{} + 2{,}351)$

_____

11. $7{,}801 + \underline{} = 4{,}890 + 7{,}801$ _____

12. $2{,}592 + 3{,}385 = 3{,}385 + \underline{}$ _____

Resolución de problemas • Aplicaciones En el mundo

Usa la tabla para resolver los problemas 13 y 14.

13. **PIENSA MÁS** ¿Cuál es la población de las tres ciudades importantes de Alaska juntas? Estima para comprobar tu resultado.

_____

14. **PRÁCTICA MATEMÁTICA ⑥** El dígito 5 aparece dos veces en la población de Fairbanks. ¿Cuál es el valor de cada 5? **Explica** tu respuesta.

_____

_____

Ciudades importantes de Alaska

Ciudad	Población*
Anchorage	286,174
Fairbanks	35,252
Juneau	30,796

*Estimaciones de la Oficina del Censo de los EE. UU., 2009

15. **MÁS AL DETALLE** Kaylie tiene una colección de 164 estampillas. Su amiga Nellie tiene 229 estampillas más que Kaylie. ¿Cuántas estampillas tienen Kaylie y Nellie juntas?

_____

ESCRIBE ▸ *Matemáticas* • **Muestra tu trabajo**

16. **PIENSA MÁS** El Parque Nacional Glacier Bay de Alaska recibió 431,986 visitantes en un año. El año siguiente, el parque recibió 22,351 visitantes más que el año anterior. ¿Cuántas personas visitaron el parque durante los dos años? Muestra tu trabajo y explica cómo hallaste la respuesta.

_____

_____

_____

_____

Nombre _____

Sumar números enteros

 ESTÁNDAR COMÚN—4.NBT.B.4
Utilizan la comprensión del valor de posición y de las propiedades de las operaciones para efectuar aritmética con números de dígitos múltiples.

Estima. Luego halla la suma.

1. Estimación: ___90,000___

```
  11
  63,824 →   60,000
+ 29,452 → + 30,000
  93,276     90,000
```

2. Estimación: _____

```
  73,404
+ 27,865
```

3. Estimación: _____

```
  403,446
+ 396,755
```

4. Estimación: _____

```
  137,638
+  52,091
```

5. Estimación: _____

```
  200,629
+  28,542
```

6. Estimación: _____

```
  212,514
+ 396,705
```

Resolución de problemas

Usa la tabla para responder las preguntas 7 a 9.

7. Beth y Cade formaban un equipo. ¿Cuál fue su puntaje total?

_____

8. El otro equipo era el de Dillan y Elaine. ¿Cuál fue su puntaje total?

_____

9. ¿Qué equipo anotó más puntos?

_____

Puntajes individuales del partido	
Estudiante	**Puntaje**
Beth	251,567
Cade	155,935
Dillan	188,983
Elaine	220,945

10. **ESCRIBE** ▸ *Matemáticas* Pida a los estudiantes que escriban un problema que se pueda resolver hallando la suma de 506,211 y 424,809. Pídales que resuelvan el problema.

_____

_____

Repaso de la lección (4.NBT.B.4)

1. La costa de los Estados Unidos mide 12,383 millas de longitud. La costa de Canadá es 113,211 millas más larga que la costa de los Estados Unidos. ¿Qué longitud tiene la costa de Canadá?

_____

2. Alemania es el séptimo país más grande de Europa y tiene un área levemente menor que Montana. Alemania tiene un área continental de 134,835 millas cuadradas y un área acuática de 3,011 millas cuadradas. ¿Cuál es el área total de Alemania?

_____

Repaso en espiral (4.NBT.A.2, 4.NBT.A.3)

3. En una elección, votaron en total aproximadamente 500,000 personas. ¿Qué número puede ser la cantidad exacta de personas que votaron en la elección?

_____

4. En 2007, en Pennsylvania había aproximadamente 121,580 millas de carreteras públicas. ¿Cuánto es 121,580 redondeado al millar más próximo?

_____

5. Ordena los siguientes números de menor a mayor: 749,340; 740,999; 740,256

_____

6. ¿Qué símbolo hace que el siguiente enunciado sea verdadero?

$413,115 $\bigcirc$ $431,511

PRACTICA MÁS CON EL
Entrenador personal
en matemáticas

Nombre _____

Restar números enteros

Pregunta esencial ¿Cómo puedes restar números enteros?

Estándares comunes · Números y operaciones en base diez—**4.NBT.B.4** *También* *4.NBT.A.3, 4.OA.A.3*

PRÁCTICAS MATEMÁTICAS
MP1, MP2, MP3, MP8

 Soluciona el problema *En el mundo*

El monte Bear y el monte Bona son dos montañas de Alaska. El monte Bear mide 14,831 pies de altura y el monte Bona mide 16,421 pies de altura. ¿Cuánto más alto es el monte Bona que el monte Bear?

Estima. $16,000 - 15,000 =$ _____

Resta. $16,421 - 14,831$

▲ El monte Bear y el monte Bona forman parte de la cordillera Saint Elias, ubicada en el Parque y Reserva Nacional Wrangell-St. Elias, Alaska.

PASO 1 Resta las unidades.

Reagrupa para restar las decenas.

4 centenas y 2 decenas =

3 centenas y _____ decenas

$$
\begin{array}{r}
{\scriptstyle 3\,1\,2} \\
16,\cancel{4}21 \\
-14,831 \\
\hline
\end{array}
$$

PASO 2 Reagrupa para restar las centenas.

6 millares y 3 centenas =

5 millares y _____ centenas

$$
\begin{array}{r}
{\scriptstyle 1\,3} \\
{\scriptstyle 5\ \cancel{\scriptstyle 6}\,3\,1\,2} \\
16,\cancel{4}21 \\
-14,831 \\
\hline
90
\end{array}
$$

PASO 3 Resta los millares.

Resta las decenas de millar.

$$
\begin{array}{r}
{\scriptstyle 1\,3} \\
{\scriptstyle 5\ \cancel{\scriptstyle 6}\,3\,1\,2} \\
16,421 \\
-14,831 \\
\hline
,590
\end{array}
$$

Entonces, el monte Bona es _____ pies más alto que el monte Bear.

Puesto que _____ está cerca de la estimación de _____, la respuesta es razonable.

¡Inténtalo! Usa la suma para comprobar tu resultado.

```
      1 7
   5  8 12
  1 6,4 2 1          1 1
 − 1 4,8 3 1        1,590
  ──────────      +14,831
    1,590         ──────────
```

Entonces, el resultado se comprueba.

Comparte y muestra   MATH BOARD

1. Resta. Usa la cuadrícula para anotar el problema.

637,350 − 43,832

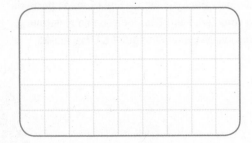

Charla matemática

PRÁCTICAS MATEMÁTICAS ⑧

Saca conclusiones cómo sabes qué lugares debes reagrupar para restar.

Estima. Luego halla la diferencia.

2. Estimación: _____

```
   14,659
 −11,584
```

3. Estimación: _____

```
  456,912
 − 37,800
```

4. Estimación: _____

```
  407,001
 −184,652
```

Por tu cuenta

Estima. Luego halla la diferencia.

5. Estimación: _____

```
  942,385
 −461,803
```

6. Estimación: _____

```
  798,300
 −348,659
```

7. Estimación: _____

```
  300,980
 −159,000
```

Nombre _____

Práctica: Copia y resuelve · Resta. Suma para comprobar.

8. 653,809 − 256,034

9. 258,197 − 64,500

10. 496,004 − 398,450

11. 500,000 − 145,609

PRÁCTICA MATEMÁTICA ② **Razona de manera abstracta** **Álgebra** Halla el dígito que falta.

12.
```
   6,532
 −4,1□5
  2,407
```

13.
```
 □08,665
−659,420
 149,245
```

14.
```
 697,320
−432,□08
 264,712
```

Resolución de problemas • Aplicaciones

Usa la tabla para resolver los problemas 15 y 16.

15. **PRÁCTICA MATEMÁTICA** ① **Estimación razonable** ¿Cuántos acres más se cultivaron en 1996 que en 1986? Haz una estimación para comprobar si tu respuesta es razonable.

_____

_____

_____

16. ¿Cuál es la diferencia entre la cantidad mayor y la cantidad menor de acres que se usaron para el cultivo de naranjas?

_____

Naranjales de la Florida	
Año	**Acres**
1966	673,086
1976	628,657
1986	466,256
1996	656,598

17. *MÁS AL DETALLE* Los trabajadores de una compañía papelera cuentan cada mes el número de cajas de papel que hay en la bodega. En enero, hubo 106,341 cajas de papel. En febrero, hubo 32,798 cajas menos de las que hubo en enero. En marzo, hubo 25,762 cajas menos de las que hubo en febrero. ¿Cuántas cajas había en la bodega en marzo?

18. *PIENSA MÁS* Hay 135,663 kilómetros de costa estadounidense que limitan con el océano Pacífico. Hay 111,866 kilómetros de costa estadounidense que limitan con el océano Atlántico. ¿Cuántos kilómetros más de costa estadounidense limitan con el océano Pacífico que con el océano Atlántico? Resuelve el problema y muestra cómo comprobar tu respuesta.

_____

_____

19. **PIENSA MÁS** **¿Cuál es el error?** El estado de Maryland tiene un área de 12,407 millas cuadradas. El estado de Texas tiene un área de 268,601 millas cuadradas. ¿Cuánto más grande es el estado de Texas que el de Maryland?

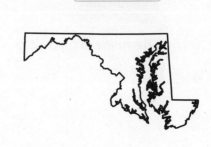

Lee cómo Janice resolvió el problema.

Halla el error.

Resuelve el problema y corrige el error.

Texas: 268,601 millas cuadradas
Maryland: 12,407 millas cuadradas
Puedo restar para hallar la diferencia.

$$
\begin{array}{r}
268,601 \\
-\ 12,407 \\
\hline
144,531
\end{array}
$$

Entonces, el estado de Texas tiene _____ millas cuadradas más que el estado de Maryland.

• **PRÁCTICA MATEMÁTICA ③ Verifica el razonamiento de otros** Describe el error de Janice.

_____

_____

Restar números enteros

 ESTÁNDAR COMÚN—4.NBT.B.4
Utilizan la comprensión del valor de posición y de las propiedades de las operaciones para efectuar aritmética con números de dígitos múltiples.

Estima. Luego halla la diferencia.

1. Estimación: ___600,000___

$$
\begin{array}{r}
{\scriptstyle 9} \\
{\scriptstyle 7\ 10\ 15\ 6\ 13} \\
7\!\!\!\!/8\!\!\!\!/0,5\!\!\!\!/7\!\!\!\!/3 \\
-\ 229,615 \\
\hline
550,958
\end{array}
$$

Piensa: 780,573 se redondea en 800,000.
229,615 se redondea en 200,000.
Entonces, la estimación es
800,000 − 200,000 = 600,000.

2. Estimación: _____

$$
\begin{array}{r}
428,731 \\
-\ 175,842 \\
\end{array}
$$

3. Estimación: _____

$$
\begin{array}{r}
920,026 \\
-\ 535,722 \\
\end{array}
$$

4. Estimación: _____

$$
\begin{array}{r}
253,495 \\
-\ 48,617 \\
\end{array}
$$

Resolución de problemas

Usa la tabla para responder las preguntas 5 y 6.

5. ¿Cuántas personas más asistieron a los partidos de los Magic que a los partidos de los Pacers?

_____

6. ¿Cuántas personas menos asistieron a los partidos de los Pacers que a los partidos de los Clippers?

_____

Asistencia de la temporada para tres equipos de la NBA	
Equipo	**Asistencia**
Indiana Pacers	582,295
Orlando Magic	715,901
Los Angeles Clippers	670,063

7. **ESCRIBE** ▸ *Matemáticas* Pida a los estudiantes que escriban un problema que se pueda resolver hallando la diferencia de 432,906 y 61,827. Luego pídales que resuelvan el problema.

_____

_____

_____

Repaso de la lección (4.NBT.B.4)

1. Este año, un granjero plantó 400,000 plantas de maíz. El año pasado, el granjero plantó 275,650 plantas de maíz. ¿Cuántas plantas de maíz más que el año pasado plantó el granjero este año?

_____

_____

2. Una máquina puede hacer 138,800 clips pequeños en un día. Otra máquina puede hacer 84,250 clips grandes en un día. ¿Cuántos más clips pequeños que grandes hacen las dos máquinas en un día?

_____

_____

Repaso en espiral (4.NBT.A.2, 4.NBT.A.3, 4.NBT.B.4)

3. En tres partidos de béisbol de un fin de semana, hubo 125,429 espectadores. La semana siguiente hubo 86,353 espectadores. ¿Cuántos espectadores en total presenciaron los seis partidos de béisbol?

_____

4. Kevin leyó el número "doscientos siete mil cuarenta y ocho" en un libro. ¿Cómo se escribe este número en forma normal?

_____

5. Durante el año pasado, un museo tuvo 275,608 visitantes. ¿Cuál es ese número redondeado al millar más próximo?

_____

6. En el Teatro Millville, una obra estuvo en escena durante varias semanas. En total, 28,175 personas vieron la obra. ¿Cuál es el valor del dígito 8 en 28,175?

_____

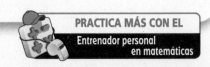

PRACTICA MÁS CON EL
Entrenador personal
en matemáticas

Nombre _____

Resolución de problemas • Problemas de comparación con la suma y la resta

Pregunta esencial ¿Cómo puedes usar la estrategia *hacer un diagrama* para resolver problemas de comparación con la suma y la resta?

Estándares comunes Números y operaciones en base diez— 4.NBT.B.4

PRÁCTICAS MATEMÁTICAS
MP1, MP4, MP8

Soluciona el problema En el mundo

Los festivales de globos aerostáticos atraen a grandes multitudes. El primer día de un festival asistieron 17,350 personas. El segundo día, la asistencia fue de 18,925 personas. ¿Cuántas personas más asistieron al festival de globos aerostáticos el segundo día?

Usa el organizador gráfico como ayuda para resolver el problema.

Lee el problema

¿Qué debo hallar?	¿Qué información debo usar?	¿Cómo usaré la información?
Escribe lo que debes hallar. _____ _____ _____	_____ personas asistieron el primer día, _____ personas asistieron el segundo día.	¿Qué estrategia puedes usar? _____ _____ _____

Resuelve el problema

Puedo hacer un modelo de barras y escribir una ecuación para representar el problema.

18,925

17,350 ⊔

$18,925 - 17,350 =$ _____

Entonces, el segundo día asistieron al festival _____ personas más.

🔓 Haz otro problema

Durante una demostración, un globo aerostático recorrió una distancia de 5,110 pies en el primer vuelo y 850 pies más en el segundo vuelo. ¿Qué distancia recorrió el globo en el segundo vuelo?

Lee el problema

¿Qué debo hallar?	¿Qué información debo usar?	¿Cómo usaré la información?

Resuelve el problema

- ¿Tu respuesta es razonable? Explica cómo lo sabes.

_____

_____

PRÁCTICAS MATEMÁTICAS ⑧

Generaliza cómo puedes usar operaciones inversas para comprobar tu resultado.

Nombre _____

Comparte y muestra MATH BOARD

Soluciona el problema

✓ Usa el tablero de matemáticas de Resolución de problemas.

✓ Subraya los datos importantes.

✓ Elige una estrategia que conozcas.

1. Los globos aerostáticos pueden volar a grandes altitudes. En 1988 se estableció una marca mundial de 64,997 pies de altitud. En 2005 se estableció una nueva marca de 68,986 pies de altitud. ¿Por cuántos pies superó la marca de 2005 a la de 1988?

Primero, haz un diagrama para mostrar las partes del problema.

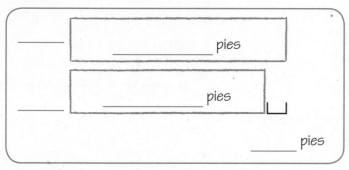

_____ _____ pies

_____ _____ pies

_____ pies

Luego, escribe el problema que debes resolver.

_____

Por último, resuelve el problema para hallar por cuántos pies superó la marca de 2005 a la de 1988.

Entonces, la marca de 2005 superó a la de 1988 por _____ pies.

2. ¿Qué pasaría si se estableciera una nueva marca mundial de 70,000 pies de altitud? ¿Por cuántos pies superaría la nueva marca a la de 2005?

_____

✓ 3. El año pasado, las ventas de boletos para volar en un globo aerostático comercial fueron $109,076. Este año, las ventas de boletos fueron $125,805. ¿Por cuánto superaron las ventas de este año a las del año pasado?

_____

✓ 4. Un músico vendió 234,499 copias de su primer álbum en la primera semana luego del lanzamiento. Durante la segunda semana, vendió otros 432,112 álbumes. ¿Cuántos álbumes más vendió durante la segunda semana que durante la primera?

_____

▲ El Dr. Vijaypat Singhania estableció una nueva marca con el globo aerostático más grande del mundo. El globo medía más de 20 pisos de altura.

Por tu cuenta

Usa la información de la tabla para resolver los problemas 5 a 6.

5. **PRÁCTICA MATEMÁTICA ⑥ Usa los modelos** Steve Fossett intentó varias veces dar la vuelta al mundo en globo hasta que lo logró en 2002. ¿Cuántas millas más voló en el vuelo de 2002 que en el vuelo de agosto de 1998?

Vuelos en globo de Steve Fossett	
Año	**Distancia en millas**
1996	2,200
1997	10,360
1998 (enero)	5,803
1998 (agosto)	14,235
2001	3,187
2002	20,482

6. **MÁS AL DETALLE** ¿Las distancias de los vuelos de 1998 juntas son mayores o menores que la distancia del vuelo de 2002? ¿Por cuánto? Explícalo.

7. **PIENSA MÁS** Había 665 pilotos en una competencia de globos aerostáticos. Había 1,550 miembros del personal de tierra más que pilotos. ¿Cuántos pilotos y miembros del personal de tierra había en total?

Entrenador personal en matemáticas

8. **PIENSA MÁS ➕** El primer año que Becky tuvo su automóvil, manejó 14,378 millas. El segundo año, manejó 422 millas menos que el primer año. Cuando compró el automóvil, ya tenía 16 millas. ¿Cuántas millas tenía el automóvil al finalizar el segundo año? Muestra tu trabajo.

Nombre _____

Resolución de problemas • Problemas de comparación con la suma y la resta

ESTÁNDAR COMÚN—4.NBT.B.4
Utilizan la comprensión del valor de posición y de las propiedades de las operaciones para efectuar aritmética con números de dígitos múltiples.

Usa la información de la tabla para resolver los ejercicios 1 a 3.

1. ¿Cuántas millas cuadradas más grande es el área total del lago Huron que el área total del lago Erie?

   Piensa: ¿Cómo puede ayudar un modelo de barras a representar el problema? ¿Qué ecuación se puede escribir?

   Lago Huron | 22,973

   Lago Erie | 9,906 | ?

   22,973 − 9,906 = ___13,067___ millas cuadradas

| Área total de los Grandes Lagos ||
Lago	Área total (en millas cuadradas)
Lago Superior	31,700
Lago Michigan	22,278
Lago Huron	22,973
Lago Erie	9,906
Lago Ontario	7,340

13,067 millas cuadradas

2. ¿Qué lago tiene un área total que es 14,938 millas cuadradas más grande que el área total del lago Ontario? Dibuja un modelo y escribe un enunciado numérico para resolver el problema.

   _____

3. El lago Victoria tiene la mayor área total de todos los lagos de África. Tiene un área total de 26,828 millas cuadradas. ¿Cuánto mayor es el área total del lago Superior que el área del lago Victoria?

   _____

4. **ESCRIBE** ▸*Matemáticas* Escribe un problema de comparación que puedas resolver usando la suma o la resta. Dibuja un modelo de barras para representar la situación. Describe cómo la información del modelo de barras se relaciona con el problema.

_____

Repaso de la lección (4.NBT.B.4)

1. La fosa de las Marianas, en el océano Pacífico, tiene aproximadamente 36,201 pies de profundidad. La fosa de Puerto Rico, en el océano Atlántico, tiene aproximadamente 27,493 pies de profundidad. Dibuja un modelo de barras para hallar cuántos pies más profunda es la fosa de las Marianas que la fosa de Puerto Rico.

2. Con 1,932 pies, el lago Crater, en Oregon, es el lago más profundo de los Estados Unidos. El lago más profundo del mundo, el lago Baikal de Rusia, es 3,383 pies más profundo. Dibuja un modelo de barras para hallar cuán profundo es el lago Baikal.

Repaso en espiral (4.NBT.A.3, 4.NBT.B.4)

3. Escribe un número que sea mayor que 832,458 pero menor que 832,500.

4. Un estadio de Pennsylvania tiene capacidad para 107,282 espectadores. Un estadio de Arizona tiene capacidad para 71,706 espectadores. Según estos datos, ¿cuántos espectadores más puede haber en el estadio de Pennsylvania que en el de Arizona?

5. ¿Cuánto es 399,713 redondeado al valor posicional del dígito subrayado?

6. Aproximadamente 400,000 personas visitaron el museo de arte en diciembre. ¿Qué número puede ser el número exacto de personas que visitaron el museo de arte?

© Houghton Mifflin Harcourt Publishing Company

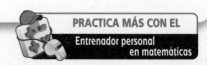

PRACTICA MÁS CON EL
Entrenador personal
en matemáticas

Entrenador personal en matemáticas
**Evaluación e
intervención en línea**

✓Repaso y prueba del Capítulo 1

1. Elige un número para ▧ de manera que la comparación sea verdadera.
   Marca todos los que correspondan.

   703,209 > ▧

   (A) 702,309   (C) 703,209   (E) 730,029

   (B) 703,029   (D) 703,290   (F) 730,209

2. [MÁS AL DETALLE] Nancy escribió el mayor número que puede hallarse usando
   cada uno de estos dígitos una sola vez.

   | 5 | 3 | 4 | 9 | 8 | 1 |

   Parte A

   ¿Cuál era el número de Nancy? ¿Cómo sabes que es el mayor número
   posible para estos dígitos?

   Parte B

   ¿Cuál es el menor número que puede hallarse usando cada dígito una
   sola vez? Explica por qué el valor del 4 es mayor que el valor del 5.

Usa la tabla para los ejercicios 3 y 4.

Picos de montañas de los Estados Unidos					
Nombre	Estado	Altura (en pies)	Nombre	Estado	Altura (en pies)
pico Blanca	CO	14,345	monte Whitney	CA	14,494
pico Crestone	CO	14,294	pico University	AK	14,470
pico Humboldt	CO	14,064	montaña White	CA	14,246

3. Escribe el nombre de cada pico de montaña en la casilla que describe su altura en pies.

Entre 14,000 pies y 14,300 pies	Entre 14,301 pies y 14,500 pies

4. Haz un círculo alrededor del pico más alto. Explica cómo sabes qué pico es el más alto.

5. El Sr. Rodríguez compró 420 lápices para la escuela. Si hay 10 lápices en una caja, ¿cuántas cajas compró?

Ⓐ   42

Ⓑ   420

Ⓒ   430

Ⓓ   4,200

6. Bobby y Cheryl redondearon 745,829 a la decena de millar más próxima. Bobby escribió 750,000 y Cheryl escribió 740,000. ¿Quién está en lo correcto? Explica el error que se cometió.

7. La asistencia total de la temporada a los partidos locales de un equipo universitario, redondeada a la decena de millar más próxima, fue de 270,000. En los ejercicios 7a a 7d, elige Sí o No para indicar si el número podría ser la asistencia exacta.

7a. 265,888   ○ Sí   ○ No

7b. 260,987   ○ Sí   ○ No

7c. 274,499   ○ Sí   ○ No

7d. 206,636   ○ Sí   ○ No

Usa la tabla para los ejercicios 8 a 10.

La tabla muestra información reciente sobre la población de Sacramento, California.

Población de Sacramento, CA			
Edad en años	Población	Edad en años	Población
Menores de 5	35,010	20 a 34	115,279
5 a 9	31,406	35 a 49	92,630
10 a 14	30,253	50 a 64	79,271
15 a 19	34,219	65 y mayores	49,420

8. ¿Cuántos niños hay menores de 10 años? Muestra tu trabajo.

9. ¿Cuántas personas tienen entre 20 y 49 años? Muestra tu trabajo.

10. ¿Cuántos niños más tienen menos de 5 años que los que tienen entre 10 y 14 años? Muestra tu trabajo.

11. En los ejercicios 11a a 11d, elige Verdadero o Falso para cada oración.

    11a. El valor de 7 en 375,092 es 7,000. ○ Verdadero ○ Falso

    11b. El valor de 5 en 427,593 es 500. ○ Verdadero ○ Falso

    11c. El valor de 2 en 749,021 es 200. ○ Verdadero ○ Falso

    11d. El valor de 4 en 842,063 es 40,000. ○ Verdadero ○ Falso

12. Elige otra forma de mostrar 403,871. Marca todas las que correspondan.

    (A) cuatrocientos tres mil ochocientos uno

    (B) cuatrocientos tres mil setenta y uno

    (C) cuatrocientos tres mil ochocientos setenta y uno

    (D) $400,000 + 38,000 + 800 + 70 + 1$

    (E) $400,000 + 3,000 + 800 + 70 + 1$

    (F) 4 centenas de millar + 3 millares + 8 centenas + 7 decenas + 1 unidad

Entrenador personal en matemáticas

13. PIENSA MÁS Lexi, Susie y Rial están jugando en línea a un juego de palabras. Rial anotó 100,034 puntos. Lexi anotó 9,348 puntos menos que Rial y Susie anotó 9749 puntos más que Lexi. ¿Cuál es el puntaje de Susie? Muestra tu trabajo.

14. Un museo recibió 13,501 visitantes en junio. ¿Cómo sería este número redondeado a la decena de millar más próxima? Explica cómo lo redondeaste.

_____

_____

_____

15. Nuevo México tiene un área de 121,298 millas cuadradas. California tiene un área de 155,779 millas cuadradas. ¿Cuánto mayor, en millas cuadradas, es el área de California que el área de Nuevo México? Muestra tu trabajo y explica cómo sabes que la respuesta es razonable.

16. Haz un círculo alrededor de la frase que complete el enunciado.

10,000 menos que 24,576 es
| igual a |
| mayor que |
| menor que |
1,000 menos que 14,576

17. Une cada número con el valor de su 5.

45,678 ●   ● 500

757,234 ●   ● 50

13,564 ●   ● 50,000

3,450 ●   ● 5,000

18. En septiembre y octubre, el Parque Nacional del Gran Cañón tuvo un total de 825,150 visitantes. Si en septiembre hubo 448,925 visitantes, ¿cuántas personas visitaron el parque en octubre? Muestra tu trabajo.

19. Un equipo universitario de béisbol jugó 3 partidos en abril. El primer partido tuvo una asistencia de 14,753 personas. El segundo partido tuvo una asistencia de 20,320 personas. El tercer partido tuvo una asistencia de 14,505 personas. Escribe los partidos en orden, empezando por el que tuvo la menor asistencia hasta el que tuvo la mayor asistencia. Usa dibujos, palabras o números para mostrar cómo lo sabes.

20. Caden formó un número de cuatro dígitos con un 5 en el lugar de los millares, otro 5 en el lugar de las unidades, un 6 en el lugar de las decenas y un 4 en el lugar de las centenas. ¿Qué número formó?

_____

Capítulo 2

Multiplicar por números de 1 dígito

Muestra lo que sabes

Entrenador personal en matemáticas
Evaluación e intervención en línea

Comprueba si comprendes las destrezas importantes.

Nombre _____

▶ **Matrices** Escribe un enunciado de multiplicación para las matrices. (3.OA.A.3)

1.

_____   _____

2.

_____   _____

▶ **Operaciones de multiplicación** **Halla el producto.** (3.OA.C.7)

3. _____ = 9×6

4. _____ = 7×8

5. $8 \times 4 =$ _____

▶ **Reagrupar hasta los millares**
Reagrupa. Escribe los números que faltan. (4.NBT.A.1)

6. 9 decenas y 10 unidades = _____ centena

7. 60 centenas = _____ millares

8. 25 decenas = _____ centenas y 5 decenas

9. 14 unidades = _____ decena y

_____ unidades

10. 3 decenas 12 unidades = _____ decenas 2 unidades

La medusa melena de león ártica es uno de los animales más grandes que se conocen. Sus tentáculos pueden medir hasta 120 pies. Averigua qué relación hay entre esa longitud y tu estatura. Redondea tu estatura al pie más próximo. 120 pies es una longitud _____ veces mayor que _____ pies.

Palabras de repaso			Palabras nuevas
✓ estimar	producto	✓ redondeo	producto parcial
factor	✓ reagrupar	✓ valor posicional	propiedad distributiva
forma desarrollada			

▶ **Visualízalo** •

Completa el mapa de flujo con las palabras que tienen una ✓.

Multiplicar

¿Qué puedes hacer?	¿Qué puedes usar?	¿Puedes dar algunos ejemplos?

_____
productos.

→

Uso el _____
y el cálculo mental.

→

$3 \times 48 = $ ▪
↓   ↓
$3 \times 50 = 150$

_____
las unidades en
decenas.

→

Uso el _____

→

12 unidades = 1 decena y
2 unidades

▶ **Comprende el vocabulario** • • • • • • • • • • • • • • • • • •

Completa las oraciones.

1. La _____ establece que multiplicar una suma por un
   número es igual que multiplicar cada sumando por dicho número y luego sumar
   los productos.

2. Un número que se multiplica por otro número para hallar un producto se llama

   _____.

3. El método de multiplicación en el que las unidades, decenas, centenas, etc. se
   multiplican por separado y luego se suman los productos se llama método del

   _____.

• Libro interactivo del estudiante
• Glosario multimedia

Vocabulario del Capítulo 2

propiedad distributiva

Distributive Property

74

estimar

estimate (*verb*)

28

factor

factor

29

producto parcial

partial product

68

valor posicional

place value

95

producto

product

67

reagrupar

regroup

78

redondear

round

83

Hallar un resultado cercano a la cantidad exacta

La propiedad que establece que multiplicar una suma por un número es igual que multiplicar cada sumando por ese número y luego sumar los productos

Ejemplo: $5 \times (10 + 6) = (5 \times 10) + (5 \times 6)$

Un método de multiplicación en el que las unidades, decenas, centenas, etc. se multiplican por separado y luego se suman los productos

$$
\begin{array}{r}
182 \\
\times \quad 6 \\
\hline
600 \\
480 \quad \leftarrow \text{Productos parciales} \\
+ \quad 12 \\
\hline
1{,}092
\end{array}
$$

Un número que se multiplica por otro número para hallar un producto

Ejemplo: $4 \times 5 = 20$

factor   factor

El resultado de una multiplicación

Ejemplo: $4 \times 5 = 20$

producto

El valor que tiene un dígito en un número según su ubicación

Reemplazar un número con otro número que indica una cantidad aproximada

Intercambiar cantidades de igual valor para convertir un número

Ejemplo: $5 + 8 = 13$ unidades o 1 decena 3 unidades

¡Dibújalo!

Para 3 a 4 jugadores

Materiales

- temporizador
- bloc de dibujo

Instrucciones

1. Túrnense para jugar.
2. Cuando sea tu turno, elige una palabra del Recuadro de palabras, pero no les digas la palabra a los otros jugadores.
3. Pon 1 minuto en el temporizador.
4. Haz dibujos y escribe números para dar pistas sobre la palabra.
5. El primer jugador que adivine la palabra antes de que termine el tiempo obtiene 1 punto. Si ese jugador puede usar la palabra en una oración, obtiene 1 punto más. Luego es su turno de elegir una palabra.
6. Ganará la partida el primer jugador que obtenga 10 puntos.

Recuadro de palabras

estimar

factor

producto

producto parcial

propiedad distributiva

reagrupar

redondear

valor posicional

Escríbelo

Reflexiona

Elige una idea. Escribe sobre ella.

- Explica la propiedad distributiva para que un niño más pequeño pueda entenderla.

- Escribe dos preguntas que tengas sobre la reagrupación.

- Describe los pasos a seguir para hallar el producto de 354 y 6.

Nombre _____

Comparaciones de multiplicación

Pregunta esencial ¿Cómo puedes representar comparaciones de multiplicación?

Puedes usar la multiplicación para comparar cantidades. Por ejemplo, puedes pensar en $15 = 3 \times 5$ como una comparación de dos maneras:

15 es 3 veces 5.

15

5	5	5

5

15 es 5 veces 3.

15

3	3	3	3	3

3

Estándares comunes **Operaciones y pensamiento algebraico—4.OA.A.1**
PRÁCTICAS MATEMÁTICAS
MP1, MP2, MP6

Recuerda

La propiedad conmutativa establece que puedes multiplicar dos factores en cualquier orden y obtener el mismo producto.

Soluciona el problema 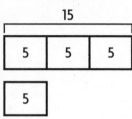 En el mundo

Carly tiene 9 monedas de 1¢. Jack tiene 4 veces la cantidad de monedas de 1¢ que tiene Carly. ¿Cuántas monedas de 1¢ tiene Jack?

🔑 **Dibuja un modelo y escribe una ecuación para resolver.**

REPRESENTA

Carly

Jack

Entonces, Jack tiene _____ monedas de 1¢.

• **¿Qué debes comparar?**

_____

_____

ANOTA

Usa el modelo para escribir una ecuación y resuelve.

$n =$ _____ $\times$ _____

$n =$ _____

El valor de n es 36.

Piensa: n es la cantidad de monedas de 1¢ que tiene Jack.

Charla matemática

PRÁCTICAS MATEMÁTICAS ❶

Describe qué se está comparando y explica qué relación hay entre el modelo de comparación y la ecuación.

• **PIENSA MÁS** Explica en qué se diferencian la ecuación para *4 es 2 más que 2* y la ecuación para *4 es 2 veces 2*.

_____

_____

_____

_____

🔒 Ejemplo Dibuja un modelo y escribe una ecuación para resolver.

Miguel tiene 3 veces la cantidad de conejos que tiene Sara. Miguel tiene 6 conejos. ¿Cuántos conejos tiene Sara?

- ¿Cuántos conejos tiene Miguel? _____
- ¿Cuántos conejos tiene Sara?

_____

_____

REPRESENTA

Piensa: No sabes cuántos conejos tiene Sara. Usa *n* para los conejos de Sara.

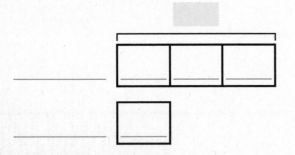

Entonces, Sara tiene 2 conejos.

ANOTA

Usa el modelo para escribir una ecuación y resuelve.

$6 = $ _____ $\times$ _____

$6 = 3 \times$ _____

Piensa: ¿Qué número multiplicado por 3 es igual a 6?

El valor de *n* es 2.

Piensa: *n* es la cantidad de conejos que tiene Sara.

¡Inténtalo! **Escribe una ecuación o un enunciado de comparación.**

A Escribe una ecuación.

21 es 7 veces 3.

_____ $=$ _____ $\times$ _____

B Escribe un enunciado de comparación.

$8 \times 5 = 40$

_____ veces _____ es _____.

Comparte y muestra MATH BOARD

1. En el club de arte hay 8 estudiantes. En el coro hay 3 veces esa cantidad de estudiantes. ¿Cuántos estudiantes hay en el coro?

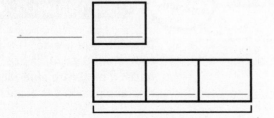

Escribe una ecuación y resuelve.

$n = $ _____ $\times$ _____

$n = $ _____

El valor de *n* es _____.

Entonces, hay _____ estudiantes en el coro.

Charla matemática **PRÁCTICAS MATEMÁTICAS** ⑥

Explica cómo podrías escribir la ecuación de una manera diferente?

Nombre _____

Dibuja un modelo y escribe una ecuación.

2. 6 veces 2 es 12.

3. 20 es 4 veces 5.

_____   _____

Escribe un enunciado de comparación.

4. $18 = 9 \times 2$

_____ es _____ veces _____ .

5. $8 \times 4 = 32$

_____ veces _____ es _____ .

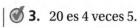

Escribe un enunciado de comparación.

6. $5 \times 7 = 35$

_____ veces _____ es _____ .

7. $54 = 6 \times 9$

_____ es _____ veces _____ .

8. *MÁS AL DETALLE* Una semana, Jake y Sally recolectaron alimentos enlatados para una colecta de alimentos. El lunes, Jake recolectó 4 cajas y Sally recolectó 2 cajas. Al final de la semana, Jake tenía 3 veces la cantidad de cajas que tenía el lunes. Sally tenía 4 veces la cantidad de cajas que tenía el lunes. ¿Cuántas cajas de alimentos enlatados tenían en total al final de la semana?

_____

9. *MÁS AL DETALLE* Nando tiene 4 peces de colores. Jill tiene 3 peces de colores. Cooper tiene 2 veces la cantidad de peces de colores que tienen Nando y Jill en total. Escribe una ecuación que compare el número de peces que tiene Cooper con el número de peces que tienen Nando y Jill.

10. *PRÁCTICA MATEMÁTICA* **2** **Representa un problema** Escribe un enunciado de comparación sobre alimentos para mascotas que pueda representarse con la ecuación $12 = 4 \times 3$.

_____

_____

_____

_____

Soluciona el problema En el mundo

11. PIENSA MÁS Luca tiene 72 tarjetas de béisbol. Esa cantidad es 8 veces la cantidad de tarjetas que tiene Hana. ¿Cuántas tarjetas de béisbol tiene Hana?

a. ¿Qué debes hallar? _____

_____

b. ¿Cómo puedes usar un modelo para hallar la cantidad de tarjetas que tiene Hana?

_____

c. Dibuja el modelo.

d. Escribe una ecuación y resuelve.

_____ = _____ × _____

_____ = _____

Entonces, Hana tiene _____ tarjetas de béisbol.

12. PIENSA MÁS Completa los enunciados para describir cada modelo.

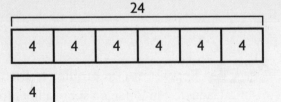

24 es ☐ veces ☐ .

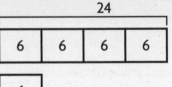

24 es ☐ veces ☐ .

Nombre _____

Comparaciones de multiplicación

Estándares comunes

ESTÁNDAR COMÚN—4.OA.A.1
Utilizan las cuatro operaciones con números enteros para resolver problemas.

Escribe un enunciado de comparación.

1. $6 \times 3 = 18$

_____6_____ veces _____3_____ es _____18_____ .

2. $63 = 7 \times 9$

_____ es _____ veces _____ .

3. $5 \times 4 = 20$

_____ veces _____ es _____ .

4. $48 = 8 \times 6$

_____ es _____ veces _____ .

Escribe una ecuación.

5. 2 veces 8 es 16.

_____

6. 42 es 6 veces 7.

_____

7. 3 veces 5 es 15.

_____

8. 36 es 9 veces 4.

_____

Resolución de problemas En el mundo

9. Alan tiene 14 años. Esto es dos veces la edad de su hermano James. ¿Cuántos años tiene James?

_____

10. Hay 27 campistas. Esto es nueve veces la cantidad de guías. ¿Cuántos guías hay?

_____

11. **ESCRIBE** ▸ *Matemáticas* Dibuja un modelo y escribe una ecuación para representar "4 veces 3 es 12". Explica tu trabajo.

_____

_____

Repaso de la lección (4.OA.A.1)

1. Escribe una ecuación que represente este enunciado de comparación.

24 es 4 veces 6.

_____

_____

2. Escribe un enunciado de comparación que represente esta ecuación.

$5 \times 9 = 45$

_____

_____

Repaso en espiral (4.OA.A.3, 4.NBT.A.2, 4.NBT.A.3)

3. ¿Qué signo hace que el siguiente enunciado sea verdadero?

547,098 ◯ 574,908

4. ¿Cuál es la forma normal de $200,000 + 80,000 + 700 + 6$?

_____

5. Sam y Leah jugaron un juego en la computadora. Sam anotó 72,491 puntos. Leah anotó 19,326 puntos más que Sam. ¿Cuántos puntos anotó Leah?

_____

6. En un estadio de béisbol hay 38,496 asientos. Redondeado al millar más próximo, ¿cuántos asientos son?

_____

PRACTICA MÁS CON EL
Entrenador personal
en matemáticas

Nombre _____

Problemas de comparación

Pregunta esencial ¿De qué manera un modelo te ayuda a resolver un problema de comparación?

Estándares comunes

Operaciones y pensamiento algebraico—4.OA.A.2
PRÁCTICAS MATEMÁTICAS
MP2, MP4, MP6

Soluciona el problema En el mundo

El perro de Evan pesa 7 veces más que el perro de Oxana. Juntos, los perros pesan 72 libras. ¿Cuánto pesa el perro de Evan?

Ejemplo 1 Usa un modelo de multiplicación.

PASO 1 Dibuja un modelo. Sea *n* el valor desconocido.

Piensa: Sea *n* el peso del perro de Oxana. Juntos, los perros pesan 72 libras.

perro de Evan
____	____	____	____	____	____	____

perro de Oxana
____

PASO 2 Usa el modelo para escribir una ecuación. Halla el valor de *n*.

_____ $\times n =$ _____   **Piensa:** Hay 8 partes. El valor de las partes juntas es igual a 72.

$8 \times$ _____ $= 72$ **Piensa:** ¿Qué número multiplicado por 8 es igual a 72?

El valor de *n* es 9.

n es cuánto pesa _____.

PASO 3 Halla cuánto pesa el perro de Evan.

Piensa: El perro de Evan pesa 7 veces más que el perro de Oxana.

perro de Evan = _____ $\times$ _____ Multiplica.

= _____

Entonces, el perro de Evan pesa 63 libras.

Charla matemática

PRÁCTICAS MATEMÁTICAS 6

Pon atención a la precisión Explica cómo sabes que has hallado el peso del perro de Evan.

Para hallar cuántas veces más hay de una cantidad que de otra, usa un modelo de multiplicación. Para hallar cuántos elementos más o cuántos menos hay, representa la suma o la resta.

El perro de Evan pesa 63 libras. El perro de Oxana pesa 9 libras. ¿Cuánto más pesa el perro de Evan que el perro de Oxana?

🔑 Ejemplo 2 Usa un modelo de suma o resta.

PASO 1 Dibuja un modelo. Sea n el valor desconocido.

Piensa: Sea n el valor de la diferencia.

PASO 2 Usa el modelo para escribir una ecuación. Halla el valor de n.

_____ – _____ = n Piensa: El modelo muestra una diferencia.

$63 \quad - \quad 9 \quad =$ _____   Resta.

El valor de n es _____.

n es igual a _____.

Entonces, el perro de Evan pesa 54 libras más que el perro de Oxana.

Comparte y muestra 🖊 MATH BOARD

Charla matemática

PRÁCTICAS MATEMÁTICAS ④

Usa modelos Explica cómo sabes qué modelo usar para resolver un problema de comparación.

1. El perro de María pesa 6 veces más que su conejo. Juntas, las mascotas pesan 56 libras. ¿Cuánto pesa el perro de María?

   Dibuja un modelo. Sea n el valor desconocido.

   Escribe una ecuación para hallar el valor de n. $7 \times n =$ _____ . n es igual a _____ libras.

   Multiplica para hallar cuánto pesa el perro de María. $8 \times 6 =$ _____

   Entonces, el perro de María pesa _____ libras.

70

Dibuja un modelo. Escribe una ecuación y resuelve.

2. El mes pasado Kim entrenó 3 veces más perros que gatos. Si el número total de gatos y perros que entrenó el mes pasado es 28, ¿cuántos gatos entrenó Kim?

Dibuja un modelo.

Escribe una ecuación y resuelve.

_____

_____

_____

_____

3. ¿Cuántos más perros que gatos entrenó Kim?

Dibuja un modelo.

Escribe una ecuación y resuelve.

_____

_____

_____

_____

Por tu cuenta

Práctica: Copia y resuelve Dibuja un modelo.

Escribe una ecuación y resuelve.

4. En el concurso de perros, hay 4 veces más boxer que spaniel. Si en total hay 30 perros, ¿cuántos perros son spaniel?

_____

5. Hay 5 veces más perros labradores que terrier en el parque para perros. Si en total hay 18 perros, ¿cuántos perros son terrier?

_____

6. Ben tiene 3 veces más peces guppy que peces de colores. Si en total tiene 20 peces, ¿cuántos peces guppy tiene?

_____

7. MÁS AL DETALLE Carlita vio 5 veces más petirrojos que cardenales mientras observaba aves. Vio 24 aves en total. ¿Cuántos más petirrojos que cardenales vio?

_____

Resolución de problemas • Aplicaciones En el mundo

8. **MÁS AL DETALLE** Para llegar a un concurso de perros, el Sr. Luna primero maneja 7 millas hacia el oeste desde su casa y luego 3 millas hacia el norte. A continuación, gira hacia el este y maneja 11 millas. Por último, gira hacia el norte y maneja 4 millas hasta el lugar donde se hace el concurso. ¿Qué distancia hacia el norte hay desde la casa del Sr. Luna hasta el concurso de perros?

Para resolver el problema, Dara y Cliff hicieron diagramas. ¿Qué diagrama es el correcto? Explícalo.

_____

_____

_____

_____

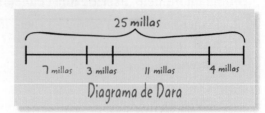

Diagrama de Dara

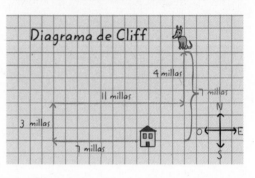

Diagrama de Cliff

ESCRIBE ▸ *Matemáticas*
Muestra tu trabajo

9. **PRÁCTICA MATEMÁTICA ②** **Usar el razonamiento** En conjunto, Valerie y Bret tienen 24 trofeos de concursos de perros. Bret tiene dos veces más trofeos que Valerie. ¿Cuántos trofeos tiene cada uno?

_____

_____

10. **PIENSA MÁS** Noah construyó un parque cercado para perros que tiene 8 yardas de longitud y 6 yardas de ancho. Colocó postes en cada esquina y en cada yarda a lo largo y a lo ancho del parque. ¿Cuántos postes usó?

_____

11. **PIENSA MÁS** El fin de semana pasado, Mandy recolectó 4 veces más conchitas que Cameron. En conjunto, recolectaron 40 conchitas. ¿Cuántas conchitas recolectó Mandy? Completa el modelo de barras. Luego escribe una ecuación y resuelve.

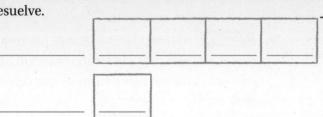

Problemas de comparación

Estándares comunes

ESTÁNDAR COMÚN—4.OA.A.2
Utilizan las cuatro operaciones con números enteros para resolver problemas.

Dibuja un modelo. Escribe una ecuación y resuelve.

1. Stacey usó 4 veces más cuentas azules que cuentas rojas para hacer un collar. Usó un total de 40 cuentas. ¿Cuántas cuentas azules usó Stacey?

Piensa: Stacey usó un total de 40 cuentas.
Sea *n* el número de cuentas rojas.

azul	n	n	n	n	⎤
rojo	n				⎦ 40

$5 \times n = 40; 5 \times 8 = 40;$

$4 \times 8 = 32$ **cuentas azules**

2. En el zoológico había 3 veces más monos que leones. Tom contó un total de 24 monos y leones. ¿Cuántos monos había?

_____

_____

Resolución de problemas En el mundo

3. Rafael contó un total de 40 carros blancos y carros amarillos. Había 9 veces más carros blancos que carros amarillos. ¿Cuántos carros blancos contó Rafael?

_____

4. Susi anotó un total de 35 puntos en dos juegos. Anotó 6 veces más puntos en el segundo juego que en el primero. ¿Cuántos puntos más anotó en el segundo juego?

_____

5. **ESCRIBE** ▸*Matemáticas* Escribe un problema que trate el concepto de *cuánto más que* y resuélvelo. Explica cómo dibujar un diagrama te ayudó a resolver el problema.

_____

_____

Repaso de la lección (4.OA.A.2)

1. Sari tiene 3 veces más gomas de borrar que Sam. Juntos, tienen 28 gomas de borrar. ¿Cuántas gomas de borrar tiene Sari?

2. En la pecera de Simón hay 6 veces la cantidad de peces de colores que peces guppy. Hay un total de 21 peces en la pecera. ¿Cuántos peces de colores más que peces guppy hay?

Repaso en espiral (4.OA.A.1, 4.OA.A.3, 4.NBT.A.2)

3. Bárbara tiene 9 animales de peluche. Trish tiene 3 veces la cantidad de animales de peluche que Bárbara. ¿Cuántos animales de peluche tiene Trish?

4. Hay 104 estudiantes en el cuarto grado de la escuela de Allison. Un día, 15 estudiantes de cuarto grado estuvieron ausentes. ¿Cuántos estudiantes de cuarto grado había en la escuela ese día?

5. Joshua tiene 112 rocas. José tiene 98 rocas. Albert tiene 107 rocas. Escribe el nombre de los niños en orden de menor a mayor, según el número de rocas que tienen.

6. Alicia tiene 32 adhesivos. Tiene 4 veces más adhesivos que Benita. ¿Cuántos adhesivos tiene Benita?

PRACTICA MÁS CON EL
Entrenador personal
en matemáticas

Nombre _____

Multiplicar decenas, centenas y millares

Pregunta esencial ¿De qué manera entender el valor posicional te ayuda a multiplicar decenas, centenas y millares?

Estándares comunes **Números y operaciones en base diez—4.NBT.B.5** *También 4.NBT.A.1*
PRÁCTICAS MATEMÁTICAS
MP2, MP5, MP7

🔑 Soluciona el problema

Cada vagón de un tren tiene 200 asientos. ¿Cuántos asientos tiene un tren con 8 vagones?

Halla 8 × 200.

🔒 De una manera Haz un dibujo rápido.

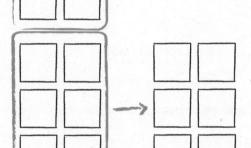

→ M

Piensa: 10 centenas = 1,000

Piensa: 6 centenas = 600

1,000 + 600 = _____

🔒 De otra manera Usa el valor posicional.

8 × 200 = 8 × _____ centenas

= _____ centenas

= _____ **Piensa:** 16 centenas es 1 millar y 6 centenas.

Entonces, hay _____ asientos en un tren con 8 vagones.

Charla matemática PRÁCTICAS MATEMÁTICAS ❼

Busca un patrón Explica cómo hallar 8 × 2 puede ayudarte a hallar 8 × 200.

🔓 De otras maneras

Ⓐ Usa una recta numérica.

En la tienda de trineos de Bob se alquilan 4,000 trineos por mes. ¿Cuántos trineos se alquilan en la tienda en 6 meses?

Halla 6 × 4,000.

Puedes pensar en la multiplicación como una suma repetida. Dibuja saltos para mostrar el producto.

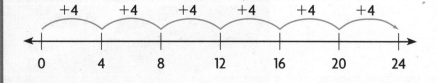

$6 \times 4 = 24$ ← operación básica

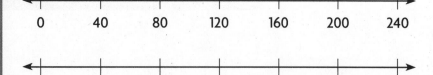

$6 \times 40 = 240$

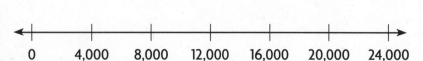

$6 \times 400 = 2,400$

| 0 | 4,000 | 8,000 | 12,000 | 16,000 | 20,000 | 24,000 |

$6 \times 4,000 = 24,000$

Entonces, en la tienda de trineos de Bob se alquilan _____ trineos en 6 meses.

Ⓑ Usa patrones.

Operación básica:

$3 \times 7 = 21$ ← operación básica

$3 \times 70 = 210$

$3 \times 700 =$ _____

$3 \times 7,000 =$ _____

Operación básica con un cero:

$8 \times 5 = 40$ ← operación básica

$8 \times 50 = 400$

$8 \times 500 =$ _____

$8 \times 5,000 =$ _____

- ¿Qué relación hay entre la cantidad de ceros que hay en el producto de 8 y 5,000 y la cantidad de ceros que hay en los factores? Explícalo.

_____

_____

Charla matemática

PRÁCTICAS MATEMÁTICAS ⑤

Usa patrones Describe cómo cambia la cantidad de ceros que hay en los factores y en los productos en el Ejemplo B.

Nombre _____

1. Usa el dibujo para hallar 2×500.

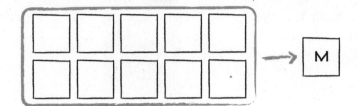

$\rightarrow$ [M]

Busca estructuras Explica cómo usar el valor posicional para hallar 2×500.

$2 \times 500 =$ _____

Completa el patrón.

2. $3 \times 8 = 24$

$3 \times 80 =$ _____

$3 \times 800 =$ _____

$3 \times 8{,}000 =$ _____

3. $6 \times 2 = 12$

$6 \times 20 =$ _____

$6 \times 200 =$ _____

$6 \times 2{,}000 =$ _____

✓ **4.** $4 \times 5 =$ _____

$4 \times 50 =$ _____

$4 \times 500 =$ _____

$4 \times 5{,}000 =$ _____

Halla el producto.

✓ **5.** $6 \times 500 = 6 \times$ _____ centenas

$=$ _____ centenas

$=$ _____

6. $9 \times 5{,}000 = 9 \times$ _____ millares

$=$ _____ millares

$=$ _____

Por tu cuenta

Halla el producto.

7. $7 \times 6{,}000 =$ _____

8. $4 \times 80 =$ _____

9. $3 \times 500 =$ _____

PRÁCTICA MATEMÁTICA ② Usar el razonamiento **Álgebra** **Halla el factor que falta.**

10. _____ $\times 9{,}000 = 63{,}000$

11. $7 \times$ _____ $= 56{,}000$

12. $8 \times$ _____ $= 3{,}200$

13. **PRÁCTICA MATEMÁTICA ⑤** **Comunica** ¿Qué relación existe entre la cantidad de ceros que hay en el producto de 8 y 5,000 y la cantidad de ceros que hay en los factores? Explícalo.

_____

_____

Soluciona el problema En el mundo

14. **PIENSA MÁS** En la tienda Sol y diversión de Joe se alquilan sillas de playa. En la tienda se alquilaron 300 sillas de playa por mes durante abril y mayo. En la tienda se alquilaron 600 sillas de playa por mes desde junio hasta septiembre. ¿Cuántas sillas de playa se alquilaron en la tienda durante los 6 meses?

a. ¿Que debes hallar? _____

_____

b. ¿Cómo hallarás el número de sillas de playa? _____

_____

c. Muestra los pasos que sigues para resolver el problema.

d. Completa las oraciones.

Durante abril y mayo se alquilaron un

total de _____ sillas de playa.

Desde junio hasta septiembre se

alquilaron un total de _____ sillas de playa.

En Sol y diversión se alquilaron _____ sillas de playa durante los 6 meses.

15. **MÁS AL DETALLE** Mariah hace collares con cuentas. Las cuentas vienen en bolsas de 50 y en bolsas de 200. Mariah compró 4 bolsas de 50 cuentas y 3 bolsas de 200 cuentas. ¿Cuántas

cuentas compró Mariah? _____

16. **PIENSA MÁS** Carmen tiene tres álbumes de 20 estampillas y cinco álbumes de 10 estampillas. ¿Cuántas estampillas tiene Carmen? Completa la ecuación con los números de las fichas.

3	5
110	50
60	100

_____ $\times 20 +$ _____ $\times 10 =$ _____

Multiplicar decenas, centenas y millares

Estándares comunes

ESTÁNDAR COMÚN—4.NBT.B.5
Utilizan la comprensión del valor de posición y de las propiedades de las operaciones para efectuar aritmética con números de dígitos múltiples.

Halla el producto.

1. $4 \times 7{,}000 =$ ___28,000___

Piensa: $4 \times 7 = 28$
Entonces, $4 \times 7{,}000 = 28{,}000$

2. $9 \times 60 =$ _____

3. $8 \times 200 =$ _____

4. $5 \times 6{,}000 =$ _____

5. $7 \times 800 =$ _____

6. $8 \times 90 =$ _____

7. $6 \times 3{,}000 =$ _____

8. $3 \times 8{,}000 =$ _____

9. $5 \times 500 =$ _____

10. $9 \times 4{,}000 =$ _____

Resolución de problemas En el mundo

11. Un cajero de banco tiene 7 rollos de monedas. En cada rollo hay 40 monedas. ¿Cuántas monedas tiene el cajero?

_____

12. Theo compra 5 paquetes de papel. Hay 500 hojas de papel en cada paquete. ¿Cuántas hojas de papel compra Theo?

_____

13. **ESCRIBE** ▸ *Matemáticas* Explica cómo hallar 7×20 es similar a hallar $7 \times 2{,}000$. Luego halla cada producto.

_____

_____

Repaso de la lección (4.NBT.B.5)

1. Un avión viaja a una velocidad de 400 millas por hora. ¿Qué distancia recorrerá el avión en 5 horas?

2. Una semana, una fábrica de ropa hizo 2,000 camisas de cada uno de los 6 colores que fabrica. ¿Cuántas camisas hizo la fábrica en total?

_____

_____

Repaso en espiral (4.OA.A.1, 4.OA.A.2, 4.OA.A.3, 4.NBT.A.2)

3. Escribe un enunciado de comparación que represente esta ecuación.

$$6 \times 7 = 42$$

4. La población de Middleton es seis mil cincuenta y cuatro personas. Escribe este número en forma normal.

_____

_____

_____

_____

5. En una elección para alcalde, 85,034 personas votaron por Carl Green y 67,952 personas votaron por María Lewis. ¿Por cuántos votos ganó Carl Green la elección?

6. Meredith cosechó 4 veces la cantidad de pimientos verdes que de pimientos rojos. Si cosechó un total de 20 pimientos, ¿cuántos pimientos verdes cosechó?

_____

_____

PRACTICA MÁS CON EL
Entrenador personal en matemáticas

Nombre _____

Estimar productos

Pregunta esencial ¿Cómo puedes estimar productos por redondeo y determinar si las respuestas exactas son razonables?

Estándares comunes Números y operaciones en base diez—4.NBT.B.5 *También 4.NBT.A.3*
PRÁCTICAS MATEMÁTICAS
MP1, MP6, MP7

Soluciona el problema En el mundo

Un elefante africano puede alcanzar 23 pies de altura con la trompa. Usa su trompa para levantar objetos que pesan hasta 3 veces más que una persona de 165 libras. ¿Aproximadamente cuánto peso puede levantar un elefante con la trompa?

- Tacha la información que no usarás.
- Encierra en un círculo los números que usarás.
- ¿Cómo usarás los números para resolver el problema?

  _____

De una manera Redondea para estimar.

PASO 1 Redondea el factor mayor a la centena más próxima.

3×165
↓
3×200

PASO 2 Usa el cálculo mental.

Piensa: $3 \times 200 = 3 \times 2$ centenas

= 6 centenas

= _____

Entonces, un elefante africano puede levantar aproximadamente 600 libras con la trompa.

De otra manera Halla dos números entre los que se encuentre el resultado exacto para estimar.

3×165 3×165
↓   ↓
$3 \times 100 =$ _____ $3 \times 200 =$ _____

Piensa: 165 está entre 100 y 200. Usa esos números para estimar.

El elefante africano es el mamífero terrestre más grande que existe en la actualidad.

Entonces, el elefante africano puede levantar entre 300 y 600 libras.

1. ¿200 es mayor que o menor que 165? _____

2. Entonces, el producto de 3 y 165, ¿será mayor que

o menor que 600? _____

Charla matemática PRÁCTICAS MATEMÁTICAS ⑥

Compara ¿El resultado exacto está más cerca de 300 o de 600? ¿Por qué?

Describe cuán razonable es Puedes estimar un producto para hallar si un resultado exacto es razonable.

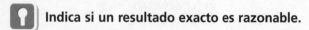 **Indica si un resultado exacto es razonable.**

El caballo de Eva come 86 libras de alimento por semana. Eva resolvió la siguiente ecuación para hallar cuánto alimento para caballos necesita para 4 semanas.

$4 \times 86 = $ ▮

Eva dice que necesita 344 libras de alimento para caballos. ¿Su resultado es razonable?

 **De una manera** Estima.

4×86

↓ Piensa: Redondea a la decena más próxima.

_____ $\times$ _____ = _____

344 está cerca de 360.

De otra manera Halla dos números entre los que se encuentre el resultado exacto.

4×86 4×86

↓   ↓

_____ $\times$ _____ = _____   _____ $\times$ _____ = _____

_____ está entre _____ y _____.

Entonces, 344 libras de alimento para caballos es razonable.

Comparte y muestra

1. Redondea para estimar el producto.

$5 \times 2,213$

↓

_____ $\times$ _____ = _____

2. Halla dos números entre los que se encuentre el resultado exacto para estimar el producto.

$5 \times 2,213$ $5 \times 2,213$

_____ $\times$ _____ = _____   _____ $\times$ _____ = _____

Charla matemática   PRÁCTICAS MATEMÁTICAS ⑥

¿11,065 es un resultado exacto razonable? **Explícalo.**

Nombre _____

Indica si el resultado exacto es razonable.

3. Kira debe hacer copias a color del volante de una exposición de caballos. La impresora puede hacer 24 copias en 1 minuto. Kira dice que la impresora hace 114 copias en 6 minutos.

_____

_____

_____

4. La Escuela Primaria Jones organizó un evento en el que se lavan carros para recaudar dinero para hacer un paseo comunitario a caballo. Cada lavado de carro cuesta $8. Tiara dice que la escuela recibirá $1,000 si se lavan 125 carros.

_____

_____

_____

Por tu cuenta

Indica si el resultado exacto es razonable.

5. **PRÁCTICA MATEMÁTICA ①** **Evalúa si es razonable** La Sra. Hense vende cada fardo de heno bermuda costero a $58. Dice que ganará $174 si vende 3 fardos.

_____

_____

_____

6. El Sr. Brown vende artículos para equitación. Un par de guantes de montar cuesta $16. Dice que ganará $144 si vende 9 pares.

_____

_____

_____

7. **MÁS AL DETALLE** El Sendero A y el Sendero B son senderos utilizados por los caballos. El Sendero A mide 118 pies de longitud. El Sendero B mide 180 pies de longitud. Carlos lleva a su caballo a caminar por cada sendero 3 veces. ¿Qué sendero utilizó Carlos para que su caballo camine 500 pies? Explícalo.

_____

_____

_____

_____

8. **PIENSA MÁS** Los estudiantes de tercer grado vendieron 265 boletos para la obra escolar. Los estudiantes de cuarto grado vendieron 3 veces la cantidad de boletos que los estudiantes de tercer grado. Estima la cantidad de boletos que vendieron los estudiantes de cuarto grado al determinar los dos números entre los que se encuentra la respuesta exacta.

Los estudiantes vendieron entre

0		300	
300		600	
600	y	900	boletos.
800		1,200	

Conectar con la Lectura

Haz predicciones

A medida que lees un cuento, haces predicciones sobre qué podría ocurrir a continuación o cómo será el final.

Cuando resuelves un problema de matemáticas, haces predicciones sobre cuál podría ser el resultado.

Una *estimación* es una predicción porque te ayuda a determinar si tu resultado es correcto. En el caso de algunos problemas, resulta útil hacer dos estimaciones: una que sea menor que el resultado exacto y otra que sea mayor.

Predice si el resultado exacto será *menor* o *mayor* que la estimación. Explica tu respuesta.

9. **PIENSA MÁS** El puesto de comidas del zoológico vendió 2,514 libras de hamburguesa el mes pasado. El costo promedio de una libra de hamburguesa es $2. Jeremy estima que el mes pasado se vendieron hamburguesas por un valor de alrededor de $6,000.

_____

_____

_____

_____

10. **MÁS AL DETALLE** Este mes, un zoológico compró 2,240 libras de alimento fresco para los osos. El costo promedio de una libra de alimento es $4. Jeremy estima que este mes se gastaron alrededor de $8,000 en alimento fresco para los osos.

_____

_____

_____

_____

Nombre _____

Estimar productos

Estándares comunes

ESTÁNDAR COMÚN—4.NBT.B.5
Utilizan la comprensión del valor de posición y de las propiedades las operaciones para efectuar aritmética con números de dígitos múltiples.

Redondea para estimar el producto.

1. 4×472 **2.** $2 \times 6{,}254$ **3.** 9×54 **4.** $5 \times 5{,}503$

_____2,000_____   _____   _____   _____

Halla dos números entre los que se encuentre el resultado exacto.

5. 3×567 **6.** $6 \times 7{,}381$ **7.** 4×94 **8.** 8×684

_____   _____   _____   _____

Resolución de problemas En el mundo

9. Isaac bebe 8 vasos de agua por día. Dice que beberá 2,920 vasos de agua en un año que tenga 365 días. ¿La respuesta exacta es razonable? **Explícalo.**

_____

_____

_____

_____

10. La mayoría de los estadounidenses tira aproximadamente 1,365 libras de basura por año. ¿Es razonable estimar que los estadounidenses tiran más de 10,000 libras de basura en 5 años? **Explícalo.**

_____

_____

_____

_____

11. Describe una situación de multiplicación de la vida real para la cual tenga sentido hacer una estimación.

_____

_____

Repaso de la lección (4.NBT.B.5)

1. En un teatro hay 4,650 asientos. Si se venden todos los boletos para cada una de las 5 presentaciones que se realizan, ¿aproximadamente cuántos boletos se venderán en total?

_____

2. A la Escuela Primaria Washington asisten 4,358 estudiantes. A la Escuela Secundaria Jefferson asisten 3 veces la cantidad de estudiantes que a la Escuela Primaria Washington. ¿Aproximadamente cuántos estudiantes asisten a la Escuela Secundaria Jefferson?

_____

Repaso en espiral (4.OA.A.1, 4.NBT.A.3, 4.NBT.B.4, 4.NBT.B.5)

3. Diego tiene 4 veces la cantidad de pelotas de béisbol autografiadas que tiene Melanie. Diego tiene 24 pelotas de béisbol autografiadas. ¿Cuántas pelotas de béisbol autografiadas tiene Melanie?

_____

4. El Sr. Turkowski compró 4 cajas de sobres en la tienda de artículos de oficina. Cada caja tiene 500 sobres. ¿Cuántos sobres compró el Sr. Turkowski?

_____

5. Pennsylvania tiene un área continental de 44,816 millas cuadradas. ¿Cuál es el área continental de Pennsylvania redondeada a la centena más próxima?

_____

6. En la tabla se muestra el tipo de DVD que los clientes de Alquileres Rayo de Sol alquilaron el año pasado.

Alquiler de Películas	
Tipo	Cantidad de alquileres
Comedia	6,720
Drama	4,032
Acción	5,540

¿Cuántas películas de comedia y de acción se alquilaron en total el año pasado?

_____

PRACTICA MÁS CON EL
Entrenador personal en matemáticas

Nombre _____

Multiplicar usando la propiedad distributiva

Pregunta esencial ¿Cómo puedes usar la propiedad distributiva para multiplicar un número de 2 dígitos por un número de 1 dígito?

Estándares comunes Números y operaciones en base diez—4.NBT.B.5
PRÁCTICAS MATEMÁTICAS
MP3, MP4, MP6

Investigar

Materiales ■ lápices de colores, papel cuadriculado

Puedes usar la propiedad distributiva para descomponer números para hacerlos más fáciles de multiplicar.

La **propiedad distributiva** establece que multiplicar una suma por un número es igual que multiplicar cada sumando por dicho número y luego sumar los productos.

A. Traza el contorno de un rectángulo en la cuadrícula para representar 6×13.

B. Piensa en 13 como $5 + 8$. Separa el modelo para mostrar $6 \times (5 + 8)$. Rotula y sombrea los rectángulos más pequeños. Usa dos colores diferentes.

Usa la propiedad distributiva. Halla el producto que representa cada rectángulo pequeño. Luego halla la suma de los productos. Anota tus resultados.

_____ × _____ = _____

_____ × _____ = _____

_____ + _____ = _____

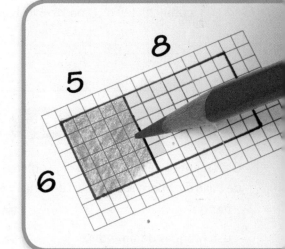

C. Representa 6×13 nuevamente. Piensa en 13 como una suma diferente. Separa el modelo para mostrar $6 \times ($ _____ $+$ _____ $)$. Halla el producto que representa cada rectángulo pequeño. Luego halla la suma de los productos. Anota tus resultados.

_____ × _____ = _____

_____ × _____ = _____

_____ + _____ = _____

Sacar conclusiones

1. Explica cómo hallaste el número total de cuadrados de cada modelo en los pasos B y C.

_____

_____

_____

2. Compara las sumas de los productos de los pasos B y C con las de tus compañeros. ¿Qué conclusión puedes sacar?

_____

_____

3. Para hallar 7 × 23, ¿es más fácil descomponer el factor, 23, como 20 + 3 o como 15 + 8? Explícalo.

_____

_____

Hacer conexiones

Otra manera de representar el problema es usar bloques de base diez para mostrar las decenas y las unidades.

PASO 1

Usa bloques de base diez para representar 6 × 13.

6 hileras de 1 decena y 3 unidades

PASO 2

Separa el modelo en decenas y unidades.

(6 × 1 decena)   (6 × 3 unidades)

(6 × 10)   (6 × 3)

_____   _____

PASO 3

Suma las decenas y las unidades para hallar el producto.

(6 × 10) + (6 × 3)

60   +   18

Entonces, 6 × 13 = 78.

En el Paso 2, el modelo se divide en dos partes. Cada parte muestra un **producto parcial**. Los productos parciales son 60 y 18.

Charla matemática

PRÁCTICAS MATEMÁTICAS ④

Representa las matemáticas ¿Por qué es este un buen modelo para el problema?

© Houghton Mifflin Harcourt Publishing Company

88

Nombre _____

Comparte y muestra

Representa el producto en la cuadrícula. Anota el producto.

1. $3 \times 13 =$ _____

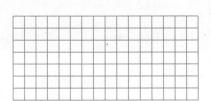

2. $5 \times 14 =$ _____

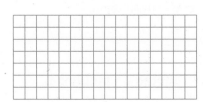

Halla el producto.

3. $6 \times 14 =$ _____

4. $5 \times 18 =$ _____

5. $4 \times 16 =$ _____

Usa papel cuadriculado o bloques de base diez para representar el producto. Luego anota el producto.

6. $7 \times 12 =$ _____

7. $5 \times 16 =$ _____

8. $9 \times 13 =$ _____

Resolución de problemas • Aplicaciones En el mundo

9. PRÁCTICA MATEMÁTICA 6 **Explica** cómo se pueden representar productos parciales para hallar los productos de números mayores.

_____

_____

_____

_____

10. PIENSA MÁS Usa la propiedad distributiva para representar el producto de la cuadrícula. Anota el producto.

$4 \times 14 =$ _____

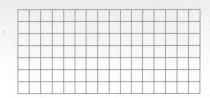

11. 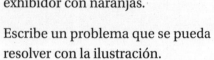 Kyle fue al mercado de frutas. En el mercado se vende una gran variedad de frutas y verduras. En la ilustración que está a la derecha se muestra un exhibidor con naranjas.

Escribe un problema que se pueda resolver con la ilustración.

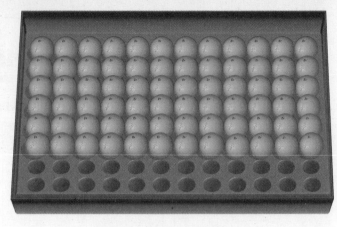

Plantea un problema.

_____
_____
_____
_____
_____
_____

Resuelve tu problema.

_____
_____
_____
_____
_____
_____

- **MÁS AL DETALLE** Describe cómo podrías cambiar el número de hileras de naranjas y el número de espacios vacíos en la ilustración para cambiar el problema. Luego resuelve el problema.

_____
_____
_____

Multiplicar usando la propiedad distributiva

 Estándares comunes **ESTÁNDAR COMÚN—4.NBT.B.5**
Utilizan la comprensión del valor de posición y de las propiedades de las operaciones para efectuar aritmética con números de dígitos múltiples.

Representa el producto en la cuadrícula. Anota el producto.

1. $4 \times 19 =$ __76__

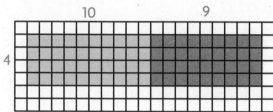

$4 \times 10 = 40$ y $4 \times 9 = 36$

$40 + 36 = 76$

2. $5 \times 13 =$ _____

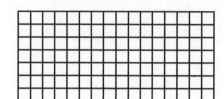

Halla el producto.

3. $4 \times 14 =$ _____

4. $3 \times 17 =$ _____

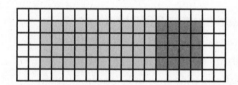

5. $6 \times 15 =$ _____

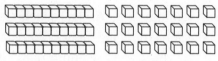

Resolución de problemas En el mundo

6. Michael organiza sus monedas de 1¢ como se muestra en la siguiente representación.

¿Cuántas monedas de 1¢ tiene Michael en total?

_____

7. **ESCRIBE** ▸*Matemáticas*   Explica cómo puedes usar un modelo para hallar 6×17.

_____

_____

_____

_____

_____

Repaso de la lección (4.NBT.B.5)

1. En el modelo se muestra cómo Maya plantó flores en su jardín.

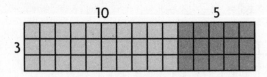

¿Cuántas flores plantó Maya?

_____

2. En el siguiente modelo se representa la expresión 5 × 18.

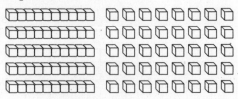

¿Cuántas decenas habrá en el producto final?

_____

Repaso en espiral (4.OA.A.2, 4.NBT.A.2, 4.NBT.B.4, 4.NBT.B.5)

3. La población de Ciudad Céntrica es veintiún mil setenta personas. Escribe la población en forma normal.

_____

4. La Escuela Central juntó 12,516 libras de periódicos para reciclar. La Escuela Eastland juntó 12,615 libras de periódicos. ¿Cuántas libras de periódicos más que la Escuela Central juntó la Escuela Eastland?

_____

5. Allison tiene 5 veces más tarjetas de béisbol que tarjetas de fútbol americano. En total, tiene 120 tarjetas de béisbol y de fútbol americano. ¿Cuántas tarjetas de béisbol tiene Allison?

_____

6. Un colibrí de garganta rubí aletea aproximadamente 53 veces por segundo. ¿Aproximadamente cuántas veces aletea un colibrí de garganta rubí en 5 segundos?

_____

PRACTICA MÁS CON EL
Entrenador personal
en matemáticas

Nombre _____

Multiplicar usando la forma desarrollada

Pregunta esencial ¿Cómo puedes usar la forma desarrollada para multiplicar un número de varios dígitos por un número de 1 dígito?

Estándares comunes **Números y operaciones en base diez—4.NBT.B.5**
PRÁCTICAS MATEMÁTICAS
MP.1, MP.2, MP.4

 Soluciona el problema *En el mundo*

Ejemplo 1 Usa la forma desarrollada.

Multiplica. 5 × 143

$5 \times 143 = 5 \times ($ _____ + _____ + _____ $)$ Escribe 143 en forma desarrollada.

$= (5 \times 100) + ($ _____ × _____ $) + ($ _____ × _____ $)$ Usa la propiedad distributiva.

SOMBREA EL MODELO   **PIENSA Y ANOTA**

PASO 1

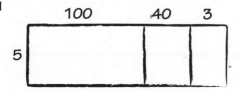

Multiplica las centenas.

$(5 \times 100) + (5 \times 40) + (5 \times 3)$

_____ $+ (5 \times 40) + (5 \times 3)$

PASO 2

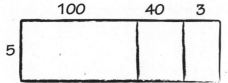

Multiplica las decenas.

$(5 \times 100) + (5 \times 40) + (5 \times 3)$

500   + _____ $+ (5 \times 3)$

PASO 3

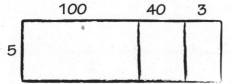

Multiplica las unidades.

$(5 \times 100) + (5 \times 40) + (5 \times 3)$

500   +   200   + _____

PASO 4

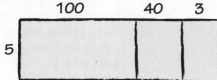

Suma los productos parciales.

```
  500
  200
+  15
```

Entonces, 5 × 143 = _____.

 Charla matemática

PRÁCTICAS MATEMÁTICAS ①

Evalúa si es razonable ¿Cómo sabes que tu respuesta es razonable?

🔒 Ejemplo 2 Usa la forma desarrollada.

La tienda de regalos del parque de animales encargó 3 cajas de animales de juguete. Cada caja contiene 1,250 animales de juguete. ¿Cuántos animales de juguete encargó la tienda?

Multiplica. 3 × 1,250

PASO 1

Escribe 1,250 en forma desarrollada. Usa la propiedad distributiva.

3 × 1,250 = 3 × (_____ + _____ + _____)

= (3 × 1,000) + (_____ × _____) + (_____ × _____)

PASO 2

Suma los productos parciales.

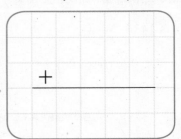

Entonces, la tienda encargó _____ animales.

Comparte y muestra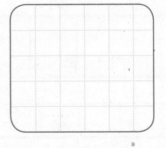

1. Halla 4 × 213. Usa la forma desarrollada.

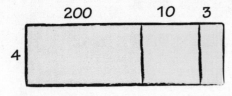

4 × 213 = _____ × (_____ + _____ + _____)

= (_____ × _____) + (_____ × _____) + (_____ × _____)

= _____ + _____ + _____

= _____

Usa la propiedad distributiva.

Charla matemática PRÁCTICAS MATEMÁTICAS ❷

Representa un problema
Explica cómo usar la propiedad distributiva hace que hallar el producto sea más fácil.

Anota el producto. Usa la forma desarrollada como ayuda.

2. 4 × 59 = _____

3. 3 × 288 = _____

Nombre _____

Anota el producto. Usa la forma desarrollada como ayuda.

4. $4 \times 21 =$ _____

5. $6 \times 35 =$ _____

6. MÁS AL DETALLE Un hotel tiene 128 habitaciones en cada piso. Hay 4 pisos en total. Si 334 de las habitaciones del hotel han sido limpiadas, ¿cuántas habitaciones aún quedan por limpiar?

_____

7. MÁS AL DETALLE Ben quiere comprar 2 suéteres azules por $119 cada uno y 3 suéteres marrones por $44 cada uno. ¿Cuánto gastará Ben en los cinco suéteres?

_____

8. MÁS AL DETALLE Una joyera tiene 36 pulgadas de cadena de plata. Necesita 5 veces esa cantidad para hacer unos collares y 3 veces esa cantidad para hacer unos brazaletes. ¿Cuántas pulgadas de cadena de plata necesita la joyera para hacer sus collares?

_____

ESCRIBE ▸ *Matemáticas*
Muestra tu trabajo

9. MÁS AL DETALLE Gretchen pasea a su perro 3 veces al día. Cada vez que pasea al perro, camina 1,760 yardas. ¿Cuántas yardas camina paseando al perro en 3 días?

_____

10. PRÁCTICA MATEMÁTICA ④ **Escribe una expresión** ¿Qué expresión podrías escribir para mostrar cómo multiplicar 9×856 usando el valor posicional y la forma desarrollada?

_____

11. MÁS AL DETALLE Jennifer compró 4 paquetes de tachuelas. Hay 48 tachuelas en cada paquete. Usó 160 tachuelas para colgar unos carteles. ¿Cuántas tachuelas le quedan? Explícalo.

_____

_____

_____

_____

Resolución de problemas • Aplicaciones

Usa la tabla para resolver los problemas 12 y 13.

Venta de plantas del vivero Sacco		
Árbol	**Precio normal**	**Precio con descuento (4 o más)**
Árbol de Júpiter	$39	$34
Cerezo	$59	$51
Ciprés italiano	$79	$67
Paulonia imperial	$29	$25

12. ¿Cuál es el costo total de 3 cipreses italianos?

_____

13. **PIENSA MÁS** ¿Cuál es el error?
Tanya dice que la diferencia del
costo entre 4 cerezos y 4 árboles
de Júpiter es $80. ¿Tiene razón?
Explícalo.

ESCRIBE *Matemáticas*
Muestra tu trabajo

_____

_____

_____

14. **ESCRIBE** *Matemáticas* ¿Cuál es el mayor producto
posible entre un número de 2 dígitos y un número de
1 dígito? Explica cómo lo sabes.

_____

_____

_____

15. **PIENSA MÁS** Multiplica 5×381 usando el valor posicional y la forma desarrollada.
Selecciona un número de cada recuadro para completar la expresión.

$$(5 \times \boxed{\begin{matrix} 30 \\ 300 \end{matrix}}) + (5 \times \boxed{\begin{matrix} 8 \\ 80 \end{matrix}}) + (5 \times \boxed{\begin{matrix} 1 \\ 10 \end{matrix}})$$

Multiplicar usando la forma desarrollada

Estándares comunes

ESTÁNDAR COMÚN—4.NBT.B.5
Utilizan la comprensión del valor de posición y de las propiedades de las operaciones para efectuar aritmética con números de dígitos múltiples.

Anota el producto. Usa la forma desarrollada como ayuda.

1. $7 \times 14 =$ _____98_____

$7 \times 14 = 7 \times (10 + 4)$

$ = (7 \times 10) + (7 \times 4)$

$ = 70 + 28$

$ = 98$

2. $8 \times 43 =$ _____

3. $6 \times 532 =$ _____

4. $5 \times 923 =$ _____

Resolución de problemas

5. Los estudiantes de cuarto grado de la Escuela Riverside van de excursión. Hay 68 estudiantes en cada uno de los 4 autobuses. ¿Cuántos estudiantes van de excursión?

_____

6. Hay 5,280 pies en una milla. A Hannah le gusta caminar 5 millas por semana como ejercicio. ¿Cuántos pies camina Hannah por semana?

_____

7. **ESCRIBE** ▸*Matemáticas* Explica cómo puedes hallar 3×584 usando la forma desarrollada.

_____

_____

_____

Repaso de la lección (4.NBT.B.5)

1. Escribe una expresión que muestre cómo multiplicar 7 × 256 usando la forma desarrollada y la propiedad distributiva.

_____

_____

2. Susi usa la expresión $(8 \times 3{,}000) + (8 \times 200) + (8 \times 9)$ como ayuda para resolver un problema de multiplicación. ¿Cuál es el problema de multiplicación de Susi?

_____

_____

Repaso en espiral (4.NBT.A.1, 4.NBT.A.2, 4.NBT.B.5)

3. ¿Cuál es otra manera de escribir 9 × 200?

_____

_____

4. ¿Cuál es el valor del dígito 4 en 46,000?

_____

_____

5. Chris compró 6 paquetes de servilletas para su restaurante. Había 200 servilletas en cada paquete. ¿Cuántas servilletas compró Chris?

_____

6. Enumera los siguientes números de **menor** a **mayor**.

8,251; 8,125; 8,512

_____

PRACTICA MÁS CON EL
Entrenador personal
en matemáticas

Nombre _____

Multiplicar usando productos parciales

Pregunta esencial ¿Cómo puedes usar el valor posicional y los productos parciales para multiplicar por un número de 1 dígito?

Estándares comunes Números y operaciones en base diez—4.NBT.B.5
PRÁCTICAS MATEMÁTICAS
MP2, MP4, MP6

Soluciona el problema *En el mundo*

RELACIONA ¿Cómo puedes usar lo que ya sabes sobre la propiedad distributiva para descomponer números para hallar productos de números de 3 dígitos y de 1 dígito?

 Usa el valor posicional y los productos parciales.

Multiplica. 6 × 182   **Estima.** 6 × 200 = _____

> • ¿Cómo puedes escribir 182 como la suma de centenas, decenas y unidades?
>
> _____

SOMBREA EL MODELO	PIENSA Y ANOTA
PASO 1 	182 × 6 ____ ← Multiplica las centenas. 6 × 1 centena = 6 centenas
PASO 2	182 × 6 600 ← Multiplica las decenas. 6 × 8 decenas = 48 decenas
PASO 3 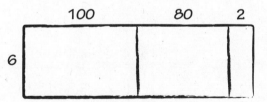	182 × 6 600 480 ← Multiplica las unidades. 6 × 2 unidades = 12 unidades
PASO 4 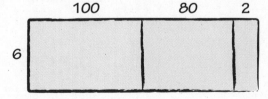	182 × 6 600 480 + 12 ____ ← Suma los productos parciales.

Entonces, 6 × 182 = 1,092. Como 1,092 está cerca de la estimación de 1,200, es razonable.

 Charla matemática   **PRÁCTICAS MATEMÁTICAS ②**

Usa el razonamiento ¿Cómo puedes usar la propiedad distributiva para hallar 4 × 257?

🔑 Ejemplo

Usa el valor posicional y los productos parciales.

Multiplica. 2 × 4,572.   **Estima.** 2 × 5,000 = _____

$$
\begin{array}{r}
4{,}572 \\
\times \quad 2 \\
\hline
\end{array}
$$

← 2 × 4 millares = 8 millares

← 2 × 5 centenas = 1 millar

← 2 × 7 decenas = 1 centena y 4 decenas

← 2 × 2 unidades = 4 unidades

← Suma los productos parciales.

Comparte y muestra MATH BOARD

1. Usa el modelo para hallar 2 × 137.

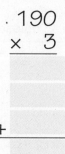

	100	30	7

2

$$
\begin{array}{r}
137 \\
\times \quad 2 \\
\hline
\end{array}
$$

Estima. Luego anota el producto.

2. Estimación: _____

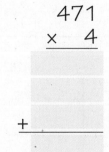

$$
\begin{array}{r}
190 \\
\times \quad 3 \\
\hline
\end{array}
$$

☑ 3. Estimación: _____

$$
\begin{array}{r}
471 \\
\times \quad 4 \\
\hline
\end{array}
$$

☑ 4. Estimación: _____

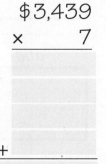

$$
\begin{array}{r}
\$3{,}439 \\
\times \quad 7 \\
\hline
\end{array}
$$

Charla matemática

PRÁCTICAS MATEMÁTICAS ⑥

Explica cómo usar el valor posicional y la forma desarrollada hace que hallar el producto sea más fácil.

Nombre _____

Estima. Luego anota el producto.

5. Estimación: _____

$$
\begin{array}{r}
\$53 \\
\times \quad 4 \\
\hline
 \\
+ \\
\hline
\end{array}
$$

6. Estimación: _____

$$
\begin{array}{r}
\$473 \\
\times \quad 9 \\
\hline
 \\
 \\
+ \\
\hline
\end{array}
$$

7. Estimación: _____

$$
\begin{array}{r}
608 \\
\times \quad 6 \\
\hline
 \\
 \\
+ \\
\hline
\end{array}
$$

Práctica: Copia y resuelve Estima. Luego anota el producto.

8. 2×78

9. $2 \times \$210$

10. $9 \times \$682$

11. $8 \times 8,145$

PRÁCTICA MATEMÁTICA ② Usa el razonamiento **Álgebra** Halla el dígito que falta.

12.
$$
\begin{array}{r}
\boxed{}\,5 \\
\times \quad 7 \\
\hline
455
\end{array}
$$

13.
$$
\begin{array}{r}
248 \\
\times \quad 3 \\
\hline
\boxed{}\,44
\end{array}
$$

14.
$$
\begin{array}{r}
\$395 \\
\times \quad \boxed{} \\
\hline
\$2,370
\end{array}
$$

15.
$$
\begin{array}{r}
3,748 \\
\times \quad 4 \\
\hline
1\,\boxed{},992
\end{array}
$$

16. [MÁS AL DETALLE] Una tienda compró 9 cajas de focos en mayo y 8 cajas en junio. Hay 48 focos en cada caja. ¿Cuántos focos compró la tienda en mayo y en junio?

_____

17. [MÁS AL DETALLE] El señor Wilson ahorró $2,500 para comprar billetes de avión para su familia. Compró 6 billetes de avión por $372 cada uno. ¿Cuánto le queda al señor Wilson de sus ahorros después de compra los billetes de avión?

_____

18. [MÁS AL DETALLE] El entrenador Ramírez compró 8 cajas de botellas de agua para una carrera. Hay 24 botellas en cada caja. Al terminar la carrera, quedan 34 botellas de agua. ¿Cuántas botellas se usaron durante la carrera? Explícalo.

_____

_____

_____

Resolución de problemas • Aplicaciones En el mundo

19. PRÁCTICA MATEMÁTICA ④ **Usa diagramas** Observa la ilustración. Kylie tiene 832 canciones en su reproductor portátil. Laura tiene 3 veces más canciones. ¿Cuántas canciones menos que Kylie puede agregar Laura a su reproductor?

_____

20. MÁS AL DETALLE James quiere comprar el nuevo reproductor portátil de la ilustración. James tiene 5 veces el número de canciones que tiene Susan. Susan tiene 1,146 canciones. ¿Entrarán en el reproductor todas las canciones que tiene James? ¿Cuántas canciones tiene?

_____

Hasta 9,000 canciones

Autonomía de batería para audio: 22 horas

MENU

VOL

· · · ESCRIBE ▸ *Matemáticas* · **Muestra tu trabajo** · · · ·

21. PIENSA MÁS La suma de un número de 3 dígitos y un número de un 1 dígito es 217. El producto de los números es 642. Si uno de los números está entre 200 y 225, ¿cuáles son los números?

_____

22. PIENSA MÁS La Sra. Jackson compró 6 galones de jugo para una fiesta. Cada galón contiene 16 tazas. Al terminar la fiesta, sobraron 3 tazas de jugo. ¿Cuántas tazas de jugo bebieron los invitados durante la fiesta? Muestra tu trabajo y explica cómo hallaste el resultado.

_____

_____

_____

Nombre _____

Multiplicar usando productos parciales

ESTÁNDAR COMÚN—4.NBT.B.5
Utilizan la comprensión del valor de posición y de las propiedades de las operaciones para efectuar aritmética con números de dígitos múltiples.

Estima. Luego anota el producto.

1. Estimación: <u>1,200</u>

$$
\begin{array}{r}
243 \\
\times \quad 6 \\
\hline
1,200 \\
240 \\
+ \quad 18 \\
\hline
1,458
\end{array}
$$

2. Estimación: _____

$$
\begin{array}{r}
640 \\
\times \quad 3 \\
\hline
\end{array}
$$

3. Estimación: _____

$$
\begin{array}{r}
\$149 \\
\times \quad 5 \\
\hline
\end{array}
$$

4. Estimación: _____

$$
\begin{array}{r}
721 \\
\times \quad 8 \\
\hline
\end{array}
$$

5. Estimación: _____

$$
\begin{array}{r}
293 \\
\times \quad 4 \\
\hline
\end{array}
$$

6. Estimación: _____

$$
\begin{array}{r}
\$416 \\
\times \quad 6 \\
\hline
\end{array}
$$

7. Estimación: _____

$$
\begin{array}{r}
961 \\
\times \quad 2 \\
\hline
\end{array}
$$

8. Estimación: _____

$$
\begin{array}{r}
837 \\
\times \quad 9 \\
\hline
\end{array}
$$

Resolución de problemas

9. Un laberinto de la feria de un pueblo se hizo con 275 fardos de heno. El laberinto de la feria estatal está hecho con 4 veces esa cantidad de heno. ¿Cuántos fardos de heno se usan para el laberinto de la feria estatal?

_____

10. Pedro duerme 8 horas por noche. ¿Cuántas horas duerme Pedro en un año de 365 días?

_____

11. **ESCRIBE** *Matemáticas*   Explica cómo puedes hallar 4 × 754 utilizando dos métodos distintos.

_____

_____

Repaso de la lección (4.NBT.B.5)

1. Un avión de pasajeros vuela a una velocidad promedio de 548 millas por hora. A esa velocidad, ¿cuántas millas recorre el avión en 4 horas?

2. Usa el modelo para hallar 3×157.

	100	50	7
3			

_____

_____

Repaso en espiral (4.NBT.A.2, 4.NBT.B.4, 4.NBT.B.5)

3. La feria escolar recaudó $1,768 por los juegos y $978 por la venta de comida. ¿Cuánto dinero recaudó en total la feria escolar por los juegos y la venta de comida?

4. Usa la siguiente tabla.

Estado	Población
Dakota del Norte	646,844
Alaska	698,473
Vermont	621,760

Enumera los estados de menor a mayor población.

_____

_____

5. Un parque nacional ocupa 218,375 acres. ¿Cómo se escribe este número en forma desarrollada?

6. El año pasado una tienda tuvo $8,000 de ganancias. Este año sus ganancias son 5 veces mayores. ¿Cuál es el monto de sus ganancias este año?

_____

_____

PRACTICA MÁS CON EL
Entrenador personal
en matemáticas

Revisión de la mitad del capítulo

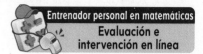

Vocabulario

Elige el término del recuadro que mejor corresponda para completar la oración.

Vocabulario
factor
productos parciales
propiedad distributiva

1. Para hallar el producto de un número de 2 dígitos y un número de 1 dígito, puedes multiplicar las decenas, multiplicar las unidades y

   hallar la suma de cada _____. (pág. 88)

2. La _____ establece que multiplicar una suma por un número es igual que multiplicar cada sumando por dicho número y luego sumar los productos. (pág. 87)

Conceptos y destrezas

Escribe un enunciado de comparación. (4.OA.1)

3. $5 \times 9 = 45$

   _____ veces _____ es _____.

4. $24 = 6 \times 4$

   _____ es _____ veces _____.

5. $54 = 6 \times 9$

   _____ es _____ veces _____.

6. $8 \times 6 = 48$

   _____ veces _____ es _____.

Estima. Luego anota el producto. (4.NBT.B.5)

7. Estimación: _____

$$\begin{array}{r} 75 \\ \times\ 5 \\ \hline \end{array}$$

8. Estimación: _____

$$\begin{array}{r} 12 \\ \times\ 6 \\ \hline \end{array}$$

9. Estimación: _____

$$\begin{array}{r} 28 \\ \times\ 3 \\ \hline \end{array}$$

10. Estimación: _____

$$\begin{array}{r} \$43 \\ \times\ 6 \\ \hline \end{array}$$

Anota el producto. Usa la forma desarrollada como ayuda. (4.NBT.B.5)

11. $5 \times 64 =$ _____

12. $3 \times 272 =$ _____

13. Hay 6 veces más perros que gatos. Si la cantidad total de perros y gatos es 21, ¿cuántos perros hay? (4.OA.A.2)

14. En la tabla que sigue se muestra la cantidad de calorías que hay en 1 taza de diferentes tipos de bayas. ¿Cuántas calorías hay en 4 tazas de moras? (4.NBT.B.5)

Datos nutricionales de las bayas	
Baya	**Cantidad de calorías en 1 taza**
Moras	62
Arándanos	83
Frambuesas	64
Fresas	46

15. *MÁS AL DETALLE* En la pista de patinaje se alquilan 218 pares de patines durante el mes de abril y 3 veces esa cantidad durante el mes de mayo. ¿Cuántos pares de patines alquiló la pista de patinaje durante abril y mayo? (4.NBT.B.5)

Nombre _____

Multiplicar usando el cálculo mental

Pregunta esencial ¿Cómo puedes usar el cálculo mental y las propiedades de la multiplicación para multiplicar números?

 Estándares comunes Números y operaciones en base diez—4.NBT.B.5
PRÁCTICAS MATEMÁTICAS
MP1, MP7, MP8

 ## Soluciona el problema En el mundo

Las propiedades de la multiplicación pueden hacer que las operaciones de multiplicación sean más fáciles.

Hay 4 sectores de butacas en el Teatro Astros. Cada sector tiene 7 grupos de butacas. Cada grupo tiene 25 butacas. ¿Cuántas butacas hay en el teatro?

🔑 **Halla 4 × 7 × 25.**

4 × 7 × 25 = 4 × 25 × 7   Propiedad conmutativa

= _____ × 7   **Piensa:** 4 × 25 = 100

= _____   **Piensa:** 100 × 7 = 700

Entonces, hay 700 butacas en el teatro.

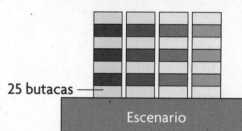

25 butacas —

Escenario

¡Inténtalo! Usa el cálculo mental y las propiedades.

Charla matemática PRÁCTICAS MATEMÁTICAS ⑧

Saca conclusiones ¿De qué manera podría ayudarte el producto de 4 × 25 para hallar 6 × 25?

Ⓐ **Halla (6 × 10) × 10.**

(6 × 10) × 10 = 6 × (10 × 10)   Propiedad asociativa

= 6 × _____

= _____

Ⓑ **Halla (4 × 9) × 250.**

(4 × 9) × 250 = 250 × (4 × 9)   Propiedad conmutativa

= (250 × 4) × 9   Propiedad asociativa

= _____ × 9

= _____

 Recuerda

La propiedad asociativa establece que puedes agrupar factores de diferentes maneras y obtener el mismo producto. Usa paréntesis para agrupar los factores que debes multiplicar primero.

Más estrategias Elige la estrategia que mejor funciona con
los números de los ejercicios.

🔑 Ejemplos

A Usa números amigos.

Multiplica. 24×250

Piensa: $24 = 6 \times 4$ y $4 \times 250 = 1,000$

$24 \times 250 = 6 \times 4 \times 250$

$\qquad = 6 \times \underline{\hspace{2cm}}$

$\qquad = \underline{\hspace{2cm}}$

B Usa la división entre 2 y la duplicación.

Multiplica. 16×50

**Piensa: 16 puede dividirse equitativamente
entre 2.**

$16 \div 2 = 8$ $\qquad$ Halla la mitad de 16.

$8 \times 50 = \underline{\hspace{2cm}}$ $\qquad$ Multiplica.

$2 \times 400 = \underline{\hspace{2cm}}$ $\qquad$ Duplica 400.

C Usa la suma.

Multiplica. 4×625

Piensa: 625 es igual a 600 más 25.

$4 \times 625 = 4 \times (600 + 25)$

$\qquad = (4 \times 600) + (4 \times 25)$

$\qquad = \underline{\hspace{1.5cm}} + \underline{\hspace{1.5cm}}$

$\qquad = \underline{\hspace{1.5cm}}$

D Usa la resta.

Multiplica. 5×398

Piensa: 398 es 2 menos que 400.

$5 \times 398 = 5 \times (400 - 2)$

$\qquad = (5 \times \underline{\hspace{1.5cm}}) - (5 \times 2)$

$\qquad = 2,000 - \underline{\hspace{1.5cm}}$

$\qquad = \underline{\hspace{1.5cm}}$

- ¿Qué propiedad se usa en los ejemplos C y D?_____

Comparte y muestra

1. Descompón el factor 112 y usa el cálculo mental y la suma para
hallar 7×112.

$7 \times 112 = 7 \times (\underline{\hspace{1.5cm}} + 12)$

$\qquad = \underline{\hspace{3cm}}$

$\qquad = \underline{\hspace{3cm}}$

$\qquad = \underline{\hspace{3cm}}$

Halla el producto. Indica qué estrategia usaste.

2. $4 \times 6 \times 50$

✓ **3.** 5×420

✓ **4.** 6×298

_____

_____

_____

Por tu cuenta

Charla matemática

Halla el producto. Indica qué estrategia usaste.

5. 14×50

6. 32×25

7. $8 \times 25 \times 23$

_____

_____

_____

_____

_____

_____

Práctica: Copia y resuelve Usa una estrategia para hallar el producto.

8. 16×400

9. $3 \times 31 \times 10$

10. 3×199

11. $3 \times 1,021$

PRÁCTICA MATEMÁTICA ⑦ Identificar relaciones **Álgebra** Usa el cálculo mental para hallar el número desconocido.

12. $21 \times 40 = 840$,
entonces $21 \times 42 =$ _____.

13. $9 \times 60 = 540$,
entonces $18 \times 30 =$ _____.

14. MÁS AL DETALLE El museo de ciencias vende modelos de dinosaurios a las escuelas y las bibliotecas por $107 cada uno. La biblioteca de la ciudad compra 3 modelos. La escuela primaria de la ciudad compra 5 modelos. ¿Cuál es el costo total de los modelos que la ciudad compra?

_____

15. MÁS AL DETALLE Kyle y Karen compraron 6 talonarios de boletos de atracciones en la feria. Cada talonario tiene 15 boletos. ¿Cuántos boletos compraron en total?

_____

Resolución de problemas • Aplicaciones (En el mundo)

Usa la tabla para resolver los problemas 16 a 18.

16. _MÁS AL DETALLE_ Tres mil cuarenta y tres personas compran boletos para el Sector N en la taquilla y cien personas compran boletos para el Sector L en la taquilla ¿Cuánto dinero se recauda en la taquilla para el Sector N y el Sector L?

17. _PRÁCTICA MATEMÁTICA_ **1** **Usa diagramas** Triny y 3 amigas compran el abono de temporada completa para el Sector M. Si hay 45 partidos en toda la temporada, ¿cuánto dinero gastan en total?

18. _PIENSA MÁS_ Apenas salieron a la venta los boletos para la temporada completa, se vendieron 2,000 boletos del Sector N. Dos semanas después de salir a la venta, se vendieron otros 1,500 boletos del Sector N para la temporada completa. ¿Cuánto dinero gastaron los espectadores, en total, por los boletos del Sector N para la temporada completa? ¿Cuánto más dinero gastaron apenas salieron los boletos a la venta que dos semanas después?

19. _PIENSA MÁS_ ✚ Halla el resultado de 6×407. Muestra tu trabajo y explica por qué la estrategia que elegiste es la mejor para estos factores.

Precios de boletos por partido			
Sector	Temporada completa	Abono para 15 partidos	Precio en taquilla
K	$44	$46	$48
L	$30	$32	$35
M	$25	$27	$30
N	$20	$22	$25

ESCRIBE ▸ _Matemáticas_ • **Muestra tu trabajo**

Entrenador personal en matemáticas

Multiplicar usando el cálculo mental

Estándares comunes

ESTÁNDAR COMÚN—4.NBT.B.5
Utilizan la comprensión del valor de posición y de las propiedades de las operaciones para efectuar aritmética con números de dígitos múltiples.

Halla el producto. Indica qué estrategia usaste.

1. 6×297 **Piensa:** $297 = 300 - 3$
$$6 \times 297 = 6 \times (300 - 3)$$
$$= (6 \times 300) - (6 \times 3)$$
$$= 1,800 - 18$$
$$= 1,782$$

1,782;

usar la resta

2. $14 \times 25 \times 4$

3. 8×604

4. 50×28

_____ _____ _____

_____ _____ _____

Resolución de problemas

5. En la Sección J de un estadio hay 20 hileras. En cada hilera hay 15 asientos. Todos los boletos cuestan $18 cada uno. Si se venden todos los asientos, ¿cuánto dinero ganará el estadio por la Sección J?

_____

6. En el gimnasio de una escuela secundaria, las tribunas están divididas en 6 secciones iguales. En cada sección se pueden sentar 395 personas. ¿Cuántas personas se pueden sentar en el gimnasio?

_____

7. **ESCRIBE** ▸*Matemáticas* Muestra cómo multiplicar 6×298 usando números amigos y luego usando las propiedades y el cálculo mental. Escribe acerca de qué método te gusta más y por qué.

_____

_____

_____

_____

Repaso de la lección (4.NBT.B.5)

1. Los lápices vienen en envases de 24 cajas. Una escuela compró 50 envases de lápices para el comienzo de clases. Cada caja de lápices cuesta $2. ¿Cuánto gastó la escuela en lápices?

_____

2. La escuela también compró 195 paquetes de marcadores. Hay 6 marcadores en cada paquete. ¿Cuántos marcadores compró la escuela?

_____

Repaso en espiral (4.NBT.B.4, 4.NBT.B.5)

3. Alex tiene 175 tarjetas de béisbol. Rodney tiene 3 veces la cantidad de tarjetas de béisbol que tiene Alex. ¿Cuántas tarjetas menos que Rodney tiene Alex?

_____

_____

4. Un teatro tiene capacidad para 1,860 personas. Para las últimas 6 funciones se agotaron los boletos. Estima el número total de personas que asistieron a las últimas 6 funciones.

_____

_____

5. En un partido de básquetbol hubo 1,207 espectadores. En el siguiente partido, hubo 958 espectadores. ¿Cuántos espectadores hubo en los dos partidos en total?

_____

6. Bill compró 4 rompecabezas. En cada rompecabezas hay 500 piezas. ¿Cuántas piezas hay en todos los rompecabezas juntos?

_____

PRACTICA MÁS CON EL
Entrenador personal
en matemáticas

Resolución de problemas • Problemas de multiplicación de varios pasos

Pregunta esencial ¿Cuándo puedes usar la estrategia *hacer un diagrama* para resolver un problema de multiplicación de varios pasos?

Estándares comunes Operaciones y pensamiento algebraico—4.OA.A.3 También 4.NBT.B.5
PRÁCTICAS MATEMÁTICAS
MP1, MP2, MP4

Soluciona el problema — En el mundo

En el parque acuático, un sector del estadio tiene 9 hileras con 18 asientos cada una. En el centro de cada una de las primeras 6 hileras, hay 8 asientos ubicados en la zona donde salpica el agua. ¿Cuántos asientos están fuera de esta zona?

Usa el organizador gráfico como ayuda para resolver el problema.

Lee el problema	Resuelve el problema
¿Qué debo hallar? Debo hallar la cantidad de asientos que _____ de la zona donde salpica el agua. **¿Qué información debo usar?** Hay 9 hileras con _____ asientos en cada hilera del sector. Hay 6 hileras con _____ asientos en cada hilera de la zona donde salpica el agua. **¿Cómo usaré la información?** Puedo _____ para hallar tanto la cantidad de asientos que hay en el sector como la cantidad de asientos que hay en la zona donde salpica el agua.	Hice un diagrama del sector para representar 9 hileras de 18 asientos. En el centro, tracé el contorno de un sector para representar las 6 hileras de 8 asientos que están en la zona donde salpica el agua. 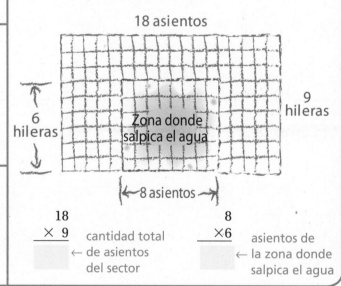

1. ¿Qué más debes hacer para resolver el problema?

_____

_____

🔒 Haz otro problema

En el parque acuático, uno de los sectores del espectáculo de tiburones tiene 8 hileras con 14 asientos cada una. En el medio del sector, están reservadas 4 hileras de 6 asientos. ¿Cuántos asientos no están reservados?

Lee el problema	Resuelve el problema
¿Qué debo hallar?	
¿Qué información debo usar?	
¿Cómo usaré la información?	

2. ¿De qué manera te ayudó tu diagrama a resolver el problema?

_____

Charla matemática

PRÁCTICAS MATEMÁTICAS ②

Razona de forma abstracta
¿Cómo sabes que tu resultado es correcto?

Nombre _____

1. En el último espectáculo, todos los asientos de los sectores A y B del estadio están ocupados. El Sector A tiene 8 hileras de 14 asientos cada una. El Sector B tiene 6 hileras de 16 asientos cada una. ¿Cuántas personas hay en el último espectáculo en los sectores A y B?

Primero, haz un diagrama y rotúlalo. **Luego,** halla la cantidad de asientos de cada sector.

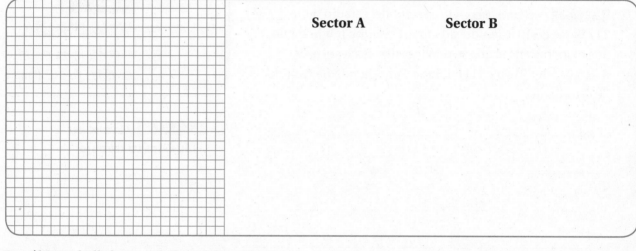

Sector A   Sector B

Por último, halla la cantidad total de asientos. _____ + _____ = _____

En el último espectáculo, hay _____ personas en los sectores A y B.

2. ¿Qué pasaría si los sectores A y B tuvieran 7 hileras cada uno? ¿Cuántas personas habría en los sectores A y B?

_____

3. El huerto de Brenda tiene 13 hileras de 8 plantas cada una. Brenda quiere plantar pimientos en las 2 primeras hileras y en las 2 últimas hileras del huerto. En el resto de las hileras plantará tomates. ¿Cuántas plantas de tomates plantará Brenda?

_____

4. MÁS AL DETALLE   En la escuela se dispusieron 8 hileras de 22 sillas para una ceremonia de premiación. En cada hilera, las 2 sillas de cada extremo están reservadas para los estudiantes premiados. El resto de las sillas están destinadas a los invitados. ¿Cuántas sillas están destinadas a los invitados?

Por tu cuenta

Usa la gráfica para resolver los problemas 5 y 6.

5. _MÁS AL DETALLE_ El maestro Torres llevó a sus estudiantes al espectáculo de delfines. Cada hilera del estadio tenía 11 asientos. En cada extremo de las hileras se sentó un adulto, y cada grupo de 4 estudiantes se sentó entre 2 adultos. El maestro se sentó solo. ¿Cuántos adultos había?

_____

6. **ESCRIBE** _Matemáticas_ Otro sector del estadio tiene 24 hileras de 10 asientos cada una. Describe por lo menos dos maneras en las que se puede sentar la clase de la maestra Allen si en cada hilera se sienta la misma cantidad de estudiantes.

_____

_____

_____

Excursiones al parque acuático

Gráfica de barras — Maestro (eje vertical): Maestra Bird, Maestro Torres, Maestra Allen. Cantidad de estudiantes (eje horizontal): 0, 6, 12, 18, 24, 30, 36, 42.

ESCRIBE _Matemáticas_
Muestra tu trabajo

7. _PIENSA MÁS_ Carol, Ann y Liz compraron un pez de juguete cada una. El pez de Carol mide 10 pulgadas más que el pez de Ann. El pez de Liz mide 2 pulgadas más que el doble de la longitud del pez de Ann. El pez de Ann mide 12 pulgadas de longitud. Halla la longitud de cada pez de juguete.

_____

8. **PRÁCTICA MATEMÁTICA ①** **Evalúa las relaciones** Nell creó un código secreto. Cada palabra del código tiene 2 letras. Cada palabra comienza con una consonante y termina con una vocal. ¿Cuántas palabras en código puede formar Nell con 3 consonantes y 2 vocales?

_____

9. _PIENSA MÁS_ Allie está haciendo un patio. El patio tendrá 13 hileras de 8 baldosas cada una. Allie ya hizo la sección central con 7 hileras de 4 baldosas. ¿Cuántas baldosas se necesitan para completar el patio? Muestra tu trabajo.

_____

_____

Resolución de problemas • Problemas de multiplicación de varios pasos

Estándares comunes

ESTÁNDAR COMÚN—4.0A.A.3
Utilizan las cuatro operaciones con números enteros para resolver problemas.

Resuelve los problemas.

1. En el parque de una comunidad hay 6 mesas con un tablero de ajedrez pintado sobre cada una. En cada tablero hay 8 hileras de 8 cuadrados. Cuando se prepara un partido, se cubren 4 hileras de 8 cuadrados de cada tablero con piezas de ajedrez. Si se prepara un partido en cada mesa, ¿cuántos cuadrados en total NO se cubren con piezas de ajedrez?

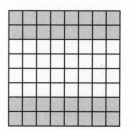

   $4 \times 8 = 32$

   $32 \times 6 =$ ▢

   _____
   192 cuadrados

2. Jonah y sus amigos van a cosechar manzanas. Jonah llena 5 canastas. En cada canasta entran 15 manzanas. Si 4 de los amigos de Jonah cosechan la misma cantidad que Jonah, ¿cuántas manzanas cosechan en total Jonah y sus amigos? Haz un diagrama para resolver el problema.

   _____

3. **ESCRIBE** *Matemáticas* Escribe un problema que pueda resolverse mediante la multiplicación de números de dos dígitos. Soluciona el problema y explica la solución.

   _____

   _____

   _____

   _____

   _____

Repaso de la lección (4.OA.A.3)

1. En una hacienda de árboles, hay 9 hileras de 36 abetos. En cada hilera, 14 de los abetos son abetos azules. ¿Cuántos abetos NO son abetos azules?

_____

2. Ronnie colocará azulejos en una encimera. Debe colocar 54 azulejos cuadrados en cada una de las 8 hileras que diseñó para cubrir la encimera. Quiere colocar 8 grupos de 4 azulejos azules cada uno al azar y dejar el resto de los azulejos blancos. ¿Cuántos azulejos blancos necesitará Ronnie?

_____

Repaso en espiral (4.OA.A.1, 4.NBT.B.4, 4.NBT.B.5)

3. Juan lee un libro de 368 páginas. Savannah lee un libro que tiene 172 páginas menos que el libro de Juan. ¿Cuántas páginas hay en el libro que lee Savannah?

_____

4. Hailey tiene botellas que contienen 678 monedas de 1¢ cada una. ¿Aproximadamente cuántas monedas de 1¢ tiene Hailey, si tiene 6 botellas llenas de monedas de 1¢?

_____

5. En un jardín, Terrence plantó 8 hileras de flores con 28 flores en cada hilera. ¿Cuántas flores plantó Terrence?

_____

6. Kevin tiene 5 peces en su pecera. Jasmine tiene 4 veces la cantidad de peces que tiene Kevin. ¿Cuántos peces tiene Jasmine?

_____

PRACTICA MÁS CON EL
Entrenador personal
en matemáticas

Nombre _____

Multiplicar números de 2 dígitos mediante la reagrupación

Estándares comunes **Números y operaciones en base diez—4.NBT.B.5** *También 4.OA.A.3*
PRÁCTICAS MATEMÁTICAS
MP2, MP3, MP7

Pregunta esencial ¿Cómo puedes usar la reagrupación para multiplicar un número de 2 dígitos por un número de 1 dígito?

Soluciona el problema

Un caballo de carreras de pura sangre puede correr a velocidades de hasta 60 pies por segundo. Durante la práctica, el caballo de Celia corre a una velocidad de 36 pies por segundo. ¿Qué distancia corre su caballo en 3 segundos?

- Subraya la información importante.
- ¿Hay información que no usarás? En ese caso, tacha la información.

Ejemplo 1

Multiplica. 3×36 **Estima.** $3 \times 40 =$ _____

REPRESENTA	PIENSA	ANOTA

PASO 1

Multiplica las unidades.
3×6 unidades =
18 unidades
Reagrupa las 18 unidades.

$$\begin{array}{r} 1 \\ 36 \\ \times\ 3 \\ \hline 8 \end{array}$$

Reagrupa 18 unidades en 1 decena y 8 unidades.

PASO 2

Multiplica las decenas.
3×3 decenas = 9 decenas
Suma la decena reagrupada.
9 decenas + 1 decena = 10 decenas

$$\begin{array}{r} 1 \\ 36 \\ \times\ 3 \\ \hline 108 \end{array}$$

10 decenas es igual que 1 centena y 0 decenas.

Entonces, el caballo de carreras de Celia corre _____ pies en 3 segundos.

Puesto que _____ está cerca de la estimación de _____, la respuesta es razonable.

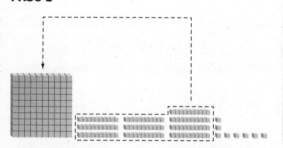

Charla matemática **PRÁCTICAS MATEMÁTICAS ③**

Aplica Observa el Paso 1. ¿De qué manera el modelo respalda tu trabajo?

🔒 Ejemplo 2

Multiplica. 8 × 22   **Estima.** 8 × 20 = _____

REPRESENTA	PIENSA	ANOTA

PASO 1

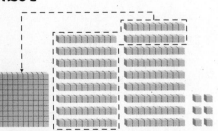

Multiplica las unidades.
8 × 2 unidades = 16 unidades

Reagrupa las 16 unidades.

$$\begin{array}{r} 1 \\ 2\ 2 \\ \times\ \ 8 \\ \hline 6 \end{array}$$

Reagrupa 16 unidades en 1 decena y 6 unidades

PASO 2

Multiplica las decenas.
8 × 2 decenas = 16 decenas

Suma la decena reagrupada.
16 decenas + 1 decena =
17 decenas

$$\begin{array}{r} 1 \\ 2\ 2 \\ \times\ \ 8 \\ \hline 176 \end{array}$$

17 decenas es igual que 1 centena y 7 decenas.

Entonces, 8 × 22 = _____ . Puesto que _____ está cerca

de la estimación de _____ , la respuesta es razonable.

¡Inténtalo! **Multiplica.** 7 × $68

Estima. 7 × $68	Usa productos parciales.	Usa la reagrupación.
	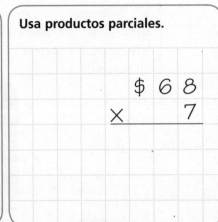 $\begin{array}{r} \$\ 6\ 8 \\ \times\ \ \ \ 7 \\ \hline \end{array}$	$\begin{array}{r} \$\ 6\ 8 \\ \times\ \ \ \ 7 \\ \hline \end{array}$

• **PRÁCTICA MATEMÁTICA ❼** **Identifica relaciones** Observa los productos parciales y los métodos
de reagrupación de arriba. ¿Qué relación hay entre 476 y los productos parciales 420 y 56?

Nombre _____

Comparte y muestra

1. Usa el modelo para hallar el producto.

$$2 \times 36 = \underline{\hspace{1cm}}$$

Estima. Luego anota el producto.

2. Estimación: _____

$$\begin{array}{r} 42 \\ \times\ 4 \\ \hline \end{array}$$

3. Estimación: _____

$$\begin{array}{r} 32 \\ \times\ 2 \\ \hline \end{array}$$

4. Estimación: _____

$$\begin{array}{r} 81 \\ \times\ 5 \\ \hline \end{array}$$

5. Estimación: _____

$$\begin{array}{r} \$63 \\ \times\ 7 \\ \hline \end{array}$$

Por tu cuenta

PRÁCTICAS MATEMÁTICAS ⑦

Busca estructuras ¿Cuáles son los pasos para usar el valor posicional y la reagrupación para hallar 3 × 78?

Estima. Luego anota el producto.

6. Estimación: _____

$$\begin{array}{r} 33 \\ \times\ 2 \\ \hline \end{array}$$

7. Estimación: _____

$$\begin{array}{r} \$25 \\ \times\ 3 \\ \hline \end{array}$$

8. Estimación: _____

$$\begin{array}{r} 36 \\ \times\ 8 \\ \hline \end{array}$$

9. Estimación: _____

$$\begin{array}{r} \$94 \\ \times\ 5 \\ \hline \end{array}$$

Práctica: Copia y resuelve   Estima. Luego anota el producto.

10. 3×82 **11.** 9×41 **12.** 6×75 **13.** $7 \times \$23$ **14.** $8 \times \$54$

PRÁCTICA MATEMÁTICA ⑦ Identifica relaciones **Álgebra** Escribe una regla. Halla los números desconocidos.

15.

Envase	_____	1	2	3	4	5
Huevos	_____	12	24		48	

16.

Hilera	_____	2	3	4	5	6
Asientos	_____	32	48	64		

17. _MÁS AL DETALLE_   Costará $73 por hora alquilar un velero y $88 por hora alquilar una lancha de esquiar. ¿Cuánto más costará alquilar una lancha de esquiar que un velero durante 4 horas?

_____

Resolución de problemas • Aplicaciones En el mundo

Usa la tabla para resolver los problemas 18 y 19.

18. *MÁS AL DETALLE*   A las velocidades que se muestran, ¿cuánto más lejos llegaría una liebre de cola negra que un conejo del desierto en 7 segundos?

_____

19. Una liebre de cola negra recorre una distancia de alrededor de 7 pies de un solo salto. ¿Qué distancia puede recorrer en 5 segundos?

_____

Velocidades de carrera	
Animal	**Velocidad (pies por segundo)**
Conejo del desierto	22
Liebre de cola negra	51

▲ Conejo del desierto

20. *MÁS AL DETALLE*   El Sr. Wright compró una bolsa de alimento para gatos de 3 libras y una de alimento para perros de 5 libras. En cada libra hay 16 onzas. ¿Cuántas onzas de alimento para mascotas compró el Sr. Wright?

_____

21. PIENSA MÁS   La suma de dos números es 31. El producto de los dos números es 150. ¿Cuáles son los números?

_____

22. PRÁCTICA MATEMÁTICA ② **Usa el razonamiento** 6×87 es mayor que 5×87. ¿Cuánto mayor es? Explica cómo lo sabes sin multiplicar.

_____

_____

ESCRIBE ▸ *Matemáticas*
Muestra tu trabajo

23. PIENSA MÁS   Multiplica 6×73. En los ejercicios 23a a 23d, decide si cada enunciado es Verdadero o Falso.

23a.   Una estimación razonable del producto es $420.   ○ Verdadero   ○ Falso

23b.   Si se usan productos parciales, los productos son 42 y 180.   ○ Verdadero   ○ Falso

23c.   Si se usa la reagrupación, 18 unidades se reagrupan como 8 decenas y 1 unidad.   ○ Verdadero   ○ Falso

23d.   El producto es 438.   ○ Verdadero   ○ False

Multiplicar números de 2 dígitos mediante la reagrupación

Estándares comunes

ESTÁNDAR COMÚN—4.NBT.B.5
Utilizan la comprensión del valor de posición y de las propiedades de las operaciones para efectuar aritmética con números de dígitos múltiples.

Estima. Luego anota el producto.

1. Estimación: __150__

$$\begin{array}{r} 1 \\ 46 \\ \times \ \ 3 \\ \hline 138 \end{array}$$

2. Estimación: _____

$$\begin{array}{r} 32 \\ \times \ \ 8 \\ \hline \end{array}$$

3. Estimación: _____

$$\begin{array}{r} \$55 \\ \times \ \ 2 \\ \hline \end{array}$$

4. Estimación: _____

$$\begin{array}{r} 61 \\ \times \ \ 8 \\ \hline \end{array}$$

5. Estimación: _____

$$\begin{array}{r} 37 \\ \times \ \ 9 \\ \hline \end{array}$$

6. Estimación: _____

$$\begin{array}{r} \$18 \\ \times \ \ 7 \\ \hline \end{array}$$

7. Estimación: _____

$$\begin{array}{r} 83 \\ \times \ \ 5 \\ \hline \end{array}$$

8. Estimación: _____

$$\begin{array}{r} 95 \\ \times \ \ 8 \\ \hline \end{array}$$

Resolución de problemas En el mundo

9. Sharon mide 54 pulgadas de estatura. Un árbol de su patio es 5 veces más alto que ella. El piso de la casa del árbol que tiene Sharon está a una altura dos veces mayor que la estatura de Sharon. ¿Cuál es la diferencia, en pulgadas, entre la parte superior del árbol y el piso de la casa del árbol?

_____

10. La clase del maestro Díaz irá de excursión al museo de ciencias. Hay 23 estudiantes en la clase y el boleto para estudiantes cuesta $8. ¿Cuánto costarán los boletos para los estudiantes?

_____

11. **ESCRIBE** *Matemáticas* Compara los productos parciales y reagrupa. Describe en qué sentido los métodos son similares y en qué sentido son diferentes.

_____

_____

_____

_____

Repaso de la lección (4.NBT.B.5)

1. Un ferry hace cuatro viajes por día a una isla. El ferry puede llevar 88 personas. Si el ferry va completo en cada viaje, ¿cuántos pasajeros lleva por día?

2. Julián contó el número de veces que cruzó el Puente de las Siete Millas en carro mientras estaba de vacaciones en los Cayos de la Florida. Cruzó el puente 34 veces. ¿Cuántas millas en total recorrió Julián al cruzar el puente?

Repaso en espiral (4.NBT.A.2, 4.NBT.B.4, 4.NBT.B.5)

3. Sebastián escribió la población de su ciudad como $300,000 + 40,000 + 60 + 7$. Escribe la población de la ciudad de Sebastián en forma normal.

4. Un avión voló 2,190 kilómetros desde Chicago hasta Flagstaff. Otro avión voló 2,910 kilómetros desde Chicago hasta Oakland. ¿Cuánto más lejos viajó el avión que voló hasta Oakland que el avión que voló a Flagstaff?

5. Tori compró 27 paquetes de carros de carrera en miniatura. En cada paquete había 5 carros. ¿Alrededor de cuántos carros de carrera en miniatura compró Tori?

6. Usa la propiedad distributiva para escribir una expresión equivalente a $5 \times (3 + 4)$.

PRACTICA MÁS CON EL
Entrenador personal
en matemáticas

Nombre _____

Multiplicar números de 3 dígitos y de 4 dígitos mediante la reagrupación

Estándares comunes Números y operaciones en base diez—4.NBT.B.5

PRÁCTICAS MATEMÁTICAS
MP1, MP3, MP6

Pregunta esencial ¿Cómo puedes usar la reagrupación para multiplicar?

🔑 Soluciona el problema

Alley Spring, manantial ubicado en el estado de Missouri, produce un promedio de 567 millones de galones de agua por semana. ¿Cuántos galones de agua produce el manantial en 3 semanas?

Multiplica. 3×567

Estima. $3 \times$ _____ = _____

PIENSA	ANOTA

PASO 1

Multiplica las unidades.

3×7 unidades = _____ unidades
Reagrupa las 21 unidades.

$$\begin{array}{r} \overset{2}{56}7 \\ \times\ \ 3 \\ \hline 1 \end{array}$$

Reagrupa las 21 unidades en 2 decenas y 1 unidad.

PASO 2

Multiplica las decenas.

3×6 decenas = _____ decenas
Suma las decenas reagrupadas.
18 decenas + 2 decenas = 20 decenas
Reagrupa las 20 decenas.

$$\begin{array}{r} \overset{2}{\overset{2}{5}}67 \\ \times\ \ 3 \\ \hline 01 \end{array}$$

Reagrupa 20 decenas en 2 centenas y 0 decenas.

PASO 3

Multiplica las centenas.

3×5 centenas = _____ centenas
Suma las centenas reagrupadas.
15 centenas + 2 centenas = 17 centenas

$$\begin{array}{r} \overset{2}{\overset{2}{5}}67 \\ \times\ \ 3 \\ \hline 1{,}701 \end{array}$$

17 centenas es igual que 1 millar y 7 centenas.

Entonces, Alley Spring produce _____ millones de galones de agua en 3 semanas.

🔑 Ejemplo

Usa una estimación o una respuesta exacta.

En la tabla se muestran los precios de tres paquetes de vacaciones. Jake, sus padres y su hermana quieren elegir un paquete.

Vacaciones frente al lago

	Adultos	Niños
Paquete A	$1,299	$619
Paquete B	$849	$699
Paquete C	$699	$484

Ⓐ ¿Aproximadamente cuánto le costaría el Paquete C a la familia de Jake?

PASO 1

Estima el costo para 2 adultos.

2 × $699

↓

2 × $700 = _____

PASO 2

Estima el costo para 2 niños.

2 × $484

↓

2 × $500 = _____

PASO 3

Suma para estimar el costo total.

+ _____

Entonces, el Paquete C le costaría aproximadamente $2,400 a la familia de Jake.

Ⓑ La familia de Jake quiere comparar el costo total de los paquetes A y C. ¿Qué plan cuesta más? ¿Cuánto más cuesta?

Charla matemática — **PRÁCTICAS MATEMÁTICAS ①**

Analiza ¿Cómo usaste la información para saber que necesitabas hacer una estimación?

Paquete A

Adultos	Niños	Costo total
$1,299	$619	
× 2	× 2	+

Paquete C

Adultos	Niños	Costo total
$699	$484	
× 2	× 2	+

Resta para comparar los costos totales de los paquetes.

$3,836
− $2,366
_____

Charla matemática — **PRÁCTICAS MATEMÁTICAS ①**

Entiende los problemas ¿Cómo usaste la información para saber que necesitabas hallar un resultado exacto?

Entonces, el Paquete _____ costaría _____ más que

el Paquete _____.

Nombre _____

1. Indica qué sucede en el Paso 1 del problema.

_____

_____

PASO 1	PASO 2	PASO 3	PASO 4
$\overset{2}{1{,}2\overset{}{7}4}$	$\overset{42}{1{,}2\overset{}{7}4}$	$\overset{1\ 42}{1{,}2\overset{}{7}4}$	$\overset{1\ 42}{1{,}2\overset{}{7}4}$
$\times\quad 6$	$\times\quad 6$	$\times\quad 6$	$\times\quad 6$
4	44	644	$7{,}644$

Estima. Luego halla el producto.

2. Estimación: _____

$$603 \times 4$$

3. Estimación: _____

$$1{,}935 \times 7$$

4. Estimación: _____

$$\$8{,}326 \times 5$$

 PRÁCTICAS MATEMÁTICAS ⑥

Explica de qué manera puedes usar la estimación para hallar cuántos dígitos tendrá el producto de $4 \times 1{,}861$.

Por tu cuenta

Estima. Luego halla el producto.

5. Estimación: _____

$$\$3{,}316 \times 8$$

6. Estimación: _____

$$\$2{,}900 \times 7$$

7. Estimación: _____

$$\$4{,}123 \times 6$$

8. **MÁS AL DETALLE** El Sr. Jackson tiene $5,400 para comprar suministros para el laboratorio de computación de la escuela. Compra 8 cajas de tinta de impresora, que costaron $149 cada una, y 3 impresoras que cuestan $1,017 cada una. ¿Cuánto dinero le quedará al Sr. Jackson después de comprar la tinta y las impresoras?

_____

Práctica: Copia y resuelve Compara. Escribe <, > o =.

9. $5 \times 352 \bigcirc 4 \times 440$

10. $6 \times 8{,}167 \bigcirc 9{,}834 \times 5$

11. $3{,}956 \times 4 \bigcirc 5 \times 7{,}692$

12. $740 \times 7 \bigcirc 8 \times 658$

13. $4 \times 3{,}645 \bigcirc 5 \times 2{,}834$

14. $6{,}573 \times 2 \bigcirc 4{,}365 \times 3$

Resolución de problemas • Aplicaciones

15. _MÁS_AL DETALLE_ Los boletos de avión a Fairbanks, Alaska, cuestan $958 cada uno. Los boletos de avión a Vancouver, Canadá, cuestan $734. ¿Cuánto pueden ahorrar en pasajes de avión los cuatro miembros de la familia Harrison si van de vacaciones a Vancouver?

_____

16. _PIENSA MÁS_ Philadelphia, Pennsylvania, está a 2,147 millas de Salt Lake City, Utah, y a 2,868 millas de Portland, Oregon. ¿Cuál es la diferencia respecto de las distancias de ida y vuelta entre Philadelphia y cada una de las otras dos ciudades? Explica si debes hacer una estimación o dar un resultado exacto.

_____

_____

_____

ESCRIBE _Matemáticas_ • **Muestra tu trabajo**

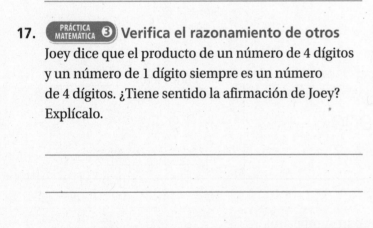

17. _PRÁCTICA MATEMÁTICA_ **3** **Verifica el razonamiento de otros**
Joey dice que el producto de un número de 4 dígitos y un número de 1 dígito siempre es un número de 4 dígitos. ¿Tiene sentido la afirmación de Joey? Explícalo.

_____

_____

_____

_____

18. _PIENSA MÁS_ ¿Qué número es 150 más que el producto de 5 y 4,892? Explica cómo hallaste el resultado.

_____

_____

_____

128

Multiplicar números de 3 dígitos y de 4 dígitos mediante la reagrupación

 Estándares comunes

ESTÁNDAR COMÚN—4.NBT.B.5
Utilizan la comprensión del valor de posición y de las propiedades de las operaciones para efectuar aritmética con números de dígitos múltiples.

Estima. Luego halla el producto.

1. Estimación: _4,000_

$$\begin{array}{r} {\scriptstyle 1\ 2\ 2} \\ 1,467 \\ \times\qquad 4 \\ \hline 5,868 \end{array}$$

2. Estimación: _____

$$\begin{array}{r} 5,339 \\ \times\qquad 6 \\ \hline \end{array}$$

3. Estimación: _____

$$\begin{array}{r} \$879 \\ \times\qquad 8 \\ \hline \end{array}$$

4. Estimación: _____

$$\begin{array}{r} 3,182 \\ \times\qquad 5 \\ \hline \end{array}$$

5. Estimación: _____

$$\begin{array}{r} 4,616 \\ \times\qquad 3 \\ \hline \end{array}$$

6. Estimación: _____

$$\begin{array}{r} \$2,854 \\ \times\qquad 9 \\ \hline \end{array}$$

7. Estimación: _____

$$\begin{array}{r} 7,500 \\ \times\qquad 2 \\ \hline \end{array}$$

8. Estimación: _____

$$\begin{array}{r} 948 \\ \times\qquad 7 \\ \hline \end{array}$$

Resolución de problemas En el mundo

9. La población del condado de Lafayette es 7,022 habitantes. La población del condado de Columbia es 8 veces mayor que la población del condado de Lafayette. ¿Cuál es la población del condado de Columbia?

_____

10. Una compañía de mariscos vendió 9,125 libras de pescado el mes pasado. Si 6 compañías de mariscos vendieron la misma cantidad de pescado, ¿cuánto pescado vendieron las 6 compañías en total el mes pasado?

_____

11. **ESCRIBE** ▸ *Matemáticas* Explica cómo hallar 4 × 384 te puede ayudar a hallar 4 × 5,384. Luego halla cada producto.

_____

_____

_____

Repaso de la lección (4.NBT.B.5)

1. Cuando se recicla 1 tonelada de papel, se ahorran 6,953 galones de agua. ¿Cuántos galones de agua se ahorran cuando se reciclan 4 toneladas de papel?

2. Esteban contó el número de pasos que caminó hasta llegar a la escuela. Contó 1,138 pasos. ¿Cuántos pasos camina para ir y venir de la escuela por día?

Repaso en espiral (4.NBT.A.2, 4.NBT.A.3, 4.NBT.B.4, 4.NBT.B.5)

3. Una página web tiene 13,406 personas registradas. ¿Cómo es este número en palabras?

4. En un año, la familia McAlister recorrió 15,680 millas con su carro. Redondeadas al millar más próximo, ¿cuántas millas recorrieron con el carro ese año?

5. Connor anotó 14,370 puntos en un partido. Amy anotó 1,089 puntos menos que Connor. ¿Cuántos puntos anotó Amy?

6. Lara compró 6 carros de juguete que costaron $15 cada uno. También compró 4 frascos de pintura que costaron $11 cada uno. ¿Cuánto gastó Lara en total en los carros de juguete y en la pintura?

© Houghton Mifflin Harcourt Publishing Company

PRACTICA MÁS CON EL
Entrenador personal
en matemáticas

Resolver problemas de varios pasos usando ecuaciones

Pregunta esencial ¿Cómo puedes representar y resolver problemas de varios pasos usando ecuaciones?

 Estándares comunes

Operaciones y pensamiento algebraico—4.OA.A.3
PRÁCTICAS MATEMÁTICAS
MP1, MP2, MP3

 Soluciona el problema En el mundo

La computadora de Crismari tiene 3 discos rígidos con 64 gigabytes de espacio cada uno y 2 discos rígidos con 16 gigabytes de espacio cada uno. Los archivos de Crismari ocupan un espacio de 78 gigabytes. ¿Cuánta memoria le queda en la computadora?

• Subraya la información importante.

De una manera Usa varias ecuaciones de un paso.

PASO 1 Halla la cantidad de memoria que hay en 3 discos rígidos con 64 gigabytes de espacio cada uno.

64	64	64

←— 3 discos rígidos con 64 gigabytes

n ←——— Memoria total de 3 discos rígidos con 64 gigabytes

$3 \times 64 = n$

_____ $= n$

PASO 2 Halla la cantidad de memoria que hay en 2 discos rígidos con 16 gigabytes de espacio.

16	16

←— 2 discos rígidos con 16 gigabytes

p ←——— Memoria total de 2 discos rígidos con 16 gigabytes

$2 \times 16 = p$

_____ $= p$

PASO 3 Halla la memoria total de la computadora.

Memoria total de los discos rígidos con 64 gigabytes

Memoria total de los discos rígidos con 16 gigabytes

192	32

A ←——— Memoria total de la computadora

$192 + 32 = A$

_____ $= A$

PASO 4 Los archivos ocupan 78 gigabytes de espacio. Halla la cantidad de memoria que queda en la computadora.

Memoria restante   Memoria ocupada

y	78

224 ←— Memoria total de la computadora

$224 - 78 = y$

_____ $= y$

Entonces, en la computadora de Crismari quedan _____ gigabytes de memoria.

Orden de las operaciones El orden de las operaciones es un conjunto especial de reglas que indica el orden en que se hacen los cálculos de una expresión. Primero, se multiplica y se divide de izquierda a derecha. Luego, se suma y se resta de izquierda a derecha.

 **De otra manera** Usa una ecuación de varios pasos.

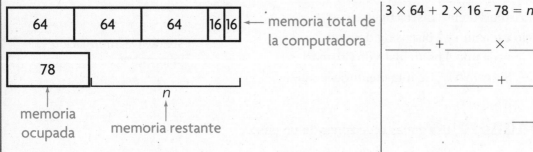

| 64 | 64 | 64 | 16 | 16 | ← memoria total de la computadora |

| 78 |

↑ memoria ocupada

n ↑ memoria restante

$3 \times 64 + 2 \times 16 - 78 = n$

_____ + _____ × _____ − _____ $= n$

_____ + _____ − _____ $= n$

_____ − _____ $= n$

_____ $= n$

Comparte y muestra MATH BOARD

1. Usa el orden de las operaciones para hallar el valor de *n*.

   $5 \times 17 + 5 \times 20 - 32 = n$

   _____ + _____ × _____ − _____ $= n$ ← Primero, multiplica 5×17.

   _____ + _____ − _____ $= n$ ← A continuación, multiplica 5×20.

   _____ − _____ $= n$ ← Luego, suma los dos productos.

   _____ $= n$ ← Por último, resta para hallar *n*.

Halla el valor de *n*.

2. $3 \times 22 + 7 \times 41 - 24 = n$

   _____ $= n$

☑ 3. $4 \times 34 + 6 \times 40 - 66 = n$

   _____ $= n$

4. $2 \times 62 + 8 \times 22 - 53 = n$

   _____ $= n$

☑ 5. $6 \times 13 + 9 \times 34 - 22 = n$

   _____ $= n$

Charla matemática

© Houghton Mifflin Harcourt Publishing Company

PRÁCTICAS MATEMÁTICAS ②

Usa el razonamiento ¿Obtendrás el mismo resultado si sumas antes de multiplicar cuando resuelves $6 \times 3 + 2$? Explica.

Nombre _____

Por tu cuenta

Halla el valor de *n*.

6. $8 \times 42 + 3 \times 59 - 62 = n$

_____ = *n*

7. $6 \times 27 + 2 \times 47 - 83 = n$

_____ = *n*

Resolución de problemas • Aplicaciones En el mundo

8. **MÁS AL DETALLE** Maggie tiene 3 carpetas con 25 estampillas cada una. También tiene 5 carpetas con 24 tarjetas de béisbol en cada una. Si le da 35 estampillas a un amigo, ¿cuántas estampillas y tarjetas le quedan?

_____

ESCRIBE *Matemáticas*

9. **PRÁCTICA MATEMÁTICA ❶ Evalúa** Maddox tiene 4 cajas con 32 canicas cada una. También tiene 7 cajas con 18 conchitas cada una. Si un amigo le da 20 canicas, ¿cuántas canicas y conchitas tiene?

_____

Entrenador personal en matemáticas

10. **PIENSA MÁS ➕** Durante una feria de pastelería, el equipo de fútbol vende 54 rosquillas con queso crema a $2 cada una, y 36 panecillos a $1 cada uno. El entrenador usa el dinero para comprar calcetines para 14 jugadores. Los calcetines cuestan $6 el par. ¿Cuánto dinero le sobra al entrenador? Explica cómo hallaste la respuesta.

_____

_____

_____

_____

_____

_____

11. PIENSA MÁS **¿Cuál es el error?** Dominic tiene 5 libros con 12 tarjetas postales cada uno. También tiene 4 cajas con 20 monedas cada una. Si le regala 15 tarjetas postales a un amigo, ¿cuántas tarjetas postales y monedas tiene?

Dominic hizo este modelo.

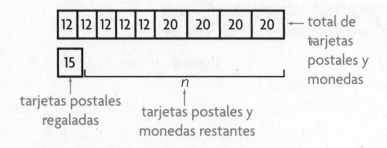

| 12 | 12 | 12 | 12 | 12 | 20 | 20 | 20 | 20 |

← total de tarjetas postales y monedas

| 15 |

n

tarjetas postales regaladas

tarjetas postales y monedas restantes

Observa los pasos que siguió Dominic para resolver este problema. Halla su error y descríbelo.

Dominic siguió estos pasos para resolver el problema.

$5 \times 12 + 4 \times 20 - 15 = n$

$60 + 4 \times 20 - 15 = n$

$64 \times 20 - 15 = n$

$1{,}280 - 15 = n$

$1{,}265 = n$

Sigue los pasos correctos para resolver el problema.

Entonces, tiene _____ tarjetas postales y monedas.

Resolver problemas de varios pasos usando ecuaciones

Estándares comunes **ESTÁNDAR COMÚN—4.0A.A.3**
Utilizan las cuatro operaciones con números enteros para resolver problemas.

Halla el valor de *n*.

1. $4 \times 27 + 5 \times 34 - 94 = n$

$108 + 5 \times 34 - 94 = n$

$108 + 170 - 94 = n$

$278 - 94 = n$

$184 = n$

2. $7 \times 38 + 3 \times 45 - 56 = n$

_____ $= n$

3. $6 \times 21 + 7 \times 29 - 83 = n$

_____ $= n$

4. $9 \times 19 + 2 \times 57 - 75 = n$

_____ $= n$

Resolución de problemas En el mundo

5. En una panadería hay 4 bandejas con 16 panecillos cada una. En la panadería también hay 3 bandejas con 24 magdalenas cada una. Si se venden 15 magdalenas, ¿cuántos panecillos y magdalenas quedan?

_____

6. Katy compró 5 paquetes de 25 adhesivos cada uno. También compró 3 cajas de 12 marcadores cada una. Si recibe 8 adhesivos de un amigo, ¿cuántos adhesivos y marcadores tiene Katy ahora?

_____

7. **ESCRiBE** ▸*Matemáticas* Escribe un problema que pueda resolverse escribiendo y resolviendo ecuaciones de varios pasos. Luego resuelve el problema.

_____

_____

_____

Repaso de la lección (4.OA.A.3)

1. ¿Cuál es el valor de *n*?

$$9 \times 23 + 3 \times 39 - 28 = n$$

2. ¿Cuál es el valor de *n*?

$$4 \times 28 + 6 \times 17 - 15 = n$$

Repaso en espiral (4.OA.A.1, 4.NBT.B.5)

3. Escribe una expresión que muestre cómo puedes multiplicar 9×475 usando la forma desarrollada y la propiedad distributiva.

4. Escribe una ecuación que represente mejor el enunciado de comparación.

32 es 8 veces 4.

5. ¿Entre qué pares de números está el producto exacto de 379 y 8?

6. Escribe una expresión que muestre la estrategia de dividir entre 2 y duplicar para hallar 28×50.

PRACTICA MÁS CON EL
Entrenador personal
en matemáticas

Nombre _____

☑ Repaso y prueba del Capítulo 2

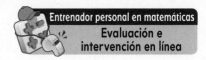
Entrenador personal en matemáticas
Evaluación e
intervención en línea

Usa la tabla para resolver los ejercicios 1 a 3.

Precios de los árboles					
Árbol	Precio sin descuento	Precio por 3 o más	Árbol	Precio sin descuento	Precio por 3 o más
Syringa reticulata	$25	$22	Avellano	$9	$8
Pino blanco	$40	$37	Arce rojo	$9	$8
Roble bur	$35	$32	Abedul	$9	$8

1. ¿Cuánto cuestan 3 robles bur? Muestra tu trabajo.

2. El Sr. Tan compra 4 pinos blancos y 5 abedules. ¿Cuánto cuestan los árboles en total? Muestra tu trabajo y explica cómo hallaste el resultado.

3. Rudy desea comprar 3 Syringa reticulata o 2 robles bur. Quiere comprar los árboles que cuesten menos. ¿Qué árboles comprará? ¿Cuánto ahorrará? Muestra tu trabajo.

Opciones de evaluación
Prueba del capítulo

4. En los ejercicios 4a a 4d, elige Verdadero o Falso para cada ecuación.

4a. $7 \times 194 = 1,338$ ○ Verdadero   ○ Falso

4b. $5 \times 5,126 = 25,630$ ○ Verdadero   ○ Falso

4c. $8 \times 367 = 2,926$ ○ Verdadero   ○ Falso

4d. $4 \times 3,952 = 15,808$ ○ Verdadero   ○ Falso

5. Parte A

Traza una línea para unir cada sección del modelo con el producto parcial que representa.

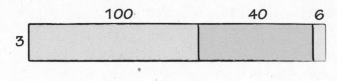

3×6 3×100 3×40

Parte B

Luego halla 3×146. Muestra tu trabajo y explícalo.

6. En los ejercicios 6a a 6c, escribe una ecuación o un enunciado de comparación usando los números de las fichas.

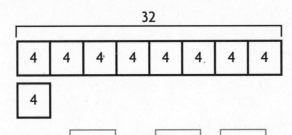

6a.

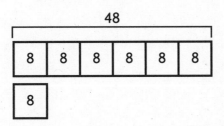

[ ] veces [ ] es [ ] .

6b.

48

| 8 | 8 | 8 | 8 | 8 | 8 |

8

[ ] × [ ] = [ ]

6c. $9 \times 3 = 27$

[ ] veces [ ] es [ ] .

7. Multiplica 7×43. En los ejercicios 7a a 7d, elige Verdadero o Falso para cada enunciado.

7a. Una estimación razonable del producto es 280. ○ Verdadero ○ Falso

7b. Si se usan productos parciales, los productos son 21 y 28. ○ Verdadero ○ Falso

7c. Si se usa la reagrupación, 21 unidades se reagrupan como 1 decena y 2 unidades. ○ Verdadero ○ Falso

7d. El producto es 301. ○ Verdadero ○ Falso

8. Construir un edificio de apartamentos en el juego de computadora *La gran ciudad* cuesta 9,328 puntos. ¿Cuánto cuesta construir 5 edificios de apartamentos? Muestra tu trabajo.

9. Multiplica 7×462 usando el valor posicional y la forma desarrollada.
Elige un número del recuadro para completar la expresión.

$$(7 \times \boxed{\begin{matrix} 4 \\ 40 \\ 400 \end{matrix}}) + (7 \times \boxed{\begin{matrix} 600 \\ 60 \\ 6 \end{matrix}}) + (7 \times \boxed{\begin{matrix} 2 \\ 20 \\ 200 \end{matrix}})$$

10. En los ejercicios 10a y 10b, usa el valor posicional para hallar
el producto.

10a. $3 \times 600 = 3 \times \boxed{}$ centenas

$= \boxed{}$ centenas

$= \boxed{}$

10b. $5 \times 400 = 5 \times \boxed{}$ centenas

$= \boxed{}$ centenas

$= \boxed{}$

11.  Liam tiene 3 cajas de tarjetas de béisbol con 50 tarjetas en
cada una. Además, tiene 5 cajas con 40 tarjetas de básquetbol en cada
una. Si Liam va a la tienda y compra 50 tarjetas de béisbol más, ¿cuántas
tarjetas de béisbol y básquetbol tiene Liam en total? Muestra tu trabajo.

12. Hay una venta de libros en la biblioteca. Cada libro cuesta $4. ¿Qué expresión se puede usar para mostrar cuánto dinero recaudará la biblioteca si vende 289 libros? Usa los números de las fichas para completar tu respuesta.

2	4	8	9

80	90	200

(4 × _____) + (4 × _____) + (4 × _____)

13. **PIENSA MÁS +** Halla 8 × 397. Muestra tu trabajo y explica por qué la estrategia que elegiste es la que mejor funciona con estos factores.

14. Un payaso compró 6 bolsas de globos redondos con 24 globos en cada bolsa. El payaso también compró 3 bolsas de globos alargados con 36 globos en cada bolsa.

Parte A

¿Cuántos globos alargados más que globos redondos compró el payaso? Muestra tu trabajo.

Parte B

El payaso también compró 5 bolsas de globos con forma de corazón con 14 globos en cada bolsa. Cuando el payaso infló todos los globos redondos, alargados y con forma de corazón, 23 de los globos estallaron. ¿Cuántos globos inflados quedaron? Explica tu respuesta.

15. Héctor plantó 185 flores en 2 días. Había 5 voluntarios, incluido Héctor, que plantaron cada uno aproximadamente el mismo número de flores. ¿Cuántas flores plantaron aproximadamente?

185
400
500
1,000

16. Jay y Blair fueron a pescar. En total, pescaron 27 peces. Jay pescó dos veces la cantidad de peces que pescó Blair. ¿Cuántos peces pescaron cada uno? Escribe una ecuación y resuélvela. Explica tu trabajo.

17. En la feria de mascotas, el perro de Darlene pesó 5 veces el peso del perro de Leah. Juntos, los perros pesaron 84 libras. ¿Cuánto pesó cada perro? Completa el modelo de barras. Escribe una ecuación y resuélvela.

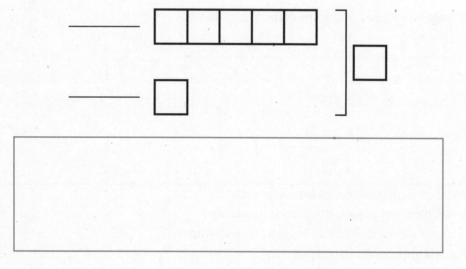

18. Usa la propiedad distributiva para representar el producto en la cuadrícula. Anota el producto.

$4 \times 12 =$ _____

Capítulo 3

Multiplicar números de 2 dígitos

Muestra lo que sabes

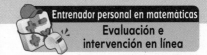

Entrenador personal en matemáticas
Evaluación e intervención en línea

Comprueba si comprendes las destrezas importantes.

Nombre _____

▶ **Practicar operaciones de multiplicación** **Halla el producto.** (3.OA.C.7)

1. $8 \times 7 =$ _____

2. $3 \times (2 \times 4) =$ _____

$7 \times 8 =$ _____

$(3 \times 2) \times 4 =$ _____

▶ **Multiplicar números de 2 dígitos por números de 1 dígito** **Halla el producto.**
(4.NBT.B.5)

3. $\begin{array}{r} 28 \\ \times\ 3 \\ \hline \end{array}$

4. $\begin{array}{r} 56 \\ \times\ 6 \\ \hline \end{array}$

5. $\begin{array}{r} 71 \\ \times\ 5 \\ \hline \end{array}$

6. $\begin{array}{r} 69 \\ \times\ 8 \\ \hline \end{array}$

7. $\begin{array}{r} 36 \\ \times\ 4 \\ \hline \end{array}$

▶ **Multiplicar por números de 1 dígito** **Halla el producto.** (4.NBT.B.5)

8. $\begin{array}{r} 72 \\ \times\ 4 \\ \hline \end{array}$

9. $\begin{array}{r} 456 \\ \times\ 5 \\ \hline \end{array}$

10. $\begin{array}{r} 804 \\ \times\ 7 \\ \hline \end{array}$

11. $\begin{array}{r} 1,341 \\ \times\ 9 \\ \hline \end{array}$

12. $\begin{array}{r} 65 \\ \times\ 6 \\ \hline \end{array}$

13. $\begin{array}{r} 392 \\ \times\ 8 \\ \hline \end{array}$

14. $\begin{array}{r} 1,478 \\ \times\ 3 \\ \hline \end{array}$

15. $\begin{array}{r} \$1,627 \\ \times\ 2 \\ \hline \end{array}$

16. $\begin{array}{r} 584 \\ \times\ 7 \\ \hline \end{array}$

17. $\begin{array}{r} 2,837 \\ \times\ 4 \\ \hline \end{array}$

Matemáticas En el mundo

El Parque Nacional Yellowstone, en Wyoming, Montana e Idaho, fue el primer parque nacional de los Estados Unidos. Este parque tiene más de 500 géiseres. El Grand Geyser entra en erupción aproximadamente cada 8 horas.

Según esta estimación, ¿cuántas veces verías a este géiser entrar en erupción si pudieras observarlo durante 1 año? Hay 24 horas en un día y 365 días en un año.

Desarrollo del vocabulario

▶ **Visualízalo** ••••••••••••••••••••••••••••••••••

Completa el diagrama en forma de H con las palabras marcadas con ✓.

Palabras de la multiplicación	Palabras de la estimación

Palabras de repaso

- ✓ estimación
- ✓ factor
- ✓ producto
- ✓ producto parcial
- propiedad asociativa de la multiplicación
- propiedad conmutativa de la multiplicación
- reagrupar
- ✓ redondear
- ✓ valor posicional

Palabras nuevas

- ✓ números compatibles

▶ **Comprende el vocabulario** •••••••••••••••••••••••••••

Dibuja una línea para emparejar las palabras o frases con sus definiciones.

Palabra	Definición
1. propiedad conmutativa de la multiplicación	• Un número que se multiplica por otro número para hallar un producto
2. estimación	• Intercambiar cantidades del mismo valor para convertir un número
3. números compatibles	• Un resultado cercano a la cantidad exacta
4. factor	• Números que son fáciles de calcular mentalmente
5. reagrupar	• La propiedad que establece que al cambiar el orden de dos factores, el producto se mantiene igual

• **Libro interactivo del estudiante**
• **Glosario multimedia**

Vocabulario del Capítulo 3

propiedad asociativa de la multiplicación

Associative Property of Multiplication

69

Propiedad conmutativa de la multiplicación

Commutative Property of Multiplication

71

números compatibles

compatible numbers

57

estimar

estimate (*verb*)

28

factor

factor

29

producto parcial

partial product

68

valor posicional

place value

95

reagrupar

regroup

78

La propiedad que establece que, cuando cambia el orden de dos factores, el producto es el mismo

Ejemplo: $3 \times 5 = 5 \times 3$.

La propiedad que establece que los factores se pueden agrupar de diferente manera sin cambiar el producto

Ejemplo: $3 \times (4 \times 2) = (3 \times 4) \times 2$.

Hallar un resultado cercano a la cantidad exacta

Números que son fáciles de calcular mentalmente

Ejemplo: Estima. $176 \div 8$

160 se divide fácilmente entre 8

número compatible

Un método de multiplicación en el que las unidades, decenas, centenas, etc. se multiplican por separado y luego se suman los productos

$$
\begin{array}{r}
182 \\
\times \quad 6 \\
\hline
600 \\
480 \\
+ \quad 12 \\
\hline
1{,}092
\end{array}
$$

← Productos parciales

Un número que se multiplica por otro número para hallar un producto

Ejemplo: $4 \times 5 = 20$

factor   factor

Intercambiar cantidades de igual valor para convertir un número

Ejemplo: $5 + 8 = 13$ unidades o 1 decena 3 unidades

El valor que tiene un dígito en un número según su ubicación

El juego de emparejar

Para 3 a 4 jugadores

Materiales

- 1 juego de tarjetas de palabras

Instrucciones

1. Coloca las tarjetas boca abajo en filas. Túrnense para jugar.

2. Elige dos tarjetas y ponlas boca arriba.

   - Si las tarjetas muestran una palabra y su significado, coinciden. Conserva el par y vuelve a jugar.

   - Si las tarjetas no coinciden, vuelve a ponerlas boca abajo.

3. El juego terminará cuando todas las tarjetas coincidan. Los jugadores cuentan sus pares. Ganará la partida el jugador con más pares.

Recuadro de palabras

estimación

factor

números compatibles

producto parcial

propiedad asociativa de la multiplicación

propiedad conmutativa de la multiplicación

reagrupar

valor posicional

Diario

Escríbelo

Reflexiona

Elige una idea. Escribe sobre ella.

- ¿Representan 36 × 29 y 29 × 36 el mismo producto? Explica por qué.

- Explica con tus propias palabras qué significa la propiedad asociativa de la multiplicación.

- Un lector de tu columna de consejos matemáticos escribe: "No recuerdo qué son los números compatibles ni cómo usarlos". Escribe una carta que lo ayude con ese problema.

Nombre _____

Multiplicar por decenas

Pregunta esencial ¿Qué estrategias puedes usar para multiplicar por decenas?

Estándares comunes Números y operaciones en base diez—4.NBT.B.5 *También 4.NBT.A.1*
PRÁCTICAS MATEMÁTICAS
MP2, MP4, MP7

 Soluciona el problema *En el mundo*

La animación de una caricatura hecha por computadora requiere aproximadamente 20 cuadros por segundo. ¿Cuántos cuadros habrá que dibujar para una caricatura de 30 segundos?

- La frase "20 cuadros por segundo" significa que se necesitan 20 cuadros para cada segundo de animación. ¿Cómo te ayuda esto a saber qué operación debes usar?

_____

_____

 De una manera Usa el valor posicional.

Multiplica. 30 × 20

Puedes pensar en 20 como 2 decenas.

30 × 20 = 30 × _____ decenas

= _____ decenas

= 600

 Recuerda

La propiedad asociativa establece que, si se modifica la agrupación de los factores, el producto no cambia. Usa paréntesis para agrupar los factores que multiplicas primero.

De otra manera Usa la propiedad asociativa.

Puedes pensar en 20 como 2 × 10.

30 × 20 = 30 × (2 × 10)

= (30 × 2) × 10

= _____ × _____

= _____

Entonces, habría que dibujar _____ cuadros.

Charla matemática PRÁCTICAS MATEMÁTICAS ⑦

Busca estructuras ¿Cómo puedes usar el valor posicional para indicar por qué 60 × 10 = 600?

- Compara la cantidad de ceros de cada factor con la cantidad de ceros del producto. ¿Qué observas?

_____

_____

🔐 De otras maneras

Ⓐ Usa una recta numérica y un patrón para multiplicar 15 × 20.

Dibuja saltos para mostrar el producto.

0   2   4   6   8   10   12   14   16   18   20   22   24   26   28   30

15 × 2 = _____

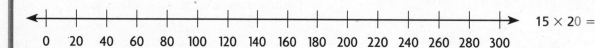

0   20   40   60   80   100   120   140   160   180   200   220   240   260   280   300

15 × 20 = _____

Ⓑ Usa el cálculo mental para hallar 14 × 30.

Usa la estrategia de dividir entre 2 y duplicar.

PASO 1 Halla la mitad de 14 para simplificar el problema.	**PASO 2** Multiplica.	**PASO 3** Duplica 210.
Piensa: Para hallar la mitad de un número, divídelo entre 2.		**Piensa:** Para duplicar un número, multiplícalo por 2.
14 ÷ 2 = _____	7 × 30 = _____	2 × 210 = _____

Entonces, 14 × 30 = 420.

¡Inténtalo! Multiplica.

Usa el cálculo mental para hallar 12 × 40.	Usa el valor posicional para hallar 12 × 40.

Comparte y muestra

1. Halla 20 × 27. Indica qué método elegiste. Explica lo que sucede en cada paso.

_____

_____

Nombre _____

Elige un método. Luego halla el producto.

2. 10×12

3. 20×20

✓**4.** 40×24

✓**5.** 11×60

Charla matemática

PRÁCTICAS MATEMÁTICAS ⑦

Identifica las relaciones ¿cómo puedes usar $30 \times 10 = 300$ para hallar 30×12?

Por tu cuenta

Elige un método. Luego halla el producto.

6. 70×55

7. 17×30

8. 30×60

9. 12×90

PRÁCTICA MATEMÁTICA ② **Razona de manera cuantitativa** **Álgebra** **Halla el dígito desconocido del número.**

10. $64 \times 40 = 2{,}56\blacksquare$

11. $29 \times 50 = 1{,}\pentagon50$

12. $3\diamond \times 47 = 1{,}410$

$\blacksquare = $ _____

$\pentagon = $ _____

$\diamond = $ _____

13. MÁS AL DETALLE Carolina guarda 12 frascos de mermelada en cada caja. Tiene 40 cajas y 542 frascos de mermelada. ¿Cuántos frascos de mermelada le sobrarán después de llenar todas las cajas?

14. MÁS AL DETALLE Alison se está preparando para un concurso de matemáticas. Cada día dedica 20 minutos a practicar problemas de multiplicación y 10 minutos a practicar problemas de división. ¿Cuántos minutos practica problemas de multiplicación y división en 15 días?

Resolución de problemas • Aplicaciones En el mundo

Usa la tabla para resolver los problemas 15 y 16.

15. 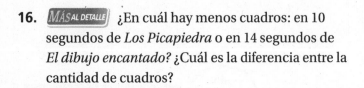 **Usa gráficas** ¿Cuántos cuadros hubo que dibujar para producir 50 segundos de *Pinocho*?

_____

16. **MÁS AL DETALLE** ¿En cuál hay menos cuadros: en 10 segundos de *Los Picapiedra* o en 14 segundos de *El dibujo encantado*? ¿Cuál es la diferencia entre la cantidad de cuadros?

_____

Producciones animadas

Título	Fecha de estreno	Cuadros por segundo
El dibujo encantado©	1900	20
El pequeño Nemo©	1911	16
Blancanieves y los siete enanitos©	1937	24
Pinocho©	1940	19
Los Picapiedra©	1960–1966	24

17. **PIENSA MÁS** El producto de mi número y el doble de mi número es igual a 128. ¿Cuál es la mitad de mi número? Explica cómo resolviste el problema.

_____

_____

_____

_____

18. **PIENSA MÁS** Tanya dice que el producto de un múltiplo de diez y un múltiplo de diez siempre tendrá un solo cero. ¿Tiene razón? Explica.

_____

_____

ESCRIBE *Matemáticas*

Muestra tu trabajo

19. **PIENSA MÁS** En los ejercicios 19a a 19e, elige Sí o No para indicar si la respuesta es correcta.

19a. $28 \times 10 = 280$ ○ Sí   ○ No

19b. $15 \times 20 = 300$ ○ Sí   ○ No

19c. $17 \times 10 = 17$ ○ Sí   ○ No

19d. $80 \times 10 = 800$ ○ Sí   ○ No

19e. $16 \times 30 = 1,800$ ○ Sí   ○ No

Multiplicar por decenas

ESTÁNDAR COMÚN—4.NBT.B.5
Utilizan la comprensión del valor de posición y de las propiedades de las operaciones para efectuar aritmética con números de dígitos múltiples.

Estándares comunes

Elige un método. Luego halla el producto.

1. 16×60

Usa la estrategia de dividir entre 2 y duplicar.

Halla la mitad de 16: $16 \div 2 = 8$.

Multiplica este número por 60: $8 \times 60 = 480$

Duplica este resultado: $2 \times 480 = 960$

_____ 960 _____

2. 80×22

3. 30×52

4. 60×20

_____ _____ _____

Resolución de problemas · En el mundo

5. Kenny compró 20 paquetes de tarjetas de béisbol. Hay 12 tarjetas en cada paquete. ¿Cuántas tarjetas compró Kenny?

6. La familia Hart tardó 10 horas en llegar en carro hasta el lugar de sus vacaciones. En promedio viajaron 48 millas por hora. ¿Cuántas millas recorrieron en total?

_____ _____

7. **ESCRIBE** ▸*Matemáticas* Escribe los pasos que sigues cuando usas una recta numérica para multiplicar un número de 2 dígitos por 20. Da un ejemplo.

_____

_____

_____

Repaso de la lección (4.NBT.B.5)

1. Para la obra escolar, se disponen 40 hileras de sillas. Hay 22 sillas en cada hilera. ¿Cuántas sillas hay en total?

2. En la Escuela West hay 20 salones de clases. Hay 20 estudiantes en cada salón. ¿Cuántos estudiantes hay en la Escuela West?

Repaso en espiral (4.OA.A.1, 4.OA.A.2, 4.OA.A.3, 4.NBT.B.4)

3. Álex tiene 48 adhesivos. Esto equivale a 6 veces la cantidad de adhesivos que tiene Max. ¿Cuántos adhesivos tiene Max?

4. El perro de Alí pesa 8 veces más que su gato. Las dos mascotas juntas pesan 54 libras. ¿Cuánto pesa el perro de Alí?

5. Allison tiene 3 recipientes con 25 crayones cada uno. También tiene 4 cajas de marcadores con 12 marcadores cada una. Allison le da 10 crayones a un amigo. ¿Cuántos crayones y marcadores tiene Allison ahora?

6. El estado de Utah ocupa 82,144 millas cuadradas. El estado de Montana ocupa 145,552 millas cuadradas. ¿Cuál es el área total de los dos estados?

PRACTICA MÁS CON EL
Entrenador personal
en matemáticas

Nombre _____

Estimar productos

Pregunta esencial ¿Qué estrategias puedes usar para estimar productos?

Estándares comunes Números y operaciones en base diez—**4.NBT.B.5** *También 4.NBT.A.3*

PRÁCTICAS MATEMÁTICAS
MP1, MP2, MP6

Soluciona el problema

La familia Smith abre la puerta de su refrigerador 32 veces por día. En mayo hay 31 días. ¿Aproximadamente cuántas veces abre la puerta durante el mes de mayo?

• Subraya la información que necesitarás.

De una manera Usa el redondeo y el cálculo mental.

Estima. 31 × 32

PASO 1 Redondea cada factor.

31 × 32
↓   ↓
30 × 30

PASO 2 Usa el cálculo mental.

3 × 3 = 9 ← operación básica

30 × 30 = _____

Charla matemática PRÁCTICAS MATEMÁTICAS ⑥

Compara ¿El producto exacto es mayor o menor que 900? Explica.

Entonces, la familia Smith abre la puerta del refrigerador aproximadamente 900 veces durante el mes de mayo.

---

1. En promedio, la puerta de un refrigerador se abre 38 veces por día. ¿Aproximadamente cuántas veces menos que el promedio abre la puerta del refrigerador la familia Smith durante el mes de mayo?

✎ **Muestra tu trabajo.**

Las 24 bombillas de luz de la casa de la familia Park son bombillas CFL. Cada bombilla CFL consume 28 vatios para producir luz. ¿Aproximadamente cuántos vatios consumirán las bombillas si se encienden todas al mismo tiempo?

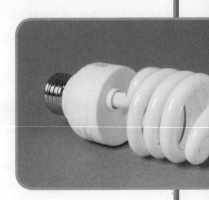

🔑 De otra manera Usa el cálculo mental y los números compatibles.

Los **números compatibles** son números que son fáciles de calcular mentalmente.

Estima. 24 × 28

PASO 1 Usa números compatibles.

24 × 28
↓   ↓
25 × 30   Piensa: 25 × 3 = 75

PASO 2 Usa el cálculo mental.

25 × 3 = 75

25 × 30 = _____

Entonces, consumirán aproximadamente 750 vatios.

¡Inténtalo! Estima 26 × $79.

A Redondea a la decena más próxima.

26   × $79
↓   ↓
_____ × _____ = _____

26 × $79 es aproximadamente _____.

B Números compatibles

26   × $79   Piensa: ¿Cómo puedes usar
↓   ↓   25 × 4 = 100 para
                             hallar 25 × 8?
25   × $80 = _____

26 × $79 es aproximadamente _____.

2. Explica por qué tanto $2,400 como $2,000 son estimaciones razonables.

_____

_____

3. ¿En qué situación elegirías hallar una estimación en vez del resultado exacto?

_____

_____

Comparte y muestra

1. Para estimar el producto de 62 y 28 con el redondeo, ¿cómo redondearías los factores? ¿Cuál sería el producto estimado?

_____

© Houghton Mifflin Harcourt Publishing Company • Image Credits: (tr) ©Bob Elam/Alamy

Nombre _____

Estima el producto. Elige un método.

2. 96 × 34

 3. 47 × $39

 4. 78 × 72

Charla matemática

PRÁCTICAS MATEMÁTICAS ①

Describe cómo sabes si un producto estimado será mayor que o menor que el resultado exacto.

 Por tu cuenta

Estima el producto. Elige un método.

5. 41 × 78

6. 51 × 73

7. 34 × 80

Práctica: Copia y resuelve **Estima el producto. Elige un método.**

8. 61 × 31

9. 52 × 68

10. 26 × 44

11. 57 × $69

PIENSA MÁS **Halla dos factores posibles para el producto estimado.**

12. 2,800

13. 8,100

14. 5,600

15. 2,400

_____

_____

_____

_____

16. _MÁS AL DETALLE_ El Sr. Parker trota 35 minutos por día. La semana 1 trota 5 días; la semana 2, 6 días; y la semana 3, 7 días. ¿Aproximadamente cuántos minutos trota en total?

17. _MÁS AL DETALLE_ Cada paquete contiene 48 cuentas. Candice compró 4 paquetes de cuentas azules, 9 paquetes de cuentas doradas, 6 paquetes de cuentas rojas y 2 paquetes de cuentas plateadas. ¿Aproximadamente cuántas cuentas compró Candice?

Resolución de problemas • Aplicaciones En el mundo

18. **MÁS AL DETALLE** En promedio, la puerta de un refrigerador se abre 38 veces por día. Len tiene dos refrigeradores en su casa. Según este promedio, ¿aproximadamente cuántas veces se abren las puertas de los dos refrigeradores en un período de 3 semanas?

_____

19. El costo de mantener un refrigerador en funcionamiento es aproximadamente $57 por año. ¿Aproximadamente cuánto costará mantener un refrigerador en funcionamiento durante 15 años?

_____

20. **PIENSA MÁS** Si Mel abre la puerta de su refrigerador 36 veces por día, ¿aproximadamente cuántas veces la abrirá durante el mes de abril? ¿El resultado exacto será mayor o menor que la estimación? Explica.

_____

_____

_____

21. **PRÁCTICA MATEMÁTICA 2** **Representa un problema** ¿Qué pregunta escribirías para esta respuesta? El producto estimado de dos números que no son múltiplos de diez es 2,800.

ESCRIBE _Matemáticas_ • **Muestra tu trabaj**

_____

_____

22. **PIENSA MÁS** ¿Cuál es una estimación razonable del producto? Escribe la estimación. Es posible que una estimación se use más de una vez.

| 30 × 20 | 25 × 50 | 20 × 20 |

26 × 48 [____]   28 × 21 [____]

21 × 22 [____]   51 × 26 [____]

Nombre _____

Estimar productos

ESTÁNDAR COMÚN—4.NBT.B.5
Utilizan la comprensión del valor de posición y de las propiedades de las operaciones para efectuar aritmética con números de dígitos múltiples.

Estima el producto. Elige un método.

1. 38×21

$$38 \times 21$$

$$\downarrow \qquad \downarrow$$

$$40 \times 20$$

_____800_____

2. 63×19

3. $27 \times \$42$

4. 73×67

5. $37 \times \$44$

6. 45×22

Resolución de problemas

7. Una moneda de 10¢ tiene un diámetro de aproximadamente 18 milímetros. ¿Aproximadamente cuántos milímetros de longitud tendría una hilera de 34 monedas de 10¢?

8. Una moneda de 50¢ tiene un diámetro de aproximadamente 31 milímetros. ¿Aproximadamente cuántos milímetros de longitud tendría una hilera de 56 monedas de 50¢?

_____

_____

9. **ESCRIBE** *Matemáticas* Describe una situación de multiplicación del mundo real en la cual tenga sentido hacer una estimación. Explica por qué tiene sentido.

_____

_____

Repaso de la lección (4.NBT.B.5)

1. ¿Cuál es una estimación razonable para el producto de 43 × 68?

_____

_____

2. Marisa quema 93 calorías cada vez que juega a lanzarle la pelota a su perro. Juega con su perro una vez por día. ¿Aproximadamente cuántas calorías quemará Marisa por jugar con su perro en 28 días?

_____

Repaso en espiral (4.NBT.A.1, 4.NBT.A.3, 4.NBT.B.5)

3. Usa el modelo para hallar 3 × 126.

```
          100          20  6
   3  |            |      |  |
      |            |      |  |
```

_____

4. En una tienda se vendió una marca de vaqueros a $38 cada par. En un día se vendieron 6 pares de esa marca. ¿Cuánto costaron los 6 pares de vaqueros?

_____

5. El arco Gateway Arch en St. Louis, Missouri, pesa alrededor de 20,000 toneladas. Escribe una cantidad que podría ser el número exacto de toneladas que pesa el arco.

_____

_____

6. ¿De qué otro modo puedes escribir 23 decenas de millar?

_____

_____

PRACTICA MÁS CON EL
Entrenador personal
en matemáticas

Modelos de área y productos parciales

Pregunta esencial ¿Cómo puedes usar modelos de área y productos parciales para multiplicar números de 2 dígitos?

Estándares comunes **Números y operaciones en base diez—4.NBT.B.5**

PRÁCTICAS MATEMÁTICAS
MP2, MP4, MP6

 Investigar

Materiales ■ lápices de colores

¿Cómo puedes usar un modelo para descomponer factores de manera tal que sea más sencillo multiplicarlos?

A. Dibuja el contorno de un rectángulo en la cuadrícula para representar 13 × 18. Separa el modelo en rectángulos más pequeños para mostrar los factores descompuestos en decenas y en unidades. Rotula y sombrea los rectángulos más pequeños. Usa los colores que se indican más abajo.

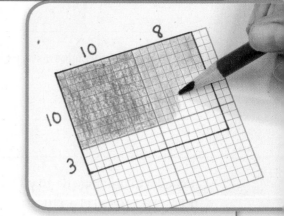

B. Halla el producto de los rectángulos más pequeños. Luego, halla la suma de los productos parciales. Anota los resultados.

☐ = 10 × 10

☐ = 10 × 8

☐ = 3 × 10

☐ = 3 × 8

100 + ____ + ____ + ____ = ____

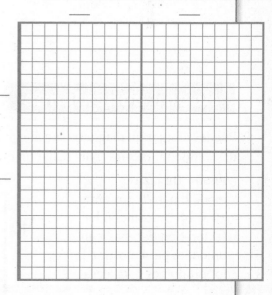

C. Vuelve a dibujar el modelo. Separa el modelo completo para mostrar factores distintos de los que mostraste la primera vez. Rotula y sombrea los cuatro rectángulos más pequeños y halla sus productos. Anota la suma de los productos parciales para representar el producto del modelo completo.

____ + ____ + ____ + ____ = ____

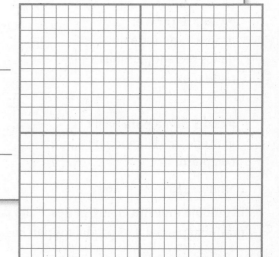

Sacar conclusiones

1. Explica cómo hallaste la cantidad total de cuadrados del modelo completo.

_____

_____

2. Compara los dos modelos y sus productos. ¿Qué conclusión puedes sacar? Explica.

_____

_____

3. Para hallar el producto de 10 y 33, ¿cuál es el cálculo más sencillo: $(10 \times 11) + (10 \times 11) + (10 \times 11)$ o $(10 \times 30) + (10 \times 3)$? Explica.

_____

_____

Hacer conexiones

Puedes dibujar un diagrama sencillo para representar y descomponer factores para hallar un producto. Halla 15×24.

> **Recuerda**
> 24 es igual a 2 decenas y 4 unidades.

PASO 1 Dibuja un modelo para representar 15×24. Descompón los factores en decenas y en unidades para mostrar los productos parciales.

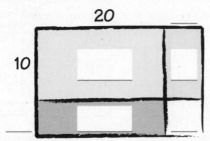

PASO 2 Escribe el producto de cada uno de los rectángulos más pequeños.

(10 × 2 decenas)	(10 × 4 unidades)	(5 × 2 decenas)	(5 × 4 unidades)
(10 × 20)	(10 × 4)	(5 × 20)	(5 × 4)

PASO 3 Suma para hallar el producto del modelo completo.

[ ] + [ ] + [ ] + [ ] = _____

Entonces, $15 \times 24 = 360$.

El modelo muestra cuatro partes. Cada parte representa un producto parcial. Los productos parciales son 200, 40, 100 y 20.

> **Charla matemática**
>
> **PRÁCTICAS MATEMÁTICAS ②**
>
> Usa el razonamiento ¿De qué manera descomponer los factores en decenas y en unidades hace más fácil hallar el producto?

Nombre _____

Halla el producto.

1. $16 \times 19 =$ _____

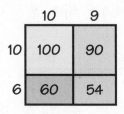

	10	9
10	100	90
6	60	54

2. $18 \times 26 =$ _____

	20	6
10		
8		

✓ **3.** $27 \times 39 =$ _____

	30	9
20		
7		

**Dibuja un modelo para representar el producto.
Luego anota el producto.**

4. $14 \times 16 =$ _____

✓ **5.** $23 \times 25 =$ _____

6. **PRÁCTICA MATEMÁTICA 6** **Explica** cómo se puede usar la representación de productos parciales para hallar el producto de números más grandes.

_____

_____

7. *MÁS AL DETALLE* Emma compró 16 paquetes de panecillos para una fiesta. Había 12 panecillos en cada paquete. Después de la fiesta, sobraron 8 panecillos. ¿Cuántos panecillos se comieron? Explica.

_____

_____

_____

¿Tiene sentido?

8. **PIENSA MÁS** Jamal y Kim resolvieron 12×15 con productos parciales de diferentes maneras. ¿Cuál de los resultados tiene sentido? ¿Cuál de los resultados no tiene sentido? Explica tu razonamiento.

Trabajo de Jamal

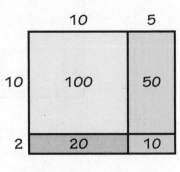

$$100 + 20 + 10 = 130$$

Trabajo de Kim

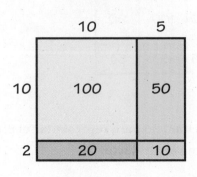

$$120 + 60 = 180$$

a. Para el resultado que no tiene sentido, escribe un resultado que tenga sentido.

b. Observa el método de Kim. ¿Se te ocurre otra manera en que Kim podría usar el modelo para hallar el producto? Explica.

9. **PIENSA MÁS** Observa el modelo del ejercicio 8b. ¿Cuáles serían los productos parciales si el producto fuera 22×15? Explica por qué crees que cambiaron los productos.

Modelos de área y productos parciales

Estándares comunes

ESTÁNDAR COMÚN—4.NBT.B.5
Utilizan la comprensión del valor de posición y de las propiedades de las operaciones para efectuar aritmética con números de dígitos múltiples. .

Dibuja un modelo para representar el producto.
Luego anota el producto.

1. 13×42

	40	2
10	400	· 20
3	120	6

$400 + 20 + 120 + 6 = \underline{546}$

2. 18×34

_____

3. 22×26

_____

Resolución de problemas

4. Sebastián hizo el siguiente modelo para hallar el producto de 17×24.

	20	4
10	200	40
7	14	28

$200 + 40 + 14 + 28 = 282$

¿Es correcto su modelo? **Explica.**

_____

_____

_____

5. En un kínder, cada niño del salón de la maestra Sike tiene una caja de crayones. Cada caja contiene 36 crayones. Si hay 18 niños en el salón de la maestra Sike, ¿cuántos crayones hay en total?

_____

6. **ESCRIBE** *Matemáticas* Describe cómo representar la multiplicación de números de 2 dígitos por números de 2 dígitos con un modelo de área.

_____

1. ¿Qué producto representa el siguiente modelo?

	20	3
10	200	30
7	140	21

_____

2. ¿Qué producto representa el siguiente modelo?

	13	2
10	130	20
5	65	10

_____

Repaso en espiral (4.OA.A.3, 4.NBT.B.5)

3. María usa fichas cuadradas para construir el tablero de una mesa. Hay 12 hileras de fichas y 30 fichas en cada hilera. ¿Cuántas fichas usa María en total?

4. Trevor hornea 8 tandas de panecillos de 14 panecillos cada una. Separa 4 panecillos de cada tanda para una feria de pastelería y coloca el resto en un frasco. ¿Cuántos panecillos coloca Trevor en el frasco?

_____

5. Li le da a su perro 3 tazas de alimento por día. ¿Aproximadamente cuántas tazas de alimento come su perro en 28 días?

6. Halla el producto de $20 \times 9 \times 5$. Di qué propiedad has usado.

_____

_____

PRACTICA MÁS CON EL
Entrenador personal
en matemáticas

Nombre _____

Multiplicar usando productos parciales

Pregunta esencial ¿Cómo puedes usar el valor posicional y productos parciales para multiplicar números de 2 dígitos?

 Estándares comunes Números y operaciones en base diez—4.NBT.B.5
PRÁCTICAS MATEMÁTICAS
MP1, MP2, MP4, MP8

🔑 Soluciona el problema

RELACIONA Ya sabes separar un modelo para hallar productos parciales. ¿Cómo puedes usar lo que sabes para hallar y anotar un producto?

 Multiplica. 34 × 57 **Estima.** 30 × 60 = _____

SOMBREA EL MODELO **PIENSA Y ANOTA**

PASO 1

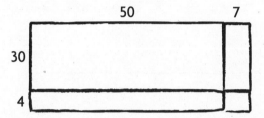

$$\begin{array}{r} 57 \\ \times\,34 \\ \hline \end{array}$$

← Multiplica las decenas por las decenas.
30 × 5 decenas = 150 decenas

PASO 2

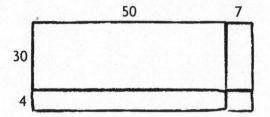

$$\begin{array}{r} 57 \\ \times\,34 \\ \hline 1,500 \\ \end{array}$$

← Multiplica las unidades por las decenas.
30 × 7 unidades = 210 unidades

PASO 3

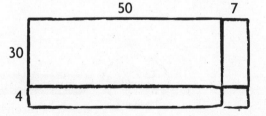

$$\begin{array}{r} 57 \\ \times\,34 \\ \hline 1,500 \\ 210 \\ \end{array}$$

← Multiplica las decenas por las unidades.
4 × 5 decenas = 20 decenas

PASO 4

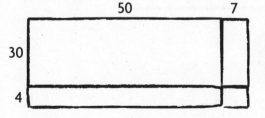

$$\begin{array}{r} 57 \\ \times\,34 \\ \hline 1,500 \\ 210 \\ 200 \\ + \end{array}$$

← Multiplica las unidades por las unidades
4 × 7 unidades = 28 unidades
← Suma los productos parciales.

Entonces, 34 × 57 = 1,938. Puesto que 1,938 está cerca de la estimación de 1,800, el resultado es razonable.

Charla matemática **PRÁCTICAS MATEMÁTICAS 8**

Usa el razonamiento repetitivo Puedes escribir 10 × 4 unidades = 40 unidades así: 10 × 4 = 40. ¿De qué otra manera puedes escribir 10 × 3 decenas = 30 decenas?

🔑 Ejemplo

Con las manzanas de cada árbol de un huerto se llenan 23 canastas. Si 1 hilera del huerto tiene 48 árboles, ¿cuántas canastas de manzanas se pueden llenar?

Multiplica. 48 × 23   **Estima.** 50 × 20 = _____

PIENSA	ANOTA

PASO 1

Multiplica las decenas por las decenas.

$$\begin{array}{r} 23 \\ \times\ 48 \\ \hline \end{array}$$

← 40 × _____ decenas = _____ decenas

PASO 2

Multiplica las unidades por las decenas.

$$\begin{array}{r} 23 \\ \times\ 48 \\ \hline 800 \end{array}$$

← 40 × _____ unidades = _____ unidades

PASO 3

Multiplica las decenas por las unidades.

$$\begin{array}{r} 23 \\ \times\ 48 \\ \hline 800 \\ 120 \end{array}$$

← 8 × _____ decenas = _____ decenas

PASO 4

Multiplica las unidades por las unidades. Luego suma los productos parciales.

$$\begin{array}{r} 23 \\ \times\ 48 \\ \hline 800 \\ 120 \\ 160 \\ + \hline \end{array}$$

← 8 × _____ unidades = _____ unidades

Entonces, se pueden llenar 1,104 canastas.

Charla matemática

PRÁCTICAS MATEMÁTICAS ①

Evalúa si es razonable ¿Cómo sabes que tu resultado es razonable?

Comparte y muestra

1. Halla 24 × 34.

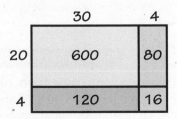

	30	4
20	600	80
4	120	16

$$\begin{array}{r} 3\ 4 \\ \times\ 2\ 4 \\ \hline \end{array}$$

Nombre _____

Anota el producto.

2.
$$\begin{array}{r} 12 \\ \times\, 12 \\ \hline \end{array}$$

3.
$$\begin{array}{r} 31 \\ \times\, 24 \\ \hline \end{array}$$

4.
$$\begin{array}{r} 25 \\ \times\, 43 \\ \hline \end{array}$$

5.
$$\begin{array}{r} 37 \\ \times\, 26 \\ \hline \end{array}$$

PRÁCTICAS MATEMÁTICAS ④

Representa las matemáticas
¿Cómo representarías y
anotarías 74 × 25?

Charla matemática

Por tu cuenta

Anota el producto.

6.
$$\begin{array}{r} 54 \\ \times\, 15 \\ \hline \end{array}$$

7.
$$\begin{array}{r} 87 \\ \times\, 16 \\ \hline \end{array}$$

8.
$$\begin{array}{r} 62 \\ \times\, 56 \\ \hline \end{array}$$

9.
$$\begin{array}{r} 49 \\ \times\, 63 \\ \hline \end{array}$$

Práctica: Copia y resuelve Anota el producto.

10. 38 × 47

11. 46 × 27

12. 72 × 53

13. 98 × 69

14. 53 × 68

15. 76 × 84

16. 92 × 48

17. 37 × 79

PRÁCTICA MATEMÁTICA ② Razona de forma abstracta **Álgebra** Halla los dígitos desconocidos. Completa el ejercicio.

18.
$$\begin{array}{r} \boxed{}\,6 \\ \times\quad\boxed{}\,4 \\ \hline 1,400 \\ 120 \\ 280 \\ +\quad 24 \\ \hline \boxed{} \end{array}$$

19.
$$\begin{array}{r} \boxed{}\,2 \\ \times\quad\boxed{}\,7 \\ \hline 7,200 \\ 180 \\ 560 \\ +\quad 14 \\ \hline \boxed{} \end{array}$$

20.
$$\begin{array}{r} \boxed{}\,6 \\ \times\,5\,\boxed{} \\ \hline 1,500 \\ 300 \\ 90 \\ +\quad 18 \\ \hline \boxed{} \end{array}$$

21.
$$\begin{array}{r} 3\,\boxed{} \\ \times\quad\boxed{}\,8 \\ \hline 600 \\ 80 \\ 240 \\ +\quad 32 \\ \hline \boxed{} \end{array}$$

Resolución de problemas • Aplicaciones

Usa la gráfica con dibujos para resolver los problemas 22 a 24.

22. **PRÁCTICA MATEMÁTICA** ④ **Usa gráficas** Un almacén donde se empacan frutas hará un envío de 15 cajas de toronjas para una tienda de Santa Rosa, California. ¿Cuál es el peso total del envío?

_____

23. **MÁS AL DETALLE** ¿Cuánto menos pesan 13 cajas de tangelos que 18 cajas de mandarinas?

_____

24. ¿Cuánto pesan 12 cajas de naranjas?

_____

25. **PIENSA MÁS** En los Estados Unidos, cada persona come aproximadamente 65 manzanas frescas por año. Según esta estimación, ¿cuántas manzanas comen por año 3 familias de 4 personas?

_____

26. **MÁS AL DETALLE** El producto de 26 × 93 es mayor que el producto de 25 × 93. ¿Cuánto mayor es? Explica cómo lo sabes sin multiplicar.

_____

_____

_____

Libras de cítricos por caja

Cítricos	Peso por caja (en libras)
Toronja	🌙🌙🌙🌙🌙🌙🌙🌙🌙🌙
Naranja	🌙🌙🌙🌙🌙🌙🌙🌙🌙🌙
Tangelo	🌙🌙🌙🌙🌙🌙🌙🌙
Mandarina	🌙🌙🌙🌙🌙🌙🌙🌙🌙🌙

Clave: Cada 🌙 **= 10 libras**

ESCRIBE *Matemáticas* • **Muestra tu trab**

27. **PIENSA MÁS** Margot quiere hallar 22 × 17 usando productos parciales. Escribe los números en los recuadros para mostrar 22 × 17.

(☐ × ☐) + (☐ × ☐) + (☐ × ☐) + (☐ × ☐)

Multiplicar usando productos parciales

Estándares comunes

ESTÁNDAR COMÚN—4.NBT.B.5
Utilizan la comprensión del valor de posición y de las propiedades de las operaciones para efectuar aritmética con números de dígitos múltiples.

Anota el producto.

1.
```
    23
×   79
 1,400
   210
   180
+   27
 1,817
```

2.
```
    56
×   32
```

3.
```
    87
×   64
```

4.
```
    33
×   25
```

5.
```
    94
×   12
```

6.
```
    51
×   77
```

7.
```
    69
×   49
```

Resolución de problemas

8. Evelyn toma 8 vasos de agua por día, lo que equivale a 56 vasos de agua por semana. ¿Cuántos vasos de agua toma en un año? (1 año = 52 semanas)

_____

9. Joe quiere usar los fondos del Club de Excursiones para comprar nuevos bastones de caminata para cada uno de sus 19 miembros. Los bastones cuestan $26 cada uno. El club tiene $480. ¿Es suficiente dinero para comprarle un bastón nuevo a cada miembro? Si no, ¿cuánto dinero más hace falta?

_____

10. **ESCRIBE** *Matemáticas* Explica por qué funciona separar los valores posicionales de un número para multiplicar.

_____

_____

_____

_____

Repaso de la lección (4.NBT.B.5)

1. Un puesto de refrigerios de una feria ganó $76 en un día por la venta de palomitas de maíz. Ganó 22 veces más por la venta de algodón de azúcar. ¿Cuánto dinero ganó el puesto por la venta de algodón de azúcar?

   _____

2. Enumera los productos parciales de 42×28.

   _____

Repaso en espiral (4.OA.A.1, 4.OA.A.3, 4.NBT.B.5)

3. El año pasado, la biblioteca de la ciudad reunió 117 libros usados para sus estantes. Este año, reunió 3 veces más libros. ¿Cuántos libros reunió este año?

   _____

4. La Escuela Primaria Washington tiene 232 estudiantes. La Escuela Secundaria Washington tiene 6 veces más estudiantes. ¿Cuántos estudiantes tiene la Escuela Secundaria Washington?

   _____

5. Enumera los productos parciales de 35×7.

   _____

6. Shelby tiene diez billetes de $5 y trece billetes de $10. ¿Cuánto dinero tiene Shelby en total?

   _____

PRACTICA MÁS CON EL
Entrenador personal
en matemáticas

Nombre _____

Revisión de la mitad del capítulo

Conceptos y destrezas

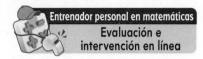

1. Explica cómo usar el cálculo mental para hallar 40 × 50. (4.NBT.B.5)

_____

_____

2. ¿Cuál es el primer paso para estimar 56 × 27? (4.NBT.B.5)

_____

Elige un método. Luego halla el producto. (4.NBT.B.5)

3. 35 × 10 _____   **4.** 19 × 20 _____   **5.** 12 × 80 _____

6. 70 × 50 _____   **7.** 58 × 40 _____   **8.** 30 × 40 _____

9. 14 × 60 _____   **10.** 20 × 30 _____   **11.** 16 × 90 _____

Estima el producto. Elige un método. (4.NBT.B.5)

12. 81 × 38 _____   **13.** 16 × $59 _____   **14.** 43 × 25 _____

15. 76 × 45 _____   **16.** 65 × $79 _____   **17.** 92 × 38 _____

18. 37 × 31 _____   **19.** 26 × $59 _____   **20.** 54 × 26 _____

21. 52 × 87 _____   **22.** 39 × 27 _____   **23.** 63 × 58 _____

24. La clase de la maestra Traynor irá de excursión al zoológico. La excursión costará $26 por estudiante. Hay 22 estudiantes en la clase. ¿Cuál es la mejor estimación del costo total de la excursión? (4.NBT.B.5)

---

25. Tito escribió en el pizarrón lo que se ve abajo. ¿Cuál es el número desconocido? (4.NBT.B.5)

$$50 \times 80 = 50 \times (8 \times 10)$$
$$= (50 \times 8) \times 10$$
$$= ? \times 10$$
$$= 4,000$$

---

26. ¿Cuáles son los productos parciales que resultan de multiplicar 15×32? (4.NBT.B.5)

---

27. *MÁS AL DETALLE* Una empresa de autobuses vendió 39 boletos de ida y 20 boletos de ida y vuelta de West Elmwood a East Elmwood. Los boletos de ida cuestan $14. Los boletos de ida y vuelta cuestan $25. ¿Cuánto dinero obtuvo la empresa en total? (4.NBT.B.5)

170

Nombre _____

Multiplicar mediante la reagrupación

Pregunta esencial ¿Cómo puedes usar la reagrupación para multiplicar números de 2 dígitos?

 Estándares comunes **Números y operaciones en base diez—4.NBT.B.5** *También 4.OA.A.3*
PRÁCTICAS MATEMÁTICAS
MP2, MP7, MP8

  Soluciona el problema En el mundo

En 1914, Henry Ford había perfeccionado su cadena de montaje para producir un carro Ford Modelo T en 93 minutos. ¿Cuántos minutos se tardaba en producir 25 Modelos T?

🔑 **Usa el valor posicional y la reagrupación.**

Multiplica. 93 × 25   Estima. 90 × 30 = _____

PIENSA	ANOTA
PASO 1	
• Piensa en 93 como 9 decenas y 3 unidades.	$\begin{array}{r} 1 \\ 25 \\ \times\ 93 \\ \hline \end{array}$
• Multiplica 25 por 3 unidades.	← 3 × 25

▲ El primer Ford Modelo T de producción en masa se montó el 1.º de octubre de 1908.

PASO 2	
• Multiplica 25 por 9 decenas.	$\begin{array}{r} 4 \\ \not{1} \\ 25 \\ \times\ 93 \\ \hline 75 \\ \end{array}$
	← 90 × 25

PASO 3	
• Suma los productos parciales.	$\begin{array}{r} 4 \\ \not{1} \\ 25 \\ \times\ 93 \\ \hline 75 \\ 2{,}250 \\ \hline \end{array}$

Entonces, 93 × 25 es igual a 2,325. Puesto que _____ está

cerca de la estimación de _____, el resultado es razonable.

Charla matemática **PRÁCTICAS MATEMÁTICAS** ⑧

Usa el razonamiento repetitivo ¿Por qué obtendrás el mismo resultado si multiplicas 93 × 25 o 25 × 93?

Maneras diferentes de multiplicar Puedes usar maneras diferentes de multiplicar y, aun así, obtener el resultado correcto. Tanto Shawn como Patty resolvieron 67 × 40 correctamente, pero usaron maneras diferentes.

Observa la hoja de Shawn.

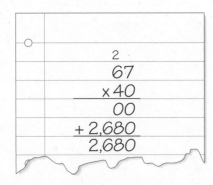

60	x	40	=	2,400
7	x	40	=	280
2,400	+	280	=	2,680

Entonces, el resultado de Shawn es 67 × 40 = 2,680.

Observa la hoja de Patty.

```
    2
   67
  x 40
   00
+ 2,680
  2,680
```

Entonces, Patty también halló que 67 × 40 = 2,680.

1. ¿Qué método usó Shawn para resolver el problema?

_____

2. ¿Qué método usó Patty para resolver el problema?

_____

Comparte y muestra

1. Observa el problema. Completa las oraciones.

Multiplica _____ y _____ para obtener 0.

Multiplica _____ y _____ para obtener 1,620.

Suma los productos parciales.

0 + 1,620 = _____

```
    4
   27
  ×60
    0
+1,620
```

Nombre _____

Estima. Luego halla el producto.

2. Estimación: _____

$$\begin{array}{r} 68 \\ \times\ 53 \\ \hline \end{array}$$

3. Estimación: _____

$$\begin{array}{r} 61 \\ \times\ 54 \\ \hline \end{array}$$

4. Estimación: _____

$$\begin{array}{r} 90 \\ \times\ 27 \\ \hline \end{array}$$

Por tu cuenta

PRÁCTICAS MATEMÁTICAS ⑧

Generaliza ¿Por qué puedes omitir ceros del primer producto parcial cuando multiplicas 20 × 34?

Estima. Luego halla el producto.

5. Estimación: _____

$$\begin{array}{r} 30 \\ \times\ 47 \\ \hline \end{array}$$

6. Estimación: _____

$$\begin{array}{r} 78 \\ \times\ 56 \\ \hline \end{array}$$

7. Estimación: _____

$$\begin{array}{r} 27 \\ \times\ 25 \\ \hline \end{array}$$

Práctica: Copia y resuelve Estima. Luego halla el producto.

8. 34 × 65

9. 42 × $13

10. 60 × 17

11. 62 × 45

12. 57 × $98

PRÁCTICA MATEMÁTICA ⑦ Busca el patrón **Álgebra** Escribe una regla para el patrón.
Usa tu regla para hallar los números desconocidos.

13.

Horas	h	5	10	15	20	25
Minutos	m	300	600	900		

Regla: _____

14. *MÁS AL DETALLE* Los dueños de un campamento de verano van a comprar catres nuevos para las cabañas. Hay 16 cabañas y se necesitan 6 catres para cada una. Cada catre cuesta $92. ¿Cuánto costarán los catres nuevos en total?

_____

15. *MÁS AL DETALLE* En un teatro, hay 28 hileras de 38 butacas en la planta baja y 14 hileras de 26 butacas en el primer piso. ¿Cuántas butacas hay en el teatro?

_____

Soluciona el problema En el mundo

16. **PIENSA MÁS** La máquina A puede rotular 11 botellas en 1 minuto. La máquina B puede rotular 12 botellas en 1 minuto. ¿Cuántas botellas pueden rotular ambas máquinas en 15 minutos?

a. ¿Qué debes hallar? _____

_____

b. ¿Qué números usarás? _____

c. Indica por qué podrías usar más de una operación para resolver el problema.

_____

_____

_____

_____

d. Resuelve el problema.

Entonces, ambas máquinas pueden rotular _____

botellas en _____ minutos.

17. **PRÁCTICA MATEMÁTICA ①** **Entiende los problemas** Una empresa de juguetes fabrica bloques de madera. Una caja contiene 85 bloques. ¿Cuántos bloques hay en 19 cajas?

_____

18. **MÁS AL DETALLE** Una empresa empaca cajas de velas. En cada caja caben 75 velas. Hasta ahora se han empacado 50 cajas, pero solo se han cargado 30 cajas en un camión. ¿Cuántas velas faltan cargar en el camión?

_____

Entrenador personal en matemáticas

19. **PIENSA MÁS +** La clase del maestro García recolectó dinero para una excursión al zoológico. En la clase hay 23 estudiantes. El costo del viaje será $17 por estudiante. ¿Cuál es el costo de todos los estudiantes? Explica cómo hallaste tu respuesta.

_____

Nombre _____

Multiplicar mediante la reagrupación

Estándares comunes

ESTÁNDAR COMÚN—4.NBT.B.5
Utilizan la comprensión del valor de posición y de las propiedades de las operaciones para efectuar aritmética con números de dígitos múltiples.

Estima. Luego halla el producto.

1. Estimación: __2,700__

```
   2
   1
   87
 × 32
 ─────
  174
+2,610
─────
 2,784
```

Piensa: 87 está cerca de 90 y 32 está cerca de 30.

$$90 \times 30 = 2,700$$

2. Estimación: _____

```
   73
 × 28
```

3. Estimación: _____

```
   48
 × 38
```

4. Estimación: _____

```
   59
 × 52
```

Resolución de problemas

5. Las pelotas de béisbol vienen en cajas de 84 pelotas. Un equipo encarga 18 cajas de pelotas. ¿Cuántas pelotas de béisbol encarga el equipo?

6. Hay 16 mesas en el comedor escolar. En cada mesa caben 22 estudiantes sentados. ¿Cuántos estudiantes pueden sentarse a almorzar en el comedor al mismo tiempo?

_____

7. **ESCRIBE** *Matemáticas* Escribe acerca de qué método prefieres para multiplicar números de 2 dígitos: reagrupación, productos parciales o separar un modelo. Explica por qué.

_____

_____

_____

1. La maestra de arte tiene 48 cajas de crayones. Hay 64 crayones en cada caja. ¿Cuántos crayones tiene la maestra?

_____

2. Un equipo de básquetbol anotó un promedio de 52 puntos en cada uno de los 15 partidos que jugó. ¿Cuántos puntos anotó el equipo en total?

_____

Repaso en espiral (4.OA.A.1, 4.OA.A.2, 4.OA.A.3, 4.NBT.B.5)

3. Un sábado, se vendieron 83 bolsas de manzanas en un huerto. Cada bolsa contenía 27 manzanas. ¿Cuántas manzanas se vendieron?

_____

4. Hannah tiene una cuadrícula con 12 hileras y 15 cuadrados en cada hilera. Colorea de azul 5 hileras de 8 cuadrados en el centro de la cuadrícula. Colorea de rojo el resto de los cuadrados. ¿Cuántos cuadrados colorea Hannah de rojo?

_____

5. Gabriela tiene 4 veces más gomas de borrar que Lucía. Lucía tiene 8 gomas de borrar. ¿Cuántas gomas de borrar tiene Gabriela?

_____

6. Phil tiene 3 veces más rocas que Peter. Juntos tienen 48 rocas. ¿Cuántas más rocas que Peter tiene Phil?

_____

PRACTICA MÁS CON EL
Entrenador personal
en matemáticas

Elegir un método para multiplicar

Pregunta esencial ¿Cómo puedes hallar y anotar productos de números de 2 dígitos?

 Estándares comunes **Números y operaciones en base diez—4.NBT.B.5**

PRÁCTICAS MATEMÁTICAS
MP6, MP7, MP8

Soluciona el problema

¿Sabías que las matemáticas pueden ayudarte a evitar las quemaduras por el sol?

El tiempo que tardas en quemarte sin filtro solar multiplicado por el FPS, o factor de protección solar, es el tiempo que puedes permanecer al sol con filtro solar sin riesgo de quemaduras.

Si el índice UV del día de hoy es 8, Erin se quemará en 15 minutos sin filtro solar. Si Erin se coloca una loción con un FPS de 25, ¿cuánto tiempo estará protegida?

- Subraya la oración que indica cómo hallar la respuesta.
- Encierra en un círculo los números que necesitas usar. ¿Qué operación usarás?

  _____

De una manera Usa productos parciales para hallar 15 × 25.

```
    25
  × 15
```
← 10 × 2 decenas = 20 decenas

← 10 × 5 unidades = 50 unidades

← 5 × 2 decenas = 10 decenas

+ ← 5 × 5 unidades = 25 unidades

← Suma.

▲ El filtro solar ayuda a evitar las quemaduras solares.

Haz un dibujo para comprobar tu trabajo.

Entonces, si Erin usa una loción con un FPS de 25, estará protegida 375 minutos.

Charla matemática PRÁCTICAS MATEMÁTICAS ⑥

Explica por qué fue más fácil hallar el producto usando los productos parciales.

De otra manera Usa la reagrupación para hallar 15 × 25.

Estima. 20 × 20 = _____

PASO 1

Piensa en 15 como 1 decena y 5 unidades. Multiplica 25 por 5 unidades o 5.

$$
\begin{array}{r}
\overset{2}{2}5 \\
\times\ 15 \\
\hline

\end{array}
\ \leftarrow 5 \times 25
$$

PASO 2

Multiplica 25 por 1 decena o 10.

$$
\begin{array}{r}
\overset{2}{2}5 \\
\times\ 15 \\
\hline
125 \\

\end{array}
\ \leftarrow 10 \times 25
$$

PASO 3

Suma los productos parciales.

$$
\begin{array}{r}
\overset{2}{2}5 \\
\times\ 15 \\
\hline
125 \\
+\ 250 \\
\hline

\end{array}
$$

¡Inténtalo! **Multiplica. 57 × $43**

Estima. 57 × $43	Usa productos parciales.	Usa la reagrupación.
	$ 4 3 × 5 7	$ 4 3 × 5 7

1. ¿Cómo sabes que tu resultado es razonable?

_____

_____

2. Observa los métodos de productos parciales y reagrupación de arriba. ¿Cuál es la relación entre los productos parciales 2,000 y 150, por un lado, y 2,150, por el otro?

_____

¿Cuál es la relación entre los productos parciales 280 y 21, por un lado, y 301, por el otro?

_____

Nombre _____

1. Halla el producto.

$$\begin{array}{r} 5\ 4 \\ \times\quad 2\ 9 \\ \hline \end{array}$$

Charla matemática

PRÁCTICAS MATEMÁTICAS ⑧

Saca conclusiones ¿Por qué comienzas por el lugar de las unidades cuando usas el método de reagrupación para multiplicar?

Estima. Luego elige un método para hallar el producto.

2. Estimación: _____

$$\begin{array}{r} 36 \\ \times\ 14 \\ \hline \end{array}$$

3. Estimación: _____

$$\begin{array}{r} 63 \\ \times\ 42 \\ \hline \end{array}$$

✓**4.** Estimación: _____

$$\begin{array}{r} 84 \\ \times\ 53 \\ \hline \end{array}$$

✓**5.** Estimación: _____

$$\begin{array}{r} 71 \\ \times\ 13 \\ \hline \end{array}$$

Por tu cuenta

Práctica: Copia y resuelve Estima. Halla el producto.

6. $29 \times \$82$

7. 57×79

8. 80×27

9. $32 \times \$75$

10. 55×48

11. $19 \times \$82$

12. $25 \times \$25$

13. 41×98

PRÁCTICA MATEMÁTICA ⑦ Identifica las relaciones **Álgebra** Usa el cálculo mental para hallar el número.

14. $30 \times 14 = 420$, entonces $30 \times 15 =$ _____.

15. $25 \times 12 = 300$, entonces $25 \times$ _____ $= 350$.

16. **PRÁCTICA MATEMÁTICA ⑥** La directora de mantenimiento urbano compró 16 arces a un valor de $26 cada uno. Pagó con cinco billetes de $100. ¿Cuánto cambio recibirá la directora? **Explica.**

_____

_____

17. _MÁS AL DETALLE_ Cada uno de los 25 estudiantes del Grupo A leyó durante 45 minutos. Cada uno de los 21 estudiantes del Grupo B leyó durante 48 minutos. ¿Cuál grupo leyó durante más minutos? Explica.

_____

Soluciona el problema (En el mundo)

18. **PIENSA MÁS** Martín colecciona estampillas. Contó 48 páginas en su álbum de estampillas. En cada una de las primeras 20 páginas hay 35 estampillas dispuestas en 5 hileras. En el resto de las páginas hay 54 estampillas en cada una. ¿Cuántas estampillas tiene Martín en su álbum?

a. ¿Qué debes hallar? _____

_____

b. ¿Cómo usarás la multiplicación para hallar el número de estampillas? _____

_____

c. Indica por qué podrías usar la suma y la resta para resolver el problema.

_____

_____

d. Muestra los pasos para resolver el problema.

e. Completa las oraciones.

Martín tiene un total de _____ estampillas en las primeras 20 páginas.

Hay _____ páginas más después de las primeras 20 páginas en el álbum de Martín.

Hay _____ estampillas en el resto de las páginas.

Hay _____ estampillas en el álbum.

---

19. **PIENSA MÁS** Elige las expresiones que tienen el mismo producto que 35×17. Marca todas las respuestas que correspondan.

○ $(30 \times 10) + (30 \times 7) + (5 \times 10) + (5 \times 7)$

○ $(30 \times 17) + (5 \times 17)$

○ $(35 \times 30) + (35 \times 5) + (35 \times 10) + (35 \times 7)$

○ $(35 \times 10) + (35 \times 7)$

○ $(35 \times 10) + (30 \times 10) + (5 \times 10) + (5 \times 7)$

○ $(35 \times 30) + (35 \times 5)$

Elegir un método para multiplicar

 ESTÁNDAR COMÚN—4.NBT.B.5
Utilizan la comprensión del valor de posición y de las propiedades de las operaciones para efectuar aritmética con números de dígitos múltiples.

Estima. Luego elige un método para hallar el producto.

1. Estimación: 1,200

$$
\begin{array}{r}
31 \\
\times\ 43 \\
\hline
93 \\
+\ 1{,}240 \\
\hline
1{,}333
\end{array}
$$

2. Estimación: _____

$$
\begin{array}{r}
67 \\
\times\ 85 \\
\hline
\end{array}
$$

3. Estimación: _____

$$
\begin{array}{r}
68 \\
\times\ 38 \\
\hline
\end{array}
$$

4. Estimación: _____

$$
\begin{array}{r}
95 \\
\times\ 17 \\
\hline
\end{array}
$$

5. Estimación: _____

$$
\begin{array}{r}
49 \\
\times\ 54 \\
\hline
\end{array}
$$

6. Estimación: _____

$$
\begin{array}{r}
91 \\
\times\ 26 \\
\hline
\end{array}
$$

7. Estimación: _____

$$
\begin{array}{r}
82 \\
\times\ 19 \\
\hline
\end{array}
$$

Resolución de problemas

8. Una sala de cine tiene 26 hileras de butacas. Hay 18 butacas por hilera. ¿Cuántas butacas hay en total?

9. Cada clase de la Escuela Primera Briarwood reunió al menos 54 latas de comida durante una colecta. Si hay 29 clases en la escuela, ¿cuál fue el menor número de latas que se reunió?

_____

_____

10. **ESCRIBE** ▸ *Matemáticas* ¿En qué se diferencian los productos parciales de la reagrupación para multiplicar? ¿En qué se parecen?

_____

_____

_____

Repaso de la lección (4.NBT.B.5)

1. Un coro necesita túnicas nuevas para cada uno de sus 46 cantantes. Cada túnica cuesta $32. ¿Cuál será el costo total de las 46 túnicas?

_____

2. En la pared lateral de un edificio hay 52 hileras de ladrillos y cada hilera tiene 44 ladrillos. ¿Cuántos ladrillos forman la pared?

_____

Repaso en espiral (4.NBT.B.4, 4.NBT.B.5)

3. Escribe una expresión que muestre cómo multiplicar 4 × 362 usando el valor posicional y la forma desarrollada.

_____

_____

4. Usa el siguiente modelo. ¿Cuál es el producto de 4 × 492?

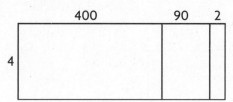

_____

_____

5. ¿Cuál es la suma de 13,094 + 259,728?

6. Durante la temporada 2008–2009, en Philadelphia asistieron 801,372 personas a los partidos de hockey locales. En Phoenix, 609,907 personas asistieron a los partidos de hockey locales. ¿Cuánto mayor fue la asistencia local en Philadelphia que en Phoenix durante esa temporada?

_____

PRACTICA MÁS CON EL
Entrenador personal
en matemáticas

Resolución de problemas • Multiplicar números de 2 dígitos

Pregunta esencial ¿Cómo puedes usar la estrategia *hacer un diagrama* para resolver un problema de multiplicación de varios pasos?

Estándares comunes Operaciones y pensamiento algebraico—4.OA.A.3 *También* *4.NBT.B.5*

PRÁCTICAS MATEMÁTICAS
MP1, MP2, MP4

🔑 Soluciona el problema En el mundo

Durante el Gran Conteo de Aves de 2010 se contaron, en promedio, 42 águilas calvas en cada una de 20 posiciones en Alaska. En 2009 se contaron, en promedio, 32 águilas calvas en cada una de 26 posiciones en Alaska. Según estos datos, ¿cuántas águilas calvas más se contaron en 2010 que en 2009?

Usa el organizador gráfico para resolver el problema.

Lee el problema

¿Qué debo hallar?

Debo hallar _____ se contaron en 2010 que en 2009.

¿Qué información debo usar?

En 2010, en _____ posiciones se contaron un

promedio de _____ águilas calvas en cada una.

En 2009, en _____ posiciones se contaron un

promedio de _____ águilas calvas en cada una.

¿Cómo usaré la información?

Puedo resolver problemas más sencillos.

Hallo el número de águilas calvas que se contaron

en _____.

Hallo el número de águilas calvas que se contaron

en _____.

Luego, dibujo un modelo de barras para comparar el

conteo de _____ con el conteo de _____.

Resuelve el problema

- Primero, hallo el número total de águilas calvas que se contaron en 2010.

  _____ × _____

  = _____ águilas calvas contadas en 2010

- A continuación, hallo el número total de águilas calvas que se contaron en 2009.

  = _____ × _____

  = _____ águilas calvas contadas en 2009

- Por último, dibujo un modelo de barras. Debo restar.

  | 840 águilas calvas en 2010 |

  | 832 águilas calvas en 2009 | ?

  840 − 832 = _____

  Entonces, en 2010 se contaron _____ águilas calvas más que en 2009.

🔒 Haz otro problema

En Prescott Valley, Arizona, se avistaron un total de 29 huilotas en el Gran Conteo de Aves. En Mesa, Arizona, se avistaron 20 veces más huilotas que en Prescott Valley. Si en Chandler se avistaron un total de 760 huilotas, ¿cuántas huilotas más se avistaron en Chandler que en Mesa?

Huilota ▲

Lee el problema	Resuelve el problema
¿Qué debo hallar?	
¿Qué información debo usar?	760 huilotas en Chandler
	580 huilotas en Mesa
¿Cómo usaré la información?	?

• ¿Es razonable tu respuesta? Explica. _____

_____

_____

Charla matemática

© Houghton Mifflin Harcourt Publishing Company • (t) ©William Leaman/Alamy Images

PRÁCTICAS MATEMÁTICAS ②

Razona de forma abstracta
¿De qué otra manera podrías resolver este problema?

Nombre _____

Comparte y muestra

Soluciona el problema
√ Subraya los datos importantes.
√ Elige una estrategia.
√ Usa el tablero de Resolución de problemas.

1. En junio se entregaron un promedio de 74 informes con conteos de aves por día. En julio se entregaron un promedio de 89 informes por día. ¿Cuántos informes se entregaron en ambos meses? (Pista: Hay 30 días en junio y 31 días en julio).

Primero, escribe la multiplicación para junio.

_____

A continuación, escribe la multiplicación para julio.

_____

Por último, halla y suma los dos productos.

Se entregaron _____ informes en ambos meses.

2. ¿Qué pasaría si se entregara un promedio de 98 informes por día en el mes de junio? ¿Cuántos informes se entregarían en junio? Describe en qué cambiaría tu respuesta para junio.

_____

_____

_____

ESCRIBE ▸ *Matemáticas*
Muestra tu trabajo

3. _MÁS AL DETALLE_ Hay 48 crayones en una caja. Hay 12 cajas en un paquete grande. El Sr. Johnson encargó 6 paquetes grandes de crayones para la escuela. ¿Cuántos crayones recibió?

4. PRÁCTICA MATEMÁTICA ① **Entiende los problemas** Cinco observadores de aves informaron haber visto 15 espátulas rosadas cada uno en un día. Si cada uno informara haber visto el mismo número de espátulas rosadas durante 14 días, ¿cuántas espátulas rosadas se informarían en total?

_____

© Houghton Mifflin Harcourt Publishing Company

Por tu cuenta

5. PIENSA MÁS Maggie ha visto al menos 24 aves en cada uno de sus viajes de avistamiento de aves. Si ha hecho 4 viajes al año durante los últimos 16 años, ¿al menos cuántas aves ha avistado Maggie?

_____

6. PRÁCTICA MATEMÁTICA ① **Entiende los problemas**

En un pie hay 12 pulgadas. En septiembre, la Sra. Harris encarga 32 pies de cinta para el Club de Artesanías. En enero, encarga 9 pies menos. ¿Cuántas pulgadas encarga la Sra. Harris en total? Explica cómo hallaste tu respuesta.

_____

_____

_____

_____

7. MÁS AL DETALLE Lydia dará una fiesta el sábado. Decide escribir un acertijo en las invitaciones para que sus invitados adivinen el número de su casa en la calle Ciprés. Usa las pistas para hallar la dirección de Lydia.

_____

PISTAS

★ Mi dirección es un número de 5 dígitos.

★ El dígito de las decenas es 5 menos que 7.

★ El dígito de los millares es el doble del dígito que está en el lugar de las decenas.

★ El dígito de las centenas es el mayor número par menor que 10.

★ El dígito de las unidades es el producto de 7 y 1.

★ El dígito de las decenas de millar es la diferencia entre el dígito de las centenas y el dígito de las unidades.

Entrenador personal en matemáticas

8. PIENSA MÁS ➕ En una escuela, agregarán 4 hileras de butacas en el auditorio. Hay 7 butacas en cada hilera. Cada butaca nueva cuesta $99. ¿Cuál es el costo total de las butacas nuevas? Muestra tu trabajo.

_____

_____

Resolución de problemas • Multiplicar números de 2 dígitos

ESTÁNDAR COMÚN—4.0A.A.3
Utilizan las cuatro operaciones con números enteros para resolver problemas.

Estándares comunes

Resuelve los problemas. Usa un modelo de barras como ayuda.

1. Mason contó un promedio de 18 aves por día en su comedero de aves durante 20 días. Gloria contó un promedio de 21 aves por día en su comedero de aves durante 16 días. ¿Cuántas más aves que Gloria contó Mason en su comedero?

   Aves que contó Mason: **18 × 20 × 360**

   Aves que contó Gloria: **21 × 16 × 336**

   Dibuja un modelo de barras para comparar.

   Resta. **360 − 336 = 24**

   | Mason contó 360 aves. |

   | Gloria contó 336 aves. |

   ?

   Entonces, Mason contó ___24___ aves más.

2. Los 24 estudiantes de la clase de la maestra López reunieron cada uno un promedio de 18 latas para reciclar. Los 21 estudiantes de la clase del maestro Gálvez reunieron cada uno un promedio de 25 latas para reciclar. ¿Cuántas más latas reunieron los estudiantes de la clase del maestro Gálvez que los de la clase de la maestra López?

   _____

3. En la Escuela East, hay un promedio de 22 estudiantes en cada uno de los 45 salones de clase. En la Escuela West, hay un promedio de 23 estudiantes en cada uno de los 42 salones de clase. ¿Cuántos estudiantes más hay en la Escuela East que en la Escuela West?

   _____

4. **ESCRIBE** *Matemáticas* Dibuja un modelo de barras para comparar la cantidad de horas que tiene marzo con la cantidad de horas que tiene febrero este año.

Repaso de la lección (4.OA.A.3)

1. La empresa Fabricaciones Ace encargó 17 cajas con 85 rodamientos cada una. También encargó 15 cajas con 90 resortes cada una. ¿Cuántos más rodamientos que resortes encargó la empresa?

2. Elton caminó 16 millas por día en un viaje de 12 días de caminata. Lola caminó 14 millas por día en un viaje de 16 días de caminata. En total, ¿cuántas millas más que Elton caminó Lola?

Repaso en espiral (4.OA.A.2, 4.NBT.A.1, 4.NBT.A.3, 4.NBT.B.5)

3. En un huerto hay 24 hileras de manzanos. Hay 35 manzanos en cada hilera. ¿Cuántos manzanos hay en el huerto?

4. Un parque de diversiones tuvo 354,605 visitantes el verano pasado. ¿Cuál es este número redondeado al millar más próximo?

5. Al partido de fútbol americano, asistieron 102,653 personas. ¿Cuál es el valor del dígito 6?

6. El pez de Jill pesa 8 veces más que su periquito. Las dos mascotas juntas pesan 63 onzas. ¿Cuánto pesa el pez?

PRACTICA MÁS CON EL
Entrenador personal
en matemáticas

Repaso y prueba del Capítulo 3

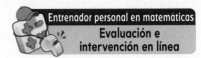

1. Explica cómo usas el cálculo mental para hallar 40×50.

_____

2. La clase de la maestra Traynor irá de excursión al zoológico. La excursión costará $26 por estudiante. Hay 22 estudiantes en la clase.

Parte A

Redondea cada factor para estimar el costo total de la excursión de los estudiantes.

_____

Parte B

Usa números compatibles para estimar el costo total de la excursión.

_____

Parte C

¿Cuál crees que es la mejor estimación? Explica.

_____

3. En los ejercicios 3a a 3e, elige Sí o No para indicar si la respuesta es correcta.

3a. $35 \times 10 = 350$ ○ Sí ○ No

3b. $19 \times 20 = 380$ ○ Sí ○ No

3c. $12 \times 100 = 120$ ○ Sí ○ No

3d. $70 \times 100 = 7{,}000$ ○ Sí ○ No

3e. $28 \times 30 = 2{,}100$ ○ Sí ○ No

4. Hay 23 cajas de lápices en el armario de materiales del maestro Shaw. Cada caja contiene 100 lápices. ¿Cuántos lápices hay en el armario de materiales?

_____ lápices

5. ¿Cuál es una estimación razonable para cada producto? Escribe la estimación junto al producto. Es posible que una estimación se use más de una vez.

| 50×20 | 25×40 | 30×30 |

23×38 [ ] 46×18 [ ]

31×32 [ ] 39×21 [ ]

6. En la liga de béisbol hay 26 equipos. Cada equipo tiene 18 jugadores. Escribe un enunciado numérico que represente una estimación razonable del número de jugadores de la liga. Explica cómo hallaste tu estimación.

7. El modelo representa 48×37. Escribe los productos parciales.

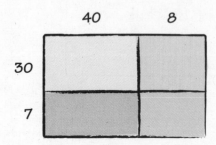

8. Jess hizo este modelo para hallar el producto 32 × 17. Su modelo no es correcto.

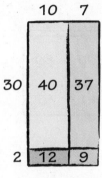

$$32 \times 17 = 98$$

Parte A

¿Cuál fue el error de Jess?

Parte B

Vuelve a dibujar el modelo de manera correcta.

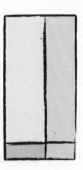

Parte C

¿Cuál es el producto real de 32 × 17?

_____

9. Tatum quiere usar productos parciales para hallar 15 × 32. Escribe los números en los recuadros para mostrar 15 × 32.

$$\left(\boxed{} \times \boxed{}\right) + \left(\boxed{} \times \boxed{}\right) + \left(\boxed{} \times \boxed{}\right) + \left(\boxed{} \times \boxed{}\right)$$

10. ¿Qué producto se muestra en cada modelo? Escribe la letra del producto en la línea que está debajo de cada modelo.

(A) 17 × 36   (B) 24 × 14   (C) 13 × 13

	10	3
10	100	30
3	30	9

	30	6
10	300	60
7	210	42

	10	4
20	200	80
4	40	16

_____   _____   _____

11. 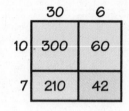 La Sra. Jones hizo 3 pedidos de camisetas para la escuela. Cada pedido está compuesto por 16 cajas de camisetas, y cada caja contiene 17 camisetas. ¿Cuántas camisetas compró la Sra. Jones? Usa productos parciales como ayuda.

---

12. Escribe los dígitos desconocidos. Usa cada dígito una sola vez.

```
      46
    × 93
   3,  00
     5  0
       20
 +  1
   4,  78
```

| 1 | 2 | 4 | 6 | 8 |

13. Mike tiene 16 tarjetas de béisbol. Niko tiene 17 veces la cantidad de tarjetas que tiene Mike. ¿Cuántas tarjetas de béisbol tiene Niko?

_____ tarjetas de béisbol

14. Multiplica.

36 × 28 = _____

Nombre _____

15. Un granjero plantó 42 hileras de tomates con 13 plantas en cada hilera. ¿Cuántas plantas de tomates plantó el granjero?

42 × 13 = _____ plantas de tomates

16. Elige otra manera de mostrar 25 × 18. Marca todas las respuestas que correspondan.

○ (20 × 10) + (20 × 8) + (5 × 10) + (5 × 8)

○ (25 × 20) + (25 × 5) + (25 × 10) + (25 × 8)

○ (20 × 18) + (5 × 10) + (5 × 8)

○ (25 × 10) + (25 × 8)

○ (25 × 20) + (25 × 5)

17. Terrell corre 15 carreras. Cada carrera es de 65 metros. ¿Cuántos metros corre Terrell? Muestra tu trabajo.

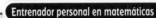Entrenador personal en matemáticas

18. PIENSA MÁS + Hay 3 butacas nuevas en cada hilera del auditorio de una escuela. En el auditorio hay 15 hileras. Cada butaca nueva costó $74. ¿Cuál es el costo de todas las butacas nuevas? Explica cómo hallaste tu respuesta.

19. Ray y Eli ayudaron con la mudanza de la biblioteca de la escuela a un edificio nuevo. Ray llenó 27 cajas con 25 libros en cada una. Eli llenó 23 cajas con 30 libros en cada una. ¿Cuántos libros más guardó Eli? Muestra tu trabajo.

20. Julius y Walt están hallando el producto de 25 y 16.

	Julius	Walt
	25	25
	× 16	× 16
	150	200
	+ 250	50
	500	120
		+ 300
		670

Parte A

La respuesta de Julius es incorrecta. ¿Cuál fue el error de Julius?

Parte B

¿Cuál fue el error de Walt?

Parte C

¿Cuál es el producto correcto?

21. En una tienda de ropa venden 26 camisas y 22 pares de jeans. Cada prenda cuesta $32.

Parte A

¿Cuál es una estimación razonable del costo total de la ropa? Muestra o explica cómo hallaste tu respuesta.

Parte B

¿Cuál es el resultado exacto del costo total de la ropa? Muestra o explica cómo hallaste tu respuesta.

Dividir entre números de 1 dígito

 Muestra lo que sabes

 Entrenador personal en matemáticas
Evaluación e intervención en línea

Comprueba si comprendes las destrezas importantes.

Nombre _____

▶ **Usar matrices para dividir** Haz un dibujo para completar cada matriz. Luego completa el enunciado numérico. (3.OA.A.3)

1. ■ ■ ■ ■

$8 \div 4 =$ _____

2. ■
■
■

$21 \div 3 =$ _____

▶ **Múltiplos** Escribe los primeros seis múltiplos del número. (4.OA.B.4)

3. 4: _____

4. 10: _____

▶ **Restar números de hasta 4 dígitos** Halla la diferencia. (3.NBT.A.2)

5. 626
  − 8

6. 744
  − 36

7. 5,413
  −2,037

8. 8,681
  − 422

 **Matemáticas** En el mundo

En el ejemplo de división, se reemplazó cada dígito siempre con la misma letra (r representa el residuo). Se usaron los dígitos 1, 2, 3, 4, 5, 7 y 9. Halla los números. Pista: La letra U representa el número 5.

```
    SU rE
U)CAN
 −CU
   IN
  −IU
    E
```

Desarrollo del vocabulario

▶ **Visualízalo**

Clasifica las palabras en el diagrama de Venn.

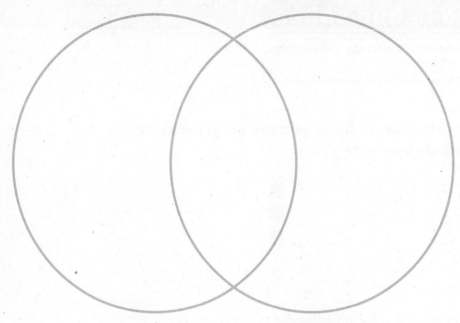

Palabras de
la multiplicación

Palabras de
la división

Palabras de repaso

cociente

dividendo

dividir

división

divisor

factor

multiplicación

producto

propiedad distributiva

Palabras nuevas

cociente parcial

múltiplo

números compatibles

residuo

▶ **Comprende el vocabulario**

Escribe las palabras para resolver el acertijo.

1. Soy el método de división en el que los múltiplos del divisor se restan del dividendo y luego se suman todos los cocientes.

   _____

2. Soy el número que se debe dividir en un problema de división.

   _____

3. Soy la cantidad que queda cuando un número no se puede

   dividir en partes iguales. _____

4. Soy el número entre el cual se divide el dividendo.

   _____

• **Libro interactivo del estudiante**
• **Glosario multimedia**

Vocabulario del Capítulo 4

números compatibles

compatible numbers

57

propiedad distributiva

Distributive Property

74

dividendo

dividend

19

divisor

divisor

21

múltiplo

multiple

50

cociente parcial

partial quotient

11

cociente

quotient

10

residuo

remainder

84

La propiedad que establece que multiplicar una suma por un número es igual que multiplicar cada sumando por ese número y luego sumar los productos

Ejemplo: $5 \times (10 + 6) = (5 \times 10) + (5 \times 6)$

Números que son fáciles de calcular mentalmente

Ejemplo: Estima. $176 \div 8$

160 se divide fácilmente entre 8

↑

número compatible

El número entre el que se divide el dividendo

Ejemplo: $15 \div 3 = 5$

↑

divisor

El número que se divide en una división

Ejemplo: $36 \div 6 = 6$

↑

dividendo

Un método de división en el que los múltiplos del divisor se restan del dividendo y luego se suman los cocientes

Cocientes parciales

Ejemplo:
$$
\begin{array}{r}
5\overline{)125} \\
-50 \\
\hline
75 \\
-50 \\
\hline
25 \\
-25 \\
\hline
0
\end{array}
\quad
\begin{array}{ll}
10 \times 5 & 10 \\
10 \times 5 & 10 \\
5 \times 5 & \underline{+5} \\
& 25
\end{array}
$$

Un múltiplo de un número es el producto de un número y un número natural.

Ejemplo:

$$
\begin{array}{cccc}
3 & 3 & 3 & 3 \\
\times 1 & \times 2 & \times 3 & \times 4 \\
\hline
3 & 6 & 9 & 12
\end{array}
$$

← números naturales
← múltiplos de 3

La cantidad que queda cuando no se puede dividir un número en partes iguales

Ejemplo:
$$3\overline{)14} \quad \text{4 R2}$$

↑

residuo

El resultado de una división, sin incluir el residuo

Ejemplo: $35 \div 7 = 5$

↑

cociente

¡Toma una!

Para 3 a 4 jugadores

Materiales

- 4 juegos de tarjetas de palabras

Instrucciones

1. Se reparten 5 tarjetas a cada jugador. Con las tarjetas que quedan se forma una pila.

2. Cuando sea tu turno, pregunta a algún jugador si tiene una palabra que coincide con una de tus tarjetas de palabras.

3. Si el jugador tiene la palabra, te da la tarjeta y tú defines la palabra.
   - Si aciertas, quédate con la tarjeta y coloca el par que coincide frente a ti. Vuelve a jugar.
   - Si te equivocas, devuelve la tarjeta. Tu turno terminó.

4. Si el jugador no tiene la palabra, contesta: "¡Toma una!" y tomas una tarjeta de la pila.

5. Si la tarjeta que sacaste coincide con una de tus tarjetas de palabras, sigue las instrucciones del Paso 3. Si no coincide, tu turno terminó.

6. El juego terminará cuando un jugador se quede sin tarjetas. Ganará la partida el jugador con la mayor cantidad de pares.

Recuadro de palabras

cociente

cociente parcial

dividendo

divisor

múltiplo

números compatibles

propiedad distributiva

residuo

Escríbelo

Reflexiona

Elige una idea. Escribe sobre ella.

- Escribe un párrafo en el que se usen al menos tres de estas palabras.

  dividendo   divisor   múltiplo   cociente   residuo

- Explica cómo sabes que el cociente de 143 ÷ 5 tiene un residuo.

- Piensa en lo que aprendiste sobre la división en la clase de hoy.

  Completa una de estas oraciones.

  Aprendí que _____.

  Me sorprendió que _____.

  Noté que _____.

  Descubrí que _____.

Nombre _____

Estimar cocientes usando múltiplos

Pregunta esencial ¿Cómo puedes usar múltiplos para estimar cocientes?

Estándares comunes **Números y operaciones en base diez—4.NBT.B.6**
PRÁCTICAS MATEMÁTICAS
MP1, MP5, MP7

  ## Soluciona el problema

La panadería horneó 110 panecillos de calabaza. Los envasarán en cajas de 8 panecillos cada una. ¿Aproximadamente cuántas cajas habrá?

Puedes usar múltiplos para estimar.

Un **múltiplo** de un número es el producto de un número y un número natural. 1, 2, 3, 4, etc. son números naturales.

Estima. 110 ÷ 8

Piensa: ¿Qué número multiplicado por 8 es aproximadamente 110?

PASO 1 Escribe los múltiplos de 8 hasta alcanzar o superar 110.

Número natural	1	2	3	4	5	6	7	8	9	10	11	12	13	14
Múltiplo de 8	8	16	24	32			56	64				96		112

PASO 2 Halla los múltiplos de 8 entre los que se ecuentre 110.

$13 \times 8 =$ _____

$14 \times 8 =$ _____

110 se encuentra entre _____ y _____, entonces $110 \div 8$ se encuentra 13 y 14.

110 está más cerca de _____, entonces $110 \div 8$ es aproximadamente

_____.

Entonces, habrá alrededor _____ cajas.

PRÁCTICAS MATEMÁTICAS ⑦

Identifica las relaciones Cuando estimas un cociente, ¿cómo sabes entre qué dos números está?

¡Inténtalo!

Escribe los siguientes 8 múltiplos de 10.

10, 20, _____

Escribe los siguientes 7 múltiplos de 100.

100, 200, _____

🔑 Ejemplo Estima. 196 ÷ 4

Piensa: ¿Qué número multiplicado por 4 es aproximadamente 196?

PASO 1 Escribe los siguientes 6 múltiplos de 4.

4, 8, 12, 16, _____

¿Alguno de los múltiplos está cerca de 196? _____
_____

Piensa: Si multiplico por múltiplos de 10, los productos serán mayores. Si uso múltiplos de 10 llegaré más rápido a 196.

PASO 2 Multiplica 4 por múltiplos de 10.

$10 \times 4 = 40$

$20 \times 4 = 80$

$30 \times 4 =$ _____

$40 \times 4 =$ _____

$50 \times 4 =$ _____

El cociente se encuentra entre 40 y 50.

_____ $\times 4$ está más cerca de _____, entonces $196 \div 4$ es aproximadamente _____.

Comparte y muestra

1. Un restaurante tiene 68 sillas. Hay seis sillas en cada mesa. ¿Aproximadamente cuántas mesas hay en el restaurante?

   Estima. 68 ÷ 6

   Piensa: ¿Qué número multiplicado por 6 es aproximadamente 68?

   $10 \times 6 =$ _____

   $11 \times 6 =$ _____

   $12 \times 6 =$ _____

   68 está más cerca de _____, entonces la mejor

   estimación es que hay aproximadamente _____ mesas en el restaurante.

Charla matemática PRÁCTICAS MATEMÁTICAS ⑤

Comunica ¿Cuándo multiplicas el divisor por múltiplos de 10 para estimar un cociente? Explica.

© Houghton Mifflin Harcourt Publishing Company

Nombre _____

Halla dos números entre los que se encuentre el cociente.
Luego estima el cociente.

2. $41 \div 3$

_____

3. $192 \div 5$

_____

Por tu cuenta

Halla dos números entre los que se encuentre el cociente.
Luego estima el cociente.

4. $90 \div 7$

_____

_____

5. $67 \div 4$

_____

_____

6. $281 \div 9$

_____

_____

7. $102 \div 7$

_____

_____

8. $85 \div 6$

_____

_____

9. $220 \div 8$

_____

_____

Decide si el cociente real es mayor que o menor que la estimación dada.
Escribe < o >.

10. $83 \div 8 \bigcirc 10$

11. $155 \div 4 \bigcirc 40$

12. $70 \div 6 \bigcirc 11$

13. **¿Cuál es la pregunta?** El corazón del delfín late 688 veces en 6 minutos. Respuesta: aproximadamente 100 veces.

_____

14. PRÁCTICA MATEMÁTICA ① **Analiza** Una madre delfín nariz de botella comió aproximadamente 278 libras de alimento en una semana, ¿Aproximadamente cuánto alimento comió en un día?

_____

15. MÁS AL DETALLE Tanya tiene $42 para gastar en la tienda Dolphin Island. Las camisetas cuestan $7 cada una y los lentes de sol cuestan $6. Tanya compra 3 camisetas. ¿Cuántos lentes de sol puede comprar con el dinero que le sobra?

_____

Resolución de problemas • Aplicaciones En el mundo

16. **PIENSA MÁS** Si un delfín nariz de botella puede comer 175 libras de peces, de calamares y de camarones en una semana, ¿aproximadamente cuántas libras de alimento come por día? Milo dice que la respuesta es aproximadamente 20 libras. Leandro dice que la respuesta es aproximadamente 30 libras. ¿Quién tiene razón? Explíca.

_____

_____

_____

_____

17. **MÁS AL DETALLE** Cuatro familias fueron a almorzar a un restaurante. La comida costó $167 en total. Las familias además dejaron una propina de $30 para la camarera. Si cada familia gastó la misma cantidad de dinero, ¿aproximadamente cuánto gastó cada familia en el almuerzo? Explica cómo hallaste tu respuesta.

_____

_____

_____

ESCRIBE ▸ *Matemáticas*
Muestra tu trabajo

18. **PIENSA MÁS** Hay 6 presentaciones de una película sobre Van Gogh en el Museo de Arte. Un total de 459 personas vieron la película. Hubo la misma cantidad de gente en cada presentación. ¿Aproximadamente cuántas personas hubo en cada presentación? Encierra en un círculo los números entre los que se encuentra el cociente. Luego explica cómo hallaste tu respuesta.

40   50   60   70   80

_____

_____

Estimar cocientes usando múltiplos

ESTÁNDAR COMÚN—4.NBT.B.6
Utilizan la comprensión del valor de posición y de las propiedades de las operaciones para efectuar aritmética con números de dígitos múltiples.

**Halla dos números entre los que se encuentre el cociente.
Luego estima el cociente.**

1. 175 ÷ 6

entre 20 y 30 _____

aproximadamente 30 _____

Piensa: 6 × 20 = 120 y 6 × 30 = 180.
Entonces, 175 ÷ 6 se encuentra entre 20 y 30.
Puesto que 175 está más cerca de 180 que de
120, el cociente es aproximadamente 30.

2. 53 ÷ 3

_____

_____

3. 75 ÷ 4

_____

_____

4. 215 ÷ 9

_____

_____

5. 284 ÷ 5

_____

_____

6. 191 ÷ 3

_____

_____

7. 100 ÷ 7

_____

_____

Resolución de problemas

8. Joy juntó 287 latas de aluminio en 6 horas.
¿Aproximadamente cuántas latas juntó
por hora?

_____

9. Paul vendió 162 vasos de limonada en
5 horas. ¿Aproximadamente cuántos vasos
de limonada vendió cada hora?

_____

10. **ESCRIBE** *Matemáticas* Escribe un problema que puedas resolver
usando múltiplos para estimar el cociente. Incluye una solución.

_____

_____

_____

Repaso de la lección

1. Abby hizo 121 ejercicios abdominales en 8 minutos. Estima la cantidad de ejercicios abdominales que hizo en 1 minuto.

_____

_____

2. La familia Garibaldi recorrió en carro 400 millas en 7 horas. Estima la cantidad de millas que recorrieron en 1 minuto.

_____

_____

Repaso en espiral (4.OA.A.2, 4.OA.A.3, 4.NBT.B.4, 4.NBT.B.5)

3. Doce niños juntaron 16 latas de aluminio cada uno. Quince niñas juntaron 14 latas de aluminio cada una. ¿Cuántas latas más juntaron las niñas que los niños?

_____

4. George compró 30 paquetes de tarjetas de fútbol americano. En cada paquete había 14 tarjetas. ¿Cuántas tarjetas compró George?

_____

5. Sara armó un collar usando 5 veces más cuentas azules que cuentas blancas. Usó un total de 30 cuentas. ¿Cuántas cuentas azules usó Sara?

6. Este año, la Sra. Webster voló 145,000 millas por motivos de negocios. El año pasado, voló 83,125 millas. ¿Cuántas millas más voló este año la Sra. Webster por motivos de negocios?

_____

_____

© Houghton Mifflin Harcourt Publishing Company

PRACTICA MÁS CON EL
Entrenador personal
en matemáticas

Nombre _____

Residuos

Pregunta esencial ¿Cómo puedes usar modelos para dividir números enteros que no se pueden dividir en partes iguales?

Estándares comunes Números y operaciones en base diez—4.NBT.B.6

PRÁCTICAS MATEMÁTICAS
MP3, MP6, MP8

Investigar

Manos a la obra

Materiales ■ fichas

Andrea y 2 amigos jugarán una partida de dominó. El juego tiene 28 fichas de dominó. Andrea quiere que cada jugador reciba el mismo número de fichas de dominó. ¿Puede dividirlas en partes iguales entre los 3 jugadores? ¿Por qué?

Puedes usar la división para hallar el número de fichas de dominó que recibirá cada jugador.

A. Usa 28 fichas para representar las 28 fichas de dominó. Luego dibuja 3 círculos para representar a los 3 jugadores.

B. Coloca las fichas dentro de los círculos para repartirlas en partes iguales entre los 3 grupos.

Haz un dibujo rápido para mostrar tu trabajo.

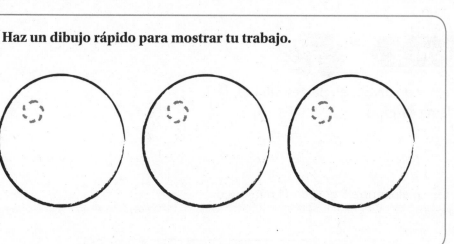

C. Halla el número de fichas que hay en cada grupo y el número de fichas que quedaron. Anota tu resultado.

En cada grupo hay _____ fichas.

Quedó _____ ficha.

Sacar conclusiones

1. ¿Cuántas fichas de dominó recibirá cada jugador? _____

   ¿Cuántas fichas de dominó quedaron? _____

2. **PIENSA MÁS** Explica cómo te ayudó el modelo a hallar el número de fichas de dominó que recibirá cada jugador. ¿Por qué quedó 1 ficha afuera de los grupos iguales?

   _____

   _____

   _____

3. Usa fichas para representar un juego de 28 fichas de dominó. ¿Cuántos jugadores pueden jugar al dominó si cada uno recibe 9 fichas? ¿Quedarán fichas de dominó? Explica.

   _____

   _____

Hacer conexiones

Manos a la obra

Cuando un número no se puede dividir en partes iguales, la cantidad que queda se llama **residuo**.

Usa fichas para hallar 39 ÷ 5.

- Usa 39 fichas.

- Reparte las fichas en partes iguales entre 5 grupos. El número de fichas que quedan es el residuo.

Haz un dibujo rápido para mostrar tu trabajo.

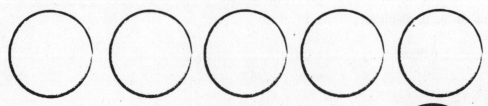

Para 39 ÷ 5, el cociente es _____ y el residuo es _____ o 7 r4.

Charla matemática

PRÁCTICAS MATEMÁTICAS ⑧

Generaliza ¿Cómo sabes cuándo habrá residuo en un problema de división?

Nombre _____

Usa fichas para hallar el cociente y el residuo.

1. $10 \div 3$

2. $28 \div 5$

3. $15 \div 6$

4. $11 \div 3$

_____

5. $29 \div 4$

6. $34 \div 5$

7. $25 \div 3$

8. $7\overline{)20}$

_____

Divide. Haz un dibujo rápido como ayuda.

9. $4\overline{)35}$

10. $23 \div 8$

Resolución de problemas • Aplicaciones

11. **PRÁCTICA MATEMÁTICA** ⑥ **Explica** cómo puedes usar un dibujo rápido para hallar el cociente y el residuo.

_____

_____

_____

_____

12. **MÁS AL DETALLE** Alyson tiene 46 cuentas para armar brazaletes. Cada brazalete tiene 5 cuentas. ¿Cuántas cuentas más necesita Alyson para que se usen todas las cuentas que tiene? Explica.

_____

_____

13. **PIENSA MÁS** En los ejercicios 13a a 13d, elige Sí o No para determinar si la expresión de división tiene un residuo.

13a. $36 \div 9$ ○ Sí   ○ No

13b. $23 \div 3$ ○ Sí   ○ No

13c. $82 \div 9$ ○ Sí   ○ No

13d. $28 \div 7$ ○ Sí   ○ No

¿Cuál es el error?

14. **PIENSA MÁS**   Macy, Kayley, Maddie y Rachel juntaron
13 canicas. Quieren repartir las canicas en partes iguales. ¿Cuántas
canicas recibirá cada una de las 4 niñas? ¿Cuántas canicas quedarán?

Óscar usó un modelo para resolver el problema. Dice que su modelo
representa $4\overline{)13}$. ¿Cuál es su error?

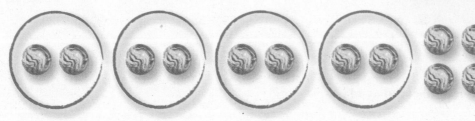

Observa la manera en que Óscar resolvió el problema. Halla su error y descríbelo.

Dibuja un modelo correcto y resuelve el problema.

Entonces, cada una de las 4 niñas recibirá

_____ canicas y quedará _____ canica.

Residuos

ESTÁNDAR COMÚN—4.NBT.B.6
*Utilizan la comprensión del valor de
posición y de las propiedades de las
operaciones para efectuar aritmética con
números de dígitos múltiples.*

Estándares
comunes

Usa fichas para hallar el cociente y el residuo.

1. $13 \div 4$

_____3 r1_____

2. $24 \div 7$

_____

3. $39 \div 5$

_____

4. $36 \div 8$

_____

5. $6\overline{)27}$

_____

6. $25 \div 9$

_____

7. $3\overline{)17}$

_____

8. $26 \div 4$

_____

Divide. Haz un dibujo rápido como ayuda.

9. $14 \div 3$

10. $5\overline{)29}$

_____

_____

Resolución de problemas En el mundo

11. Mark dibujó el siguiente modelo y dijo que
representaba el problema $21 \div 4$. ¿Es correcto el
modelo de Mark? Si lo es, ¿cuáles son el cociente
y el residuo? Si no lo es, ¿cuáles son el cociente y
el residuo correctos?

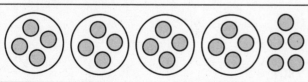

_____

_____

_____

12. ESCRIBE ▸ *Matemáticas* Describe una situación
de la vida real en la que tendrías un residuo.

_____

_____

Repaso de la lección (4.NBT.B.6)

1. ¿Cuáles son el cociente y el residuo de 32 ÷ 6?

2. ¿Cuál es el residuo del problema de división que se representa abajo?

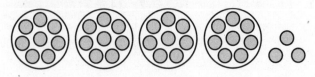

Repaso en espiral (4.OA.A.3, 4.NBT.A.2, 4.NBT.B.5)

3. Cada kit para armar un castillo contiene 235 piezas. ¿Cuántas piezas hay en 4 kits?

4. En 2010, la población de Alaska era de 710,200 personas aproximadamente. ¿Cuál es la forma escrita de ese número?

5. En el teatro, un sector de butacas tiene 8 hileras con 12 butacas en cada una. En el centro de las 3 primeras hileras hay 4 butacas rotas que no pueden usarse. ¿Cuántas butacas pueden usarse en ese sector?

6. ¿Qué productos parciales se muestran en el siguiente modelo?

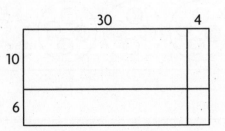

PRACTICA MÁS CON EL
Entrenador personal
en matemáticas

Interpretar el residuo

Pregunta esencial ¿Cómo puedes usar los residuos en problemas de división?

Estándares comunes

Operaciones y pensamiento algebraico —4.OA.A.3
También 4.NBT.B.6

PRÁCTICAS MATEMÁTICAS
MP3, MP7, MP8

🔑 Soluciona el problema En el mundo

Magda tiene un pequeño sobrante de papel tapiz de 73 pulgadas de largo. Quiere cortarlo en 8 trozos para pegarlo alrededor de las fotografías de su álbum de recortes. Cada trozo tendrá la misma longitud. ¿Cuánto medirá cada trozo?

Cuando resuelves un problema de división con residuo, la manera de interpretar el residuo depende de la situación y de la pregunta.

🔑 De una manera Escribe el residuo como una fracción.

El divisor es _____ trozos.

El _____ es 73 pulgadas.

Divide para hallar el cociente y el residuo.

$$8\overline{)73}\quad 9\ \text{r}1$$

El residuo representa un sobrante de 1 pulgada, que también se puede dividir en 8 partes iguales y escribir como una fracción.

$$\frac{\text{residuo}}{\text{divisor}} = \text{_____}$$

Escribe el cociente con el residuo escrito como una fracción. _____

Entonces, cada trozo medirá _____ pulgadas de largo.

Recuerda

Puedes usar múltiplos o fichas o puedes hacer un dibujo rápido para dividir.

¡Inténtalo!

Daniel preparó 32 onzas de sopa para 5 personas. ¿Cuántas onzas recibirá cada persona? Completa la división.

$$5\overline{)32}$$

Cada persona recibirá _____ onzas.

Charla matemática PRÁCTICAS MATEMÁTICAS ⑦

Explica qué representa el 2 del resultado.

🔓 De otras maneras

Ⓐ Usa solo el cociente.

Ben es guía turístico en un taller de soplado de vidrio.
No puede llevar a más de 7 personas en cada visita guiada.
Si 80 personas quieren ver la demostración de soplado de
vidrio, ¿cuántos grupos de 7 personas llevará Ben?

Primero, divide para hallar el cociente y el residuo.
Luego, decide cómo usar el cociente y el residuo.

El cociente es _____.

El residuo es _____.

$$\begin{array}{r} 11 \quad r \quad \\ 7\overline{)80} \end{array}$$

Ben puede llevar a 7 personas a la vez. El cociente es la cantidad de
grupos de turistas de exactamente 7 personas que puede llevar.

Entonces, Ben da visitas guiadas para _____ grupos de 7 personas.

Ⓑ Suma 1 al cociente.

Si Ben da visitas guiadas para las 80 personas, ¿cuántas visitas guiadas
dará? En una visita guiada no puede haber más de 7 personas. Para
llevar a las 80 personas, Ben tendrá que dar 1 visita guiada más.

Entonces, Ben dará _____ visitas guiadas en total para 80 personas.

Ⓒ Usa solo el residuo.

Ben da visitas guiadas para las 80 personas. Después de dar las visitas
guiadas para grupos de 7 personas, ¿cuántas personas hay en su última
visita guiada?

El residuo es 3.
Entonces, la última visita guiada de Ben

tendrá _____ personas.

> **Charla matemática**
>
> **PRÁCTICAS MATEMÁTICAS ⑧**
>
> Usa el razonamiento
> repetitivo ¿Por qué no
> escribirías el residuo como
> una fracción cuando hallas
> el número de camionetas
> que se necesitan?

¡Inténtalo!

Los estudiantes van a los partidos de fútbol en camionetas.
En cada camioneta caben 9 estudiantes. ¿Cuántas camionetas se
necesitan para llevar a 31 estudiantes?

Divide. $31 \div 9$ _____

Puesto que quedan _____ estudiantes, se necesitan

_____ camionetas para llevar a 31 estudiantes.

Comparte y muestra

1. Olivia horneó 53 barras de pan de plátano pequeñas para servir en rodajas como refrigerio en una feria de artesanías. Pondrá el mismo número de barras de pan en 6 sitios diferentes. ¿Cuántas barras de pan habrá en cada sitio?

   a. Divide para hallar el cociente y el residuo.

   $6\overline{)53}$ r

   b. Decide cómo usar el cociente y el residuo para responder la pregunta.

   _____

Interpreta el residuo para resolver los problemas.

2. ¿Qué pasaría si Olivia quisiera poner nada más que barras de pan enteras en cada sitio? ¿Cuántas barras habría en cada sitio?

3. Ed talla 22 animales de madera para vender en la feria de artesanías. Los dispone en hileras de 4 animales cada una. ¿Cuántos animales no estarán en hileras iguales?

Por tu cuenta

Interpreta el residuo para resolver los problemas.

4. Maira tiene un rollo de papel crepé de 17 pies con el que hará 8 serpentinas para decorar una fiesta. ¿Cuánto medirá cada serpentina si corta el rollo en trozos iguales?

5. **PIENSA MÁS** Juan dará un concierto de piano el mes próximo. La semana pasada ensayó 8 horas durante la mañana y 7 horas durante la tarde. Cada ensayo dura 2 horas. ¿Cuántos ensayos completos tuvo Juan?

6. **MÁS AL DETALLE** Un total de 25 estudiantes se inscriben para ayudar en la reunión de padres. Forman equipos de 3 estudiantes para recibir a los padres. ¿Cuántos estudiantes no pueden estar en ningún equipo? Explica.

_____

_____

Resolución de problemas • Aplicaciones En el mundo

Usa la ilustración para resolver los problemas 7 a 9.

7. Teresa está haciendo títeres de calcetines exactamente iguales al de la ilustración. Si tiene 53 botones, ¿cuántos títeres puede hacer?

_____

8. **PIENSA MÁS** Escribe una pregunta sobre Teresa y los títeres de calcetines cuya respuesta sea 3. Explica la respuesta.

_____

_____

_____

_____

9. **PRÁCTICA MATEMÁTICA ③ Interpreta el resultado** ¿Cuántos botones más necesita Teresa si quiere hacer 12 títeres? Explica.

_____

_____

_____

_____

ESCRIBE ▸ *Matemáticas*
Muestra tu trabajo

10. **MÁS AL DETALLE** Un total de 56 estudiantes se inscribieron para jugar en una liga de fútbol americano. Si cada equipo tiene 10 estudiantes, ¿cuántos estudiantes más necesitarán que se inscriban para que todos los estudiantes puedan estar en un equipo?

_____

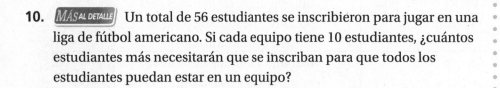

Entrenador personal en matemáticas

11. **PIENSA MÁS ✚** Una maestra planea dividir a sus estudiantes en grupos para que almuercen en las mesas. Tiene 34 estudiantes en su clase. Cada grupo tendrá 7 estudiantes. ¿Cuántas mesas necesitará? Explica cómo usar el cociente y el residuo para contestar la pregunta.

_____

Interpretar el residuo

Estándares comunes

ESTÁNDAR COMÚN—4.0A.A.3
Utilizan las cuatro operaciones con números enteros para resolver problemas.

Interpreta el residuo para resolver los problemas.

1. Hakeem tiene 100 plantas de tomate. Quiere plantarlas en hileras de 8 plantas cada una. ¿Cuántas hileras completas tendrá?

Piensa: $100 \div 8$ es igual a 12 con un residuo de 4. En el problema se te pregunta "cuántas hileras completas"; entonces, usa solo el cociente.

_____12 hileras completas_____

2. Una maestra tiene 27 estudiantes en su clase. Pide a los estudiantes que formen tantos grupos de 4 como sea posible. ¿Cuántos estudiantes no estarán en un grupo?

_____

3. Una empresa de productos deportivos puede enviar 6 pelotas de fútbol americano en cada caja. ¿Cuántas cajas se necesitan para enviar 75 pelotas de fútbol americano?

_____

Resolución de problemas En el mundo

4. Joanna tiene 70 cuentas. Usa 8 cuentas para cada pulsera. Arma todas las pulseras que puede armar con esas cuentas. ¿Cuántas cuentas le sobrarán a Joanna?

_____

5. Una maestra quiere entregar 3 marcadores a cada uno de sus 25 estudiantes. Los marcadores vienen en paquetes de 8. ¿Cuántos paquetes de marcadores necesitará la maestra?

_____

6. **ESCRIBE** ▸ *Matemáticas* Escribe problemas que representen todas las maneras en las que puedes usar el residuo en un problema de división. Incluye las soluciones.

_____

_____

Repaso de la lección (4.OA.A.3)

1. Marcos dispone sus 85 tarjetas de béisbol en pilas de 9 tarjetas. ¿Cuántas pilas de 9 tarjetas formará Marcos?

2. Una furgoneta puede llevar hasta 7 personas. ¿Cuántas furgonetas se necesitan para llevar a 45 personas a un partido de básquetbol?

_____

_____

Repaso en espiral (4.OA.A.1, 4.NBT.B.4, 4.NBT.B.5, 4.NBT.B.6)

3. La Sra. Wilkerson cortó algunas naranjas en 20 trozos iguales para repartir entre 6 amigos. ¿Cuántos trozos recibió cada persona y cuántos sobraron?

4. Una escuela compró 32 escritorios nuevos. Cada escritorio costó $24. Estima cuánto gastó la escuela en los escritorios nuevos.

_____

_____

_____

_____

5. Kris tiene una caja con 8 crayones. La caja de Silvia tiene 6 veces más crayones que la caja de Kris. ¿Cuántos crayones hay en la caja de Silvia?

6. Ayer, 1,743 personas visitaron la feria. Hoy, hay 576 personas más que ayer en la feria. ¿Cuántas personas hay en la feria hoy?

_____

_____

PRACTICA MÁS CON EL
Entrenador personal
en matemáticas

Nombre _____

Dividir decenas, centenas y millares

Pregunta esencial ¿Cómo puedes dividir números hasta los millares entre números enteros hasta diez?

Estándares comunes Números y operaciones en base diez—4.NBT.6 *También 4.NBT.A.1*
PRÁCTICAS MATEMÁTICAS MP5, MP6, MP7

Soluciona el problema *En el mundo*

Dustin empaca manzanas en cajas para regalo. En cada caja caben 4 manzanas. ¿Cuántas cajas para regalo puede llenar Dustin con 120 manzanas?

Puedes usar operaciones básicas y el valor posicional para dividir.

Ejemplo 1 Divide. 120 ÷ 4

PASO 1 Identifica la operación básica. 12 ÷ 4

PASO 2 Usa el valor posicional. 120 = _____ decenas

PASO 3 Divide.

12 decenas ÷ 4 = _____ decenas ← **Piensa:** 4 × 3 decenas = 12 decenas

= _____

120 ÷ 4 = 30

Entonces, Dustin puede llenar _____ cajas.

Ejemplo 2 Divide. 1,200 ÷ 4

PASO 1 Identifica la operación básica. 12 ÷ 4

PASO 2 Usa el valor posicional 1,200 = _____ centenas

PASO 3 Divide.

12 centenas ÷ 4 = _____ centenas ← **Piensa:** 4 × 3 centenas = 12 centenas

= _____

1,200 ÷ 4 = 300

Charla matemática PRÁCTICAS MATEMÁTICAS ⑦
Busca el patrón ¿Qué patrón notas en el valor posicional de los dividendos y los cocientes?

 PRÁCTICA MATEMÁTICA ⑥ Explica cómo usar una operación básica y el valor posicional para dividir 4,000 ÷ 5.

_____
_____

Comparte y muestra

1. Divide! 2,800 ÷ 7

   ¿Qué operación básica puedes usar? _____

   2,800 = 28 _____

   28 centenas ÷ 7 = _____

   2,800 ÷ 7 = _____

2. Divide. 280 ÷ 7

   ¿Qué operación básica puedes usar? _____

   280 = 28 _____

   28 decenas ÷ _____ = 4 _____

   280 ÷ 7 = _____

> **Charla matemática**
>
> **PRÁCTICAS MATEMÁTICAS** ⑥
>
> Compara ¿En qué se parecen y en qué se diferencian los ejercicios 1 y 2?

Usa operaciones básicas y el valor posicional para hallar el cociente.

3. 360 ÷ 6 = _____

4. 2,000 ÷ 5 = _____

5. 4,500 ÷ 9 = _____

Por tu cuenta

Usa operaciones básicas y el valor posicional para hallar el cociente.

6. 560 ÷ 8 = _____

7. 6,400 ÷ 8 = _____

8. 3,500 ÷ 7 = _____

PRÁCTICA MATEMÁTICA ⑤ Usa los patrones Álgebra Halla el número desconocido.

9. 420 ÷ ■ = 60 _____

10. ■ ÷ 4 = 30 _____

11. 810 ÷ ■ = 90 _____

12. **PIENSA MÁS** Divide 400 ÷ 40. Explica cómo te pueden ayudar los patrones y el valor posicional.

   _____

   _____

13. **MÁS AL DETALLE** Eileen juntó 98 latas vacías para reciclar y Carl juntó 82 latas. Guardaron las latas en tres cajas, la misma cantidad de latas en cada caja, para llevar al centro de reciclado. ¿Cuántas latas había en cada caja?

   _____

14. **MÁS AL DETALLE** A un pastelero le cuesta $18 preparar un pastel pequeño. Vende 8 pasteles pequeños a $240. ¿Cuánto mayor es el precio de venta que el costo de cada pastel?

   _____

216

© Houghton Mifflin Harcourt Publishing Company

Resolución de problemas • Aplicaciones

15. Jamal puso 600 monedas de 1¢ en 6 rollos iguales. ¿Cuántas monedas de 1¢ había en cada rollo?

_____

16. Sela tiene 6 veces más monedas ahora que hace 4 meses. Si Sela ahora tiene 240 monedas, ¿cuántas monedas tenía hace 4 meses?

_____

17. **PIENSA MÁS** Chip juntó 2,090 monedas de 10¢. Sue juntó 1,910 monedas de 10¢. Dividieron todas sus monedas en 8 pilas iguales. ¿Cuántas monedas de 10¢ hay en cada pila?

_____

_____

18. **PRÁCTICA MATEMÁTICA 5** **Comunica** El Sr. Roberts vio una inusual moneda de 1¢ de 1937. El precio de la moneda es $210. Si ahorra $3 cada semana, ¿tendrá dinero suficiente para comprar la moneda en un año? Explica.

ESCRIBE *Matemáticas*
Muestra tu trabajo

_____

_____

_____

19. **MÁS AL DETALLE** La Sra. Fletcher compró 5 monedas a $32 cada una. Luego vendió todas las monedas por $300. ¿Cuánto más de lo que pagó por cada moneda recibió la Sra. Fletcher? Explica.

_____

_____

20. PIENSA MÁS ¿Qué cocientes son iguales a 20? Marca todos los que correspondan.

(A) $600 \div 2$

(D) $140 \div 7$

(B) $1,200 \div 6$

(E) $500 \div 5$

(C) $180 \div 9$

Conectar con las Ciencias

El vuelo de los insectos

Solo los insectos, los murciélagos y las aves tienen la capacidad de volar realmente. Las características del vuelo de los insectos van de la torpeza de algunos escarabajos a los movimientos acrobáticos de las libélulas.

El movimiento de las alas de los insectos no lo producen músculos adosados a ellas. Los insectos tienen los músculos que mueven las alas en la parte media del cuerpo o tórax. El tórax va cambiando de forma con el movimiento de las alas.

Batidos de alas de insectos en 3 minutos	
Insecto	**Número aproximado de batidos**
Libélula (Aeshnidae)	6,900
Caballito del diablo	2,700
Mariposa blanca grande	2,100
Mosca escorpión	5,000

21. ¿Aproximadamente cuántas veces bate las alas un caballito del diablo en 1 minuto?

_____

22. ¿Aproximadamente cuántas veces bate las alas una mosca escorpión en 6 minutos?

_____

23. PIENSA MÁS En un minuto, ¿aproximadamente cuántas veces más bate las alas un caballito del diablo que una mariposa blanca grande?

_____

24. **¿Cuál es la pregunta?** La respuesta es aproximadamente 2,300 veces.

_____

_____

Dividir decenas, centenas y millares

Estándares comunes

ESTÁNDAR COMÚN—4.NBT.B.6
Utilizan la comprensión del valor de posición y de las propiedades de las operaciones para efectuar aritmética con números de dígitos múltiples.

Usa las operaciones básicas y el valor posicional para hallar el cociente.

1. $3,600 \div 4 =$ ___900___

Piensa: 3,600 es igual a 36 centenas.

Usa la operación básica $36 \div 4 = 9$.

Entonces, 36 centenas $\div 4 = 9$ centenas o 900.

2. $240 \div 6 =$ _____

3. $5,400 \div 9 =$ _____

4. $300 \div 5 =$ _____

5. $4,800 \div 6 =$ _____

6. $420 \div 7 =$ _____

7. $150 \div 3 =$ _____

8. $6,300 \div 7 =$ _____

9. $1,200 \div 4 =$ _____

10. $360 \div 6 =$ _____

Resolución de problemas En el mundo

11. En una asamblea, 180 estudiantes se sientan en 9 hileras iguales. ¿Cuántos estudiantes se sientan en cada hilera?

_____

12. Hilary puede leer 560 palabras en 7 minutos. ¿Cuántas palabras puede leer Hilary en 1 minuto?

_____

13. Una empresa produce 7,200 galones de agua embotellada por día. La empresa coloca 8 botellas de un galón en cada caja. ¿Cuántas cajas se necesitan para guardar todas las botellas de un galón que se producen en un día?

_____

14. Un avión voló 2,400 millas en 4 horas. Si el avión voló la misma cantidad de millas cada hora, ¿cuántas millas voló en 1 hora?

_____

15. **ESCRIBE** *Matemáticas* Explica cómo usas tu conocimiento sobre el valor posicional para dividir un número cuyo valor posicional es millares entre números enteros hasta diez. Da un ejemplo que respalde tu explicación.

_____

_____

Repaso de la lección (4.NBT.B.6)

1. Un jugador de béisbol golpea una pelota que sale 360 pies fuera del campo de juego. La pelota tarda 4 segundos en recorrer esta distancia. ¿Cuántos pies recorre la pelota en 1 segundo?

2. Sebastián recorre en su bicicleta 2,000 metros en 5 minutos. ¿Cuántos metros recorre en su bicicleta en 1 minuto?

Repaso en espiral (4.OA.A.2, 4.OA.A.3, 4.NBT.B.5, 4.NBT.B.6)

3. Un recipiente lleno contiene 64 onzas fluidas de jugo. ¿Cuántas raciones de 7 onzas fluidas de jugo hay en un recipiente lleno?

4. Paolo paga $244 por 5 calculadoras idénticas. ¿Aproximadamente cuánto paga Paolo por una calculadora?

5. Un equipo de fútbol americano pagó $28 por cada camiseta. Compraron 16 camisetas. ¿Cuánto dinero gastó el equipo en camisetas?

6. Suzanne compró 50 manzanas en un huerto. Compró 4 veces más manzanas rojas que manzanas verdes. ¿Cuántas más manzanas rojas que manzanas verdes compró Suzanne?

PRACTICA MÁS CON EL
Entrenador personal
en matemáticas

Nombre _____

Estimar cocientes usando números compatibles   Números y operaciones en base diez—4.NBT.B.6

Pregunta esencial ¿Cómo puedes usar números compatibles para estimar cocientes?

PRÁCTICAS MATEMÁTICAS
MP2, MP3, MP6

Soluciona el problema En el mundo

El corazón de un caballo late 132 veces en 3 minutos. ¿Aproximadamente cuántas veces late en 1 minuto?

Puedes usar números compatibles para estimar cocientes.

Los **números compatibles** son números que son fáciles de calcular mentalmente.

- ¿El corazón de un caballo latirá más o menos de 132 veces en 1 minuto?

  _____

- ¿Qué operación usarás para resolver el problema?

  _____

Ejemplo 1 Estima. 132 ÷ 3

PASO 1 Halla un número cercano a 132 que sea fácil de dividir entre 3. Usa operaciones básicas.

12 ÷ 3 es una operación básica. 120 es fácil de dividir entre 3.

15 ÷ 3 es una operación básica. 150 es fácil de dividir entre 3.

Piensa: Elige 120 porque está más cerca de 132.

PASO 2 Usa el valor posicional.

120 = _____ decenas

12 ÷ 3 = _____

12 decenas ÷ 3 = _____ decenas

120 ÷ 3 = _____

Entonces, el corazón de un caballo late aproximadamente _____ veces en 1 minuto.

Ejemplo 2 Usa números compatibles para hallar dos estimaciones entre las que se encuentre el cociente. 1,382 ÷ 5

PASO 1 Halla dos números cercanos a 1,382 que sean fáciles de dividir entre 5.

_____ ÷ 5 es una operación básica. 1,000 es fácil de dividir entre 5.

_____ ÷ 5 es una operación básica. 1,500 es fácil de dividir entre 5.

1,382 está entre _____ y _____.

Entonces, 1,382 ÷ 5 está entre _____ y _____.

PASO 2 Divide cada número entre 5. Usa el valor posicional.

1,000 ÷ 5

_____ centenas ÷ 5 = _____ centenas o _____

1,500 ÷ 5

_____ centenas ÷ 5 = _____ centenas o _____

Charla matemática PRÁCTICAS MATEMÁTICAS ⑥

Explica qué estimación crees que es más razonable.

© Houghton Mifflin Harcourt Publishing Company

Capítulo 4 **221**

1. Estima. 1,718 ÷ 4   **Piensa:** ¿Qué número cercano a 1,718 es fácil de dividir entre 4?

_____ está cerca de 1,718.   ¿Qué operación básica puedes usar? _____ ÷ 4

_____ está cerca de 1,718.   ¿Qué operación básica puedes usar? _____ ÷ 4

Elige 1,600 porque _____.

16 ÷ 4 = _____

1,600 ÷ _____ = _____

1,718 ÷ 4 es aproximadamente _____.

PRÁCTICAS MATEMÁTICAS ③

Aplica ¿Cómo podría cambiar tu estimación si el ejercicio fuera 1,918 ÷ 4?

Usa números compatibles para estimar el cociente.

2. 455 ÷ 9

3. 1,509 ÷ 3

4. 176 ÷ 8

5. 2,795 ÷ 7

Por tu cuenta

Usa números compatibles para hallar dos estimaciones entre las que se encuentre el cociente.

6. 5,321 ÷ 6

7. 1,765 ÷ 6

8. 1,189 ÷ 3

9. 2,110 ÷ 4

PRÁCTICA MATEMÁTICA ② **Razona de forma abstracta** **Álgebra** **Estima para comparar. Escribe <, > o =.**

10. 613 ÷ 3 ◯ 581 ÷ 2

11. 364 ÷ 4 ◯ 117 ÷ 6

12. 2,718 ÷ 8 ◯ 963 ÷ 2

    estimación   estimación   estimación   estimación   estimación   estimación

13. _MÁS AL DETALLE_ Si Cade lanza 275 tiros libres de básquetbol en 2 horas, ¿aproximadamente cuántos puede lanzar en 5 horas?

14. _MÁS AL DETALLE_ Un carpintero tiene 166 perillas en su taller. De esas perillas, 98 son redondas y el resto, cuadradas. Si quiere colocar 7 perillas cuadradas en cada recipiente, ¿aproximadamente cuántos recipientes necesitará?

Nombre _____

Usa la tabla para resolver los problemas 15 a 17.

Latidos de animales en 5 minutos	
Animal	**Número de latidos**
Ballena	31
Vaca	325
Cerdo	430
Perro	520
Gallina	1,375

15. ¿Aproximadamente cuántas veces late el corazón de una gallina en 1 minuto?

_____

16. MÁS AL DETALLE ¿Aproximadamente cuántas veces late el corazón de una vaca en 2 minutos?

_____

17. PRÁCTICA MATEMÁTICA ② Usa el razonamiento
¿Aproximadamente cuántas veces más rápido late el corazón de una vaca que el de una ballena?

_____

ESCRIBE ✏ *Matemáticas*
Muestra tu trabajo

18. PIENSA MÁS Martha tenía 154 sellos y su hermana tenía 248 sellos. Combinaron sus colecciones y pusieron los sellos en un álbum. Si quieren poner 8 sellos en cada página, ¿aproximadamente cuántas páginas necesitarían?

_____

19. Jamie y sus dos hermanos dividieron un paquete de 125 carros de juguete en partes iguales. ¿Aproximadamente cuántos carros recibió cada uno?

_____

20. PIENSA MÁS Harold y su hermano coleccionaron 2,018 latas durante un período de 1 año. Cada niño coleccionó la misma cantidad de latas. ¿Aproximadamente cuántas latas coleccionó cada niño? Explica cómo hallaste el resultado.

_____

_____

_____

Causa y efecto

La destreza de lectura *causa y efecto* puede ayudarte a comprender cómo se relaciona un detalle de un problema con otro detalle.

Chet quiere comprar una bicicleta nueva que cuesta $276. Chet corta el césped de su vecino cada semana por $15. Puesto que Chet no tiene dinero ahorrado, debe decidir con qué plan de pago puede comprar la bicicleta nueva.

Planes de pago de la bicicletería	
Plan A	3 meses (3 pagos iguales)
Plan B	6 meses (6 pagos iguales)

Causa:		**Efecto:**
Chet no tiene dinero ahorrado para comprar la bicicleta.	→	Chet tendrá que decidir con qué plan de pago podrá comprar la bicicleta.

¿Qué plan debería elegir Chet?

Plan de pago en 3 meses:

$276 ÷ 3

Estima.

$270 ÷ 3 _____

Plan de pago en 6 meses:

$276 ÷ 6

Estima.

$300 ÷ 6 _____

Chet gana $15 por semana. Puesto que generalmente hay 4 semanas en un mes, multiplica para hallar qué plan puede pagar.

$$\$15 \times 4 = \underline{\hspace{2cm}}$$

Entonces, Chet puede comprar la bicicleta con el plan de pago en _____.

Usa la estimación para resolver los problemas.

21. Sofía quiere comprar una bicicleta nueva que cuesta $214. Sofía ayuda a su abuela con las tareas del hogar cada semana por $18. Estima para hallar qué plan debería elegir y por qué.

_____

_____

_____

_____

22. **ESCRIBE** ▸ *Matemáticas* Describe una situación en la que hayas usado la destreza *causa y efecto* para resolver un problema de matemáticas.

_____

_____

_____

_____

Estimar cocientes usando números compatibles

ESTÁNDAR COMÚN— 4.NBT.B.6
Utilizan la comprensión del valor de posición y de las propiedades de las operaciones para efectuar aritmética con números de dígitos múltiples.

Estándares comunes

Usa números compatibles para estimar el cociente.

1. $389 \div 4$

$400 \div 4 = 100$

2. $358 \div 3$

3. $784 \div 8$

4. $179 \div 9$

5. $315 \div 8$

6. $2{,}116 \div 7$

7. $4{,}156 \div 7$

8. $474 \div 9$

Usa números compatibles para hallar dos estimaciones entre las que se encuentre el cociente.

9. $1{,}624 \div 3$

10. $2{,}593 \div 6$

11. $1{,}045 \div 2$

12. $1{,}754 \div 9$

Resolución de problemas En el mundo

13. Una tienda de CD vendió 3,467 CD en 7 días. Se vendió aproximadamente la misma cantidad de CD por día. ¿Aproximadamente cuántos CDS vendió la tienda cada día?

14. Marcos tiene 731 libros. Coloca aproximadamente la misma cantidad de libros en cada uno de los 9 estantes de un librero. ¿Aproximadamente cuántos libros hay en cada estante?

15. **ESCRIBE** ▸ *Matemáticas* ¿Cómo puedes estimar $1{,}506 \div 2$ de modo que la estimación esté cerca del resultado real, 753?

Repaso de la lección (4.NBT.B.6)

1. Jamal está plantando semillas para un vivero. Planta 9 semillas en cada recipiente. Si Jamal tiene 296 semillas para plantar, ¿aproximadamente cuántos recipientes usará?

2. Winona compró un juego de cuentas antiguas. El juego contiene 2,140 cuentas. Si usa las cuentas para armar pulseras de 7 cuentas cada una, ¿aproximadamente cuántas pulseras podrá armar?

Repaso en espiral (4.NBT.A.1, 4.NBT.A.3, 4.NBT.B.5, 4.NBT.B.6)

3. Un tren recorrió 360 millas en 6 horas. ¿Cuántas millas recorrió el tren por hora?

4. En un huerto hay 12 hileras de perales. En cada hilera hay 15 perales. ¿Cuántos perales hay en el huerto?

5. Megan redondeó 366,458 a 370,000. ¿A qué lugar redondeó el número Megan?

6. El Sr. Jessup, piloto de avión, vuela 1,350 millas por día. ¿Cuántas millas volará en 8 días?

PRACTICA MÁS CON EL
Entrenador personal en matemáticas

Nombre _____

La división y la propiedad distributiva

Pregunta esencial ¿Cómo puedes usar la propiedad distributiva para hallar cocientes?

Estándares comunes Números y operaciones en base diez—4.NBT.B.6

PRÁCTICAS MATEMÁTICAS MP1, MP4, MP7

Investigar

Materiales ■ lápices de colores ■ papel cuadriculado

Puedes usar un modelo y la propiedad distributiva para descomponer números y que sea más fácil dividirlos.

Para usar la propiedad distributiva de la división, halla el cociente que representa cada uno de los rectángulos más pequeños. Luego suma los cocientes.

A. Traza el contorno de un rectángulo en una cuadrícula para representar $69 \div 3$.

Sombrea columnas de 3 hasta llegar a 69 cuadrados.

¿Cuántos grupos de 3 puedes formar? _____

B. Piensa en 69 como $60 + 9$. Separa el modelo en dos rectángulos para mostrar $(60 + 9) \div 3$. Rotula y sombrea los rectángulos más pequeños. Usa dos colores diferentes.

C. Cada rectángulo representa una división.

$69 \div 3 = ($ _____ $\div 3) + ($ _____ $\div 3)$

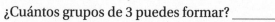
= _____ + _____

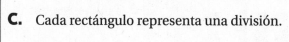
= _____

D. Traza el contorno de otro modelo para mostrar $68 \div 4$.

¿Cuántos grupos de 4 puedes formar? _____

E. Piensa en 68 como $40 + 28$. Separa el modelo, rotula y sombrea para mostrar dos divisiones.

$68 \div 4 = ($ _____ $\div 4) + ($ _____ $\div 4)$

= _____ + _____

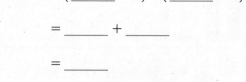
= _____

1. Explica cómo cada rectángulo pequeño representa un cociente y un producto en el Paso C.

_____

_____

_____

2. Compara tu respuesta al Paso A con el cociente final del Paso C. ¿Qué conclusión puedes sacar?

_____

_____

3. 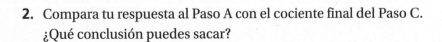 PIENSA MÁS Para hallar el cociente de $91 \div 7$, ¿descompondrías el dividendo en $90 + 1$ o $70 + 21$? Explica.

_____

_____

Hacer conexiones

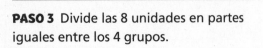

Manos a la obra

Charla matemática

PRÁCTICAS MATEMÁTICAS 7

Busca estructuras Describe otra manera en que podrías usar la propiedad distributiva para resolver $68 \div 4$.

También puedes representar $68 \div 4$ con bloques de base diez.

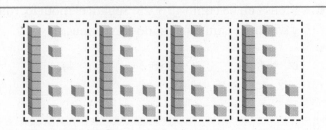

PASO 1 Representa 68.

$68 = \underline{\hspace{1cm}} + \underline{\hspace{1cm}}$

PASO 2 Divide las decenas en 4 grupos iguales; sobrarán 2 decenas. Reagrupa las 2 decenas que quedaron en 20 unidades. Divídelas en partes iguales entre los 4 grupos.

$60 \div 4 = \underline{\hspace{1cm}}$

PASO 3 Divide las 8 unidades en partes iguales entre los 4 grupos.

$8 \div 4 = \underline{\hspace{1cm}}$

Entonces, $68 \div 4 = (60 \div 4) + (8 \div 4) = \underline{\hspace{1cm}} + \underline{\hspace{1cm}} = \underline{\hspace{1cm}}$

Nombre _____

Comparte y muestra

Representa la división en la cuadrícula.

1. $26 \div 2 = ($ _____ $\div\ 2) + ($ _____ $\div\ 2)$

   $= $ _____ $+$ _____

   $= $ _____

2. $45 \div 3 = ($ _____ $\div\ 3) + ($ _____ $\div\ 3)$

   $= $ _____ $+$ _____

   $= $ _____

Halla el cociente.

3. $86 \div 2$

   $= ($ _____ $\div\ 2) + ($ _____ $\div\ 2)$

   $= $ _____ $+$ _____

   $= $ _____

4. $208 \div 4$

   $= ($ _____ $\div\ 4) + ($ _____ $\div\ 4)$

   $= $ _____ $+$ _____

   $= $ _____

Usa bloques de base diez para representar el cociente.
Luego anota el cociente.

5. $88 \div 4 = $ _____

6. $36 \div 3 = $ _____

7. $186 \div 6 = $ _____

Resolución de problemas • Aplicaciones

8. **ESCRIBE** ▸ *Matemáticas* Explica cómo puedes representar el uso de la propiedad distributiva para hallar cocientes.

_____

_____

_____

_____

9. *MÁS AL DETALLE* Justin ganó $50 cortando césped y $34 lavando carros. Quiere dividir su dinero en 3 cuentas iguales. ¿Cuánto dinero pondrá en cada cuenta? Explica.

_____

_____

_____

_____

Plantea un problema

10. 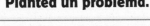 Christelle fue a una tienda de regalos. En la tienda se venden velas de diferentes tamaños y colores. En la ilustración se muestra un exhibidor con velas.

Escribe un problema que se pueda resolver con la ilustración.

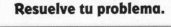

Plantea un problema.

Resuelve tu problema.

• 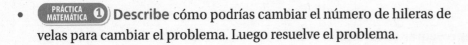 **Describe** cómo podrías cambiar el número de hileras de velas para cambiar el problema. Luego resuelve el problema.

---

11. PIENSA MÁS En los ejercicios 11a a 11d, elige Sí o No para indicar si la expresión muestra una manera de descomponer el dividendo para hallar el cociente $147 \div 7$.

11a.	$(135 \div 7) + (10 \div 7)$	○ Sí	○ No
11b.	$(147 \div 3) + (147 \div 4)$	○ Sí	○ No
11c.	$(140 \div 7) + (7 \div 7)$	○ Sí	○ No
11d.	$(70 \div 7) + (77 \div 7)$	○ Sí	○ No

Nombre _____

La división y la propiedad distributiva

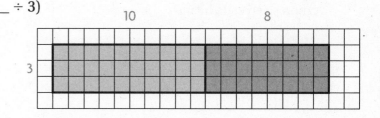

Estándares comunes **ESTÁNDAR COMÚN—4.NBT.B.6**
Utilizan la comprensión del valor de posición y de las propiedades de las operaciones para efectuar aritmética con números de dígitos múltiples.

Halla el cociente.

1. $54 \div 3 = ($ ___30___ $\div 3) + ($ ___24___ $\div 3)$

$\qquad = $ ___10___ $+$ ___8___

$\qquad = $ ___18___

2. $81 \div 3 = $ _____

3. $232 \div 4 = $ _____

4. $305 \div 5 = $ _____

5. $246 \div 6 = $ _____

6. $69 \div 3 = $ _____

7. $477 \div 9 = $ _____

Resolución de problemas · En el mundo

8. Cecily recolectó 219 manzanas. Repartió las manzanas en partes iguales en 3 canastas. ¿Cuántas manzanas hay en cada canasta?

_____

9. Jordan tiene 260 tarjetas de básquetbol. Las reparte en 4 grupos iguales. ¿Cuántas tarjetas hay en cada grupo?

_____

10. La familia Wilson recorrió en carro 324 millas en 6 horas. Si recorrieron la misma cantidad de millas cada hora, ¿cuántas millas recorrieron en 1 hora?

_____

11. Phil tiene 189 estampillas para colocar en su álbum de estampillas. Coloca la misma cantidad de estampillas en cada una de las 9 páginas. ¿Cuántas estampillas coloca Phil en cada página?

_____

12. ESCRIBE ▸*Matemáticas* Explica cómo usas la propiedad distributiva para resolver $48 \div 3$. Incluye un modelo para respaldar tu explicación.

_____

_____

Repaso de la lección (4.NBT.B.6)

1. Una empresa de paisajismo plantó 176 árboles en 8 hileras iguales en un parque nuevo. ¿Cuántos árboles plantó la empresa en cada hilera?

2. Arnold puede hacer 65 flexiones en 5 minutos. ¿Cuántas flexiones puede hacer en 1 minuto?

Repaso en espiral (4.OA.A.3, 4.NBT.B.5, 4.NBT.B.6)

3. El sábado pasado, hubo 1,486 personas en el complejo de cines Cineplex. Hubo aproximadamente la misma cantidad de personas en cada una de las 6 salas de cine. ¿Entre qué dos números está la cantidad de personas que hubo en cada sala de cine?

4. La semana pasada, Nancy caminó 50 minutos por día durante 4 días. Gillian caminó 35 minutos por día durante 6 días. ¿Cómo se compara la cantidad total de minutos que Gillian caminó con la cantidad total de minutos que Nancy caminó?

5. Tres niños se repartieron 28 carros de juguete en partes iguales. ¿Cuántos carros recibió cada niño y cuántos sobraron?

6. Un avión vuela a una velocidad de 474 millas por hora. ¿Cuántas millas recorre el avión en 5 horas?

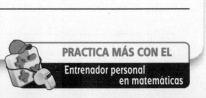

PRACTICA MÁS CON EL
Entrenador personal
en matemáticas

Revisión de la mitad del capítulo

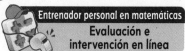

Vocabulario

Elige el término del recuadro que mejor corresponda para completar la oración.

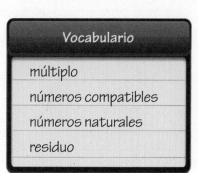

Vocabulario
múltiplo
números compatibles
números naturales
residuo

1. Un número que es el producto de un número y un número natural se

   llama _____ . (pág. 197)

2. Los números que son fáciles de calcular mentalmente se llaman

   _____ . (pág. 221)

3. Cuando un número no se puede dividir en partes iguales, la cantidad

   que queda se llama _____ . (pág. 204)

Conceptos y destrezas

Divide. Haz un dibujo rápido como ayuda. (4.NBT.B.6)

4. $26 \div 3$ _____

5. $19 \div 4$ _____

Usa operaciones básicas y el valor posicional para hallar el cociente. (4.NBT.B.6)

6. $810 \div 9 =$ _____

7. $210 \div 7 =$ _____

8. $3{,}000 \div 6 =$ _____

Usa números compatibles para estimar el cociente. (4.NBT.B.6)

9. $635 \div 9$

   _____

10. $412 \div 5$

    _____

11. $490 \div 8$

    _____

Usa papel cuadriculado o bloques de base diez para representar el cociente. Luego anota el cociente. (4.NBT.B.6)

12. $63 \div 3 =$ _____

13. $85 \div 5 =$ _____

14. $168 \div 8 =$ _____

15. Ana tiene 296 monedas en su colección de monedas. Puso el mismo número de monedas en cada uno de los 7 frascos que tiene. ¿Aproximadamente cuántas monedas hay en cada frasco? (4.NBT.B.6)

---

16. ¿Entre qué dos estimaciones está el cociente de 345 ÷ 8? (4.NBT.B.6)

---

17. MÁS AL DETALLE Un total de 8,644 personas asisitieron al partido de fútbol americano. De esas personas, 5,100 estuvieron en el lado de los locales y el resto, en el lado de los visitantes. Si las personas que estaban en el lado de los visitantes llenaron 8 secciones del mismo tamaño, ¿aproximadamente cuántas personas había en cada una de las secciones? (4.NBT.B.6)

---

18. En una carrera de relevos, hay 4 estudiantes en cada equipo. ¿Cuántos equipos se pueden formar con 27 estudiantes? (4.OA.A.3)

---

19. Ocho equipos de estudiantes de secundaria ayudaron a limpiar la basura en su comunidad. Cuando terminaron se repartieron 23 pizzas en partes iguales. ¿Cuántas pizzas recibió cada equipo? (4.OA.A.3)

Nombre _____

Dividir usando la resta repetida

Pregunta esencial ¿Cómo puedes usar la resta repetida y los múltiplos para hallar cocientes?

Estándares comunes Números y operaciones en base diez—4.NBT.B.6
PRÁCTICAS MATEMÁTICAS
MP4, MP5, MP6

Investigar

Materiales ■ fichas ■ papel cuadriculado

John está construyendo un horno para pizzas con una abertura en forma de arco. Tiene 72 ladrillos. Colocará 6 ladrillos por vez durante la construcción del horno. Si dispone los ladrillos en pilas de 6, ¿cuántas pilas tendrá?

Puedes usar la resta repetida para dividir $72 \div 6$.

A. Comienza con 72 fichas. Resta 6 fichas.

¿Cuántas quedan? _____

B. Anota la resta en papel cuadriculado como se muestra a continuación. Anota la cantidad de fichas que quedan y la cantidad de veces que restaste.

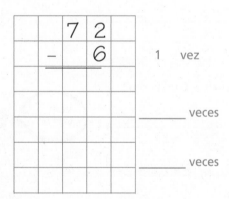

1   vez

_____ veces

_____ veces

C. ¿Puedes llegar a cero sin que sobren ladrillos? Explica.

_____

_____

D. Cuenta la cantidad de veces que restaste 6 fichas. _____

Entonces, hay _____ pilas de 6 ladrillos.

Sacar conclusiones

1. Explica la relación entre el divisor, el dividendo, el cociente y la cantidad de veces que restaste el divisor del dividendo.

_____

_____

2. ¿Qué pasa si restas múltiplos de 6? Completa el ejemplo que está a la derecha.

$$6 \overline{)72}$$
$$-60 \leftarrow \quad \boxed{} \times 6 \quad 10$$
$$-12 \leftarrow \quad \boxed{} \times 6 + \underline{}$$

- ¿Qué múltiplos de 6 usaste? ¿Cómo los usaste?

_____

_____

- ¿Qué números sumaste? ¿Por qué?

_____

_____

- ¿Cómo te ayudó usar múltiplos del divisor?

_____

_____

3. **PIENSA MÁS** ¿Por qué debes restar 10×6 y no 9×6 o 20×6?

_____

_____

_____

Charla matemática

PRÁCTICAS MATEMÁTICAS ④

Usa modelos ¿Cómo te ayudan a dividir los métodos de restar fichas y contar hacia atrás en una recta numérica?

Hacer conexiones

Otra manera de dividir con la resta repetida es usar una recta numérica. Cuenta hacia atrás de 4 en 4 desde 52 para hallar $52 \div 4$.

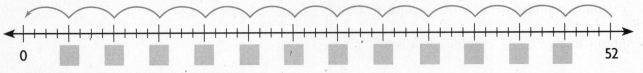

¿Cuántos grupos iguales de 4 restaste? _____

Entonces, $52 \div 4 =$ _____.

Nombre _____

Usa la resta repetida para dividir.

1. 84 ÷ 7 _____

2. 60 ÷ 4 _____

3. 91 ÷ 8 _____

Traza una recta numérica para dividir.

4. 65 ÷ 5 = _____

Resolución de problemas • Aplicaciones En el mundo

5. PRÁCTICA MATEMÁTICA ⑤ **Usa herramientas adecuadas** ¿Puedes dividir 32 entre 3 en partes iguales? Usa la recta numérica para explicar tu respuesta.

0   32

_____

_____

_____

6. MÁS AL DETALLE John tiene $40 para gastar en una venta de garaje. Compra 6 libros a $2 cada uno. Le gustaría gastar el resto de su dinero en carros de juguete para su colección. Si los carros cuestan $7 cada uno, ¿cuántos puede comprar? Explica.

_____

_____

_____

🔑 Soluciona el problema En el mundo

7. **PIENSA MÁS** El nuevo patio de juegos medirá 108 pies de largo. Los constructores deben destinar 9 pies de espacio para cada trepadora. Quieren instalar la mayor cantidad posible de trepadoras a lo largo de todo el patio. ¿Cuántas trepadoras pueden instalar?

a. ¿Qué se te pide que halles?

_____

_____

b. ¿Cómo puedes usar la resta repetida para resolver el problema?

_____

_____

c. Indica por qué podrías usar múltiplos del divisor para resolver el problema.

_____

_____

d. Muestra los pasos para resolver el problema.

e. Completa las oraciones.

Hay _____ partes iguales en el patio de juegos y

cada una mide _____ pies de largo.

Entonces, entran, _____ trepadoras a lo largo de todo el patio de juegos.

---

8. **PIENSA MÁS** ¿Qué modelo se empareja con cada expresión? Escribe la letra en la línea al lado de cada modelo.

 Ⓐ 36 ÷ 3

0   36

_____

Ⓑ 36 ÷ 2

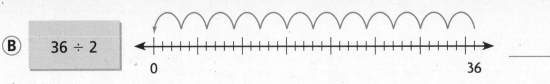

0   36

_____

Dividir usando la resta repetida

Estándares comunes

ESTÁNDAR COMÚN—4.NBT.B.6
*Utilizan la comprensión del valor de
posición y de las propiedades de las
operaciones para efectuar aritmética con
números de dígitos múltiples.*

Usa la resta repetida para dividir.

1. $42 \div 3 = $ _____14_____

2. $72 \div 4 = $ _____

3. $93 \div 3 = $ _____

```
  3)42
  -30   ←10 × 3   10
  ───
   12   ← 4 × 3   +4
  -12             ──
  ───             14
    0
```

4. $35 \div 4$ _____

5. $93 \div 10$ _____

6. $86 \div 9$ _____

Dibuja una recta numérica para dividir.

7. $70 \div 5 = $ _____

Resolución de problemas En el mundo

8. Gretchen tiene 48 conchas pequeñas. Usa
2 conchas para armar un par de aretes. ¿Cuántos
pares de aretes puede armar?

9. [ESCRIBE] ▸*Matemáticas* Muestra cómo puedes
usar la resta repetida para hallar $84 \div 6$.

_____   _____

1. Randall colecciona las tarjetas postales que le envían sus amigos cuando viajan. Puede colocar 6 tarjetas en una página de un álbum de recortes. ¿Cuántas páginas necesita Randall para colocar 42 tarjetas postales?

2. Ari coloca los productos en los estantes de una tienda de comestibles. Coloca 35 latas de jugo en cada estante. El estante tiene 4 hileras iguales y otra hilera con solo 3 latas. ¿Cuántas latas hay en cada una de las hileras iguales?

Repaso en espiral (4.OA.A.3, 4.NBT.A.1, 4.NBT.B.5, 4.NBT.B.6)

3. Fiona ordenó sus CD en estuches separados. Colocó 4 CD en cada estuche. Si tiene 160 CD, ¿cuántos estuches llenó?

4. Ramón dispone 39 libros en 3 estantes. Si coloca la misma cantidad de libros en cada estante, ¿cuántos libros habrá en cada estante?

5. Una boa constrictor recién nacida mide 18 pulgadas de largo. Una boa constrictor adulta mide 9 veces la longitud de una boa constrictor recién nacida más 2 pulgadas. ¿Cuánto mide la boa adulta?

6. Madison tiene 6 rollos de monedas. En cada rollo hay 20 monedas. ¿Cuántas monedas tiene Madison en total?

PRACTICA MÁS CON EL
Entrenador personal
en matemáticas

Nombre _____

Dividir usando cocientes parciales

Pregunta esencial ¿Cómo puedes usar cocientes parciales para dividir entre divisores de 1 dígito?

Estándares comunes Números y operaciones en base diez—4.NBT.B.6
PRÁCTICAS MATEMÁTICAS
MP2, MP6, MP8

Soluciona el problema

En un campamento hay 5 jugadores en cada equipo de *lacrosse*. Si hay 125 personas en los equipos de *lacrosse*, ¿cuántos equipos hay?

- Subraya lo que tienes que hallar.
- Encierra en un círculo lo que debes usar.
- ¿Qué operación puedes usar para hallar la cantidad de equipos?

_____

De una manera Usa cocientes parciales.

En el método de división de **cocientes parciales,** los múltiplos del divisor se restan del dividendo y luego se suman los cocientes parciales.

Divide. $125 \div 5$ **Escribe.** $5\overline{)125}$

PASO 1

Comienza por restar un múltiplo mayor, como 10 veces el divisor. Por ejemplo, sabes que puedes formar al menos 10 equipos de 5 jugadores.

Continúa restando hasta que el número que quede sea menor que el múltiplo, 50.

_____

PASO 2

Resta múltiplos menores, como 5 veces, 2 veces o 1 vez el divisor, hasta que el número que quede sea menor que el divisor. En otras palabras, continúa hasta que no tengas más jugadores para formar un equipo.

Luego suma los cocientes parciales para hallar el cociente.

Entonces, hay _____ equipos de *lacrosse*.

Cocientes parciales

$$5\overline{)125} \quad \downarrow$$
$$-\underline{} \quad 10 \times \underline{} \quad 10$$
$$\phantom{-\underline{00}}$$
$$-\underline{} \quad 10 \times \underline{} \quad 10$$
$$\phantom{-\underline{00}}$$
$$-\underline{} \quad 5 \times \underline{} \quad \underline{+5}$$
$$\phantom{-\underline{00}}$$

Charla matemática

PRÁCTICAS MATEMÁTICAS ⑧

Usa el razonamiento repetitivo ¿Cómo usaste los cocientes parciales para resolver el problema?

🔐 De otra manera Usa modelos rectangulares para anotar los cocientes parciales.

Jarod y Ana también hallaron la cantidad de equipos usando cocientes parciales. Usaron modelos rectangulares para anotar los cocientes parciales. A cada uno le sigue dando que el cociente es 25.

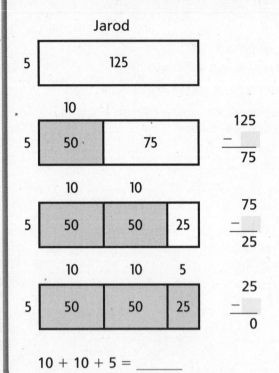

$$10 + 10 + 5 = \underline{\hspace{1cm}}$$

$$20 + 5 = \underline{\hspace{1cm}}$$

Charla matemática

Razona de forma abstracta
¿Por qué preferirías un método o el otro?

Comparte y muestra

1. El *lacrosse* se juega en un campo de 330 pies de largo. ¿Cuántas yardas de largo mide un campo de *lacrosse*? (3 pies = 1 yarda)

   Divide. Usa cocientes parciales.

   $$3 \overline{)330}$$

   $-$ ▢ $100 \times$ ▢ 100

   ▢

   ▢ $10 \times$ ▢ $+ 10$

   ▢

   Entonces, el campo de *lacrosse* mide _____ yardas de largo.

Nombre _____

Divide. Usa cocientes parciales.

✓ 2. 3)225

Divide. Usa modelos rectangulares para anotar los cocientes parciales.

✓ 3. 428 ÷ 4 = _____

PRÁCTICAS MATEMÁTICAS ⑥

Charla matemática

Haz conexiones ¿Cómo podrías resolver los problemas 2 y 3 de otra manera?

Por tu cuenta

Divide. Usa cocientes parciales.

4. 9)198

5. 7)259

6. 8)864

7. 6)738

Divide. Usa modelos rectangulares para anotar los cocientes parciales.

8. 328 ÷ 2 = _____

9. 475 ÷ 5 = _____

10. 219 ÷ 3 = _____

11. 488 ÷ 4 = _____

12. **PRÁCTICA MATEMÁTICA ②** **Usa el razonamiento** ¿Cuál es el número menor que puedes dividir entre 5 para obtener un cociente de tres dígitos? Explica cómo hallaste tu resultado.

_____

_____

_____

Estándares comunes

Resolución de problemas • Aplicaciones  En el mundo

Usa la tabla para resolver los problemas 13 a 15.

13. Rob quiere colocar 8 tarjetas de béisbol en cada página de un álbum. ¿Cuántas páginas llenará?

_____

14. _MÁS AL DETALLE_ Rob llenó 5 cajas plásticas con tarjetas de básquetbol con la misma cantidad de tarjetas en cada caja. ¿Cuántas tarjetas puso en cada caja? ¿Cuántas tarjetas le quedaron afuera?

_____

Colección de tarjetas de deportes de Rob	
Deporte	**Cantidad de tarjetas**
Béisbol	248
Básquetbol	189
Fútbol americano	96
Hockey	64

15. _PIENSA MÁS_ Rob llenó 3 cajas plásticas menos con tarjetas de fútbol americano que con tarjetas de básquetbol. Llenó 9 cajas con tarjetas de básquetbol. ¿Cuántas cajas llenó con tarjetas de fútbol americano? ¿Cuántas tarjetas de fútbol americano había en cada caja?

_____

16. _MÁS AL DETALLE_ Marshall puede comprar 5 camisetas por $60. Si cada camiseta cuesta lo mismo, ¿cuál es el costo de 4 camisetas?

ESCRIBE ▸ _Matemáticas_ · · · · · · · · · · ·
Muestra tu trabajo

17. _PIENSA MÁS_ Usa cocientes parciales. Completa los espacios en blanco.

$$5\overline{)485}$$

$$-\ \boxed{}\qquad 80 \times 5$$

$$-\ \boxed{}\qquad 10 \times 5$$

$$\boxed{}$$

$$-\ \boxed{}\qquad 7 \times 5\quad +\ \underline{}$$

$$\boxed{}$$

Dividir usando cocientes parciales

Estándares comunes

ESTÁNDAR COMÚN—4.NBT. B.6
Utilizan la comprensión del valor de posición y de las propiedades de las operaciones para efectuar aritmética con números de dígitos múltiples.

Divide. Usa cocientes parciales.

1. $8\overline{)184}$

$-80 \quad 10 \times 8 \quad 10$
$\overline{104}$
$-80 \quad 10 \times 8 \quad 10$
$\overline{24}$
$-24 \quad 3 \times 8 \quad +3$
$\overline{0} \qquad\qquad\quad \overline{23}$

2. $6\overline{)258}$

3. $5\overline{)630}$

Divide. Usa modelos rectangulares para anotar los cocientes parciales.

4. $246 \div 3 =$ _____

5. $126 \div 2 =$ _____

6. $605 \div 5 =$ _____

Divide. Usa cualquiera de las maneras para anotar los cocientes parciales.

7. $492 \div 3 =$ _____

8. $198 \div 9 =$ _____

9. $692 \div 4 =$ _____

Resolución de problemas

10. Allison tomó 112 fotografías en sus vacaciones. Quiere colocarlas en un álbum de fotografías en el que caben 4 fotografías en cada página. ¿Cuántas páginas puede completar?

_____

11. ESCRIBE *Matemáticas* Explica cómo usas los cocientes parciales para dividir 235 entre 5.

_____

_____

_____

Repaso de la lección (4.NBT.B.6)

1. Annaka usó cocientes parciales para dividir 145 ÷ 5. ¿Qué cocientes parciales puede haber usado Annaka?

_____

_____

2. Mel usó cocientes parciales para hallar el cociente de 378 ÷ 3. ¿Cuáles podrían ser los cocientes parciales que halló Mel?

_____

_____

Repaso en espiral (4.NBT.B.5, 4.NBT.B.6)

3. ¿Cuáles son los productos parciales de 42 × 5?

_____

4. El Sr. Watson compra 4 galones de pintura a $34 el galón. ¿Cuánto gasta en pintura el Sr. Watson?

_____

5. Usa el modelo de área para hallar el producto de 28 × 32.

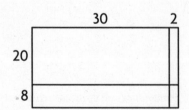

_____

6. Un león macho adulto come alrededor de 108 libras de carne por semana. ¿Aproximadamente cuánta carne come un león macho adulto por día?

_____

_____

PRACTICA MÁS CON EL
Entrenador personal
en matemáticas

Representar la división usando la reagrupación

Estándares comunes · Números y operaciones en base diez—4.NBT.B.6

PRÁCTICAS MATEMÁTICAS
MP1, MP2, MP4

Pregunta esencial ¿Cómo puedes usar bloques de base diez para representar la división usando la reagrupación?

Investigar

Manos a la obra

Materiales ■ bloques de base diez

La bibliotecaria quiere repartir 54 libros en partes iguales entre 3 clases. ¿Cuántos libros le dará a cada clase?

A. Dibuja 3 círculos para representar las clases. Luego usa bloques de base diez para representar 54. Representa 54 como 5 decenas y 4 unidades.

B. Divide las decenas en partes iguales entre los 3 grupos.

C. Si quedan decenas, reagrúpalas en unidades. Divide las unidades en partes iguales entre los 3 grupos.

D. Hay _____ decena(s) y _____ unidad(es) en cada grupo.

Entonces, la bibliotecaria le dará _____ libros a cada clase.

Sacar conclusiones

1. _PIENSA MÁS_ Explica por qué debiste reagrupar en el Paso C.

_____

_____

2. ¿Cómo puedes usar bloques de base diez para hallar el cociente de $92 \div 4$?

_____

_____

_____

_____

Hacer conexiones

Usa el dibujo rápido que está en la parte inferior de la página
como ayuda para dividir. Anota cada paso.

Halla 76 ÷ 3.

PASO 1

Representa 76 como 7 decenas y 6 unidades.
Traza tres círculos para representar grupos iguales.

$$3\overline{)76}$$

PASO 2

Divide las 7 decenas en partes iguales entre los 3 grupos.
Tacha las decenas que uses.

Hay _____ decenas en cada grupo.

Se usaron _____ decenas. Queda _____ decena.

decenas en cada grupo

decenas usadas

decena que queda

PASO 3

Una decena no se puede dividir entre 3 grupos
sin reagrupar.
Dibuja 10 unidades para reagrupar 1 decena.

Ahora hay _____ unidades para repartir.

$$\begin{array}{r} 2 \\ 3\overline{)76} \\ -6 \end{array}$$

unidades para repartir

PASO 4

Divide las unidades en partes iguales entre los 3 grupos.
Tacha las unidades que uses.

Hay _____ unidades en cada grupo.

Se usaron _____ unidades. Queda _____ unidad.

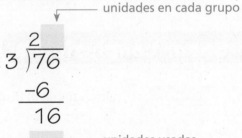

unidades en cada grupo

$$\begin{array}{r} 2 \\ 3\overline{)76} \\ -6 \\ \hline 16 \end{array}$$

unidades usadas

unidad que queda

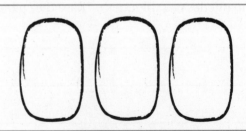

Hay 3 grupos de _____ y queda _____ unidad.

Entonces, para 76 ÷ 3, el cociente es _____ y el residuo es _____ .

Se puede escribir como _____ .

Charla matemática

PRÁCTICAS MATEMÁTICAS ④

Interpreta el resultado ¿Por qué divides las decenas en partes iguales entre los grupos antes de dividir las unidades?

Nombre _____

Divide. Usa bloques de base diez.

1. 48 ÷ 3 _____

2. 84 ÷ 4 _____

3. 72 ÷ 5 _____

4. Divide. Haz un dibujo rápido. Anota los pasos.

84 ÷ 3 _____

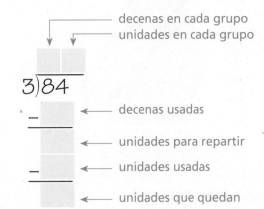

decenas en cada grupo
unidades en cada grupo

3)84

← decenas usadas

← unidades para repartir

← unidades usadas

← unidades que quedan

Resolución de problemas • Aplicaciones

5. **ESCRIBE** *Matemáticas* Explica por qué en el Ejercicio 2 no tuviste que reagrupar.

_____

6. **MÁS AL DETALLE** Mindy prepara cajones de frutas para regalar. Divide 36 manzanas en partes iguales entre 6 cajones. Luego divide 54 plátanos en partes iguales entre los mismos 6 cajones. ¿Cuántas frutas hay en cada uno de los cajones de Mindy?

_____

7. **PIENSA MÁS** Ami necesita dividir estos bloques de base diez en 4 grupos iguales.

Describe un modelo que muestre cuántos hay en cada grupo.

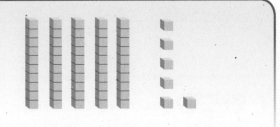

¿Tiene sentido?

8. **PIENSA MÁS** Ángela y Zach hicieron dibujos rápidos para hallar
$68 \div 4$. ¿Qué dibujo tiene sentido? ¿Qué dibujo no tiene sentido?
Explica tu razonamiento.

Dibujé 1 decena y
2 unidades en
cada grupo.

Dibujé 1 decena y
7 unidades en
cada grupo.

Dibujo rápido de Ángela

_____

_____

_____

_____

_____

Dibujo rápido de Zach

_____

_____

_____

_____

_____

9. **PRÁCTICA MATEMÁTICA ❶ Analiza** ¿Qué olvidó hacer Ángela después de dividir las
decenas en partes iguales entre los 4 grupos?

_____

_____

Representar la división usando la reagrupación

 ESTÁNDAR COMÚN—4.NBT.B.6
Utilizan la comprensión del valor de posición y de las propiedades de las operaciones para efectuar aritmética con números de dígitos múltiples.

Divide. Usa bloques de base diez.

1. $63 \div 4$ ____15 r3____

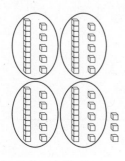

2. $83 \div 3$ _____

Divide. Haz dibujos rápidos. Anota los pasos.

3. $85 \div 5$ _____

4. $97 \div 4$ _____

Resolución de problemas · En el mundo

5. Tamara vendió 92 bebidas frías durante su turno de 2 horas en un puesto de comidas de un festival. Si vendió la misma cantidad de bebidas cada hora, ¿cuántas bebidas frías vendió por hora?

_____

6. **ESCRIBE** *Matemáticas* Escribe un problema de división que tenga un dividendo de 2 díigtos y un divisor de 1 dígito. Muestra cómo usar un dibujo rápido para resolverlo.

_____

Repaso de la lección (4.NBT.B.6)

1. Gail compró 80 botones para colocar en las camisas que confecciona. Usa 5 botones en cada camisa. ¿Cuántas camisas puede confeccionar Gail con los botones que compró?

2. Marty contó la cantidad de veces que respiró en 3 minutos. Durante ese tiempo, respiró 51 veces. Respiró la misma cantidad de veces cada minuto. ¿Cuántas veces respiró Marty en un minuto?

Repaso en espiral (4.NBT.B.4, 4.NBT.B.5, 4.NBT.B.6)

3. Kate está resolviendo rompecabezas. Resolvió 6 rompecabezas en 72 minutos. ¿Cuánto tiempo tardó en resolver cada rompecabezas?

4. Jenny trabaja en una tienda de reparto de paquetes. Coloca los adhesivos de envío en los paquetes. Se necesitan 5 adhesivos para cada paquete. ¿Cuántos adhesivos usará Jenny para enviar 105 paquetes?

5. Una empresa de rompecabezas empaca rompecabezas de tamaño estándar en cajas en las que caben 8 rompecabezas. ¿Cuántas cajas se necesitarían para empacar 192 rompecabezas de tamaño estándar?

6. El monte Whitney, en California, mide 14,494 pies de altura. El monte McKinley, en Alaska, mide 5,826 pies más que el monte Whitney. ¿Cuánto mide el monte McKinley?

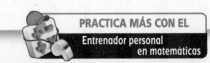

PRACTICA MÁS CON EL
Entrenador personal
en matemáticas

Nombre _____

Colocar el primer dígito

Pregunta esencial ¿Cómo puedes usar el valor posicional para saber dónde colocar el primer dígito del cociente?

Estándares comunes Números y operaciones en base diez—4.NBT.B.6
PRÁCTICAS MATEMÁTICAS
MP3, MP6, MP7

Soluciona el problema

Víctor tomó 144 fotografías con una cámara digital.
Las fotografías deben disponerse en partes iguales en 6 álbumes.
¿Cuántas fotografías habrá en cada álbum?

- Subraya lo que te piden que halles.
- Encierra en un círculo lo que debes usar.

Ejemplo 1 Divide. 144 ÷ 6

PASO 1 Usa el valor posicional para colocar el primer dígito.

Observa las centenas que hay en 144.

1 centena no se puede dividir entre 6 grupos sin reagrupar.

Reagrupa 1 centena en 10 decenas.

Ahora hay _____ decenas para dividir entre 6 grupos.

El primer dígito del cociente estará ubicado en el lugar

de las _____.

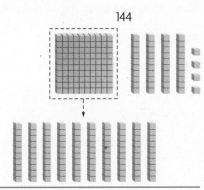

144

PASO 2 Divide las decenas.

$$6)\overline{144}$$ con cociente 2

Divide. 14 decenas ÷ 6

Multiplica. 6 × 2 decenas

Resta. 14 decenas − 12 decenas
Comprueba. 2 decenas no se pueden dividir entre 6 grupos sin reagrupar.

PASO 3 Divide las unidades.

Reagrupa 2 decenas en 20 unidades.

Ahora hay _____ unidades para dividir entre 6 grupos.

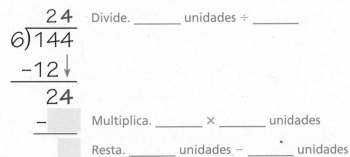

Divide. _____ unidades ÷ _____

Multiplica. _____ × _____ unidades

Resta. _____ unidades − _____ unidades
Comprueba. 0 unidades no se pueden dividir entre 6 grupos.

Idea matemática

Después de dividir cada lugar, el residuo debe ser menor que el divisor.

 PRÁCTICAS MATEMÁTICAS ③

Aplica ¿Cómo cambiaría el resultado si Víctor tuviera 146 fotografías?

Entonces, habrá _____ fotografías en cada álbum.

🔒 Ejemplo 2 Divide. 287 ÷ 2

Omar tiene 287 fotografías de animales. Si quiere colocarlas en 2 grupos del mismo tamaño, ¿cuántas fotografías habrá en cada grupo?

PASO 1

Usa el valor posicional para colocar el primer dígito.
Observa las centenas que hay en 287.
2 centenas se pueden dividir entre 2 grupos.

Entonces, el primer dígito del cociente estará ubicado en el lugar de las _____.

PASO 2

Divide las centenas.

$$2\overline{)287} \quad \overset{1}{}$$

Divide. 2 centenas ÷ 2

Multiplica. 2 × 1 centena

Resta. 2 centenas − 2 centenas

Quedan 0 centenas.

PASO 3

Divide las decenas.

$$2\overline{)287} \quad \overset{14}{}$$
$$-2$$
$$0$$

Divide. _____ decenas ÷ _____

Multiplica. _____ × _____ decenas

Resta. _____ decenas − _____ decenas Quedan 0 decenas.

PASO 4

Divide las unidades.

$$2\overline{)287} \quad \overset{143\,r1}{}$$
$$-2$$
$$08$$
$$-8$$
$$07$$

Divide. _____ unidades ÷ _____

Multiplica. _____ × _____ unidades

Resta. _____ unidades − _____ unidades

1 unidad no se puede dividir en partes iguales entre 2 grupos.

Entonces, habrá _____ fotografías en cada grupo y quedará 1 fotografía.

Nombre _____

1. Hay 452 ilustraciones de perros repartidas entre 4 grupos iguales. ¿Cuántas ilustraciones hay en cada grupo? Explica cómo puedes usar el valor posicional para colocar el primer dígito del cociente.

$$4\overline{)452}$$

_____

_____

Divide.

2. $4\overline{)166}$ 3. $5\overline{)775}$

> **Charla matemática**
>
> **PRÁCTICAS MATEMÁTICAS 7**
>
> **Busca estructuras** ¿Cómo supiste dónde colocar el primer dígito del cociente en el Ejercicio 2?

Por tu cuenta

Divide.

4. $4\overline{)284}$ 5. $5\overline{)394}$ 6. $3\overline{)465}$ 7. $8\overline{)272}$

Práctica: Copia y resuelve **Divide.**

8. $516 \div 2$ 9. $516 \div 3$ 10. $516 \div 4$ 11. $516 \div 5$

12. **PRÁCTICA MATEMÁTICA 6** Vuelve a mirar tus resultados en los ejercicios 8 a 11. ¿Qué pasa con el cociente cuando aumenta el divisor? **Explica.**

_____

_____

13. **MÁS AL DETALLE** Reggie tiene 192 imágenes de animales. Quiere guardar la mitad y dividir el resto en partes iguales entre tres amigos. ¿Cuántas imágenes le dará a cada amigo?

14. **MÁS AL DETALLE** Al teatro van a ir 146 estudiantes, 5 maestros y 8 acompañantes. Para reservar las butacas, deben reservar hileras enteras. Cada hilera tiene 8 butacas. ¿Cuántas hileras deben reservar?

Soluciona el problema En el mundo

15. PIENSA MÁS Nan quiere poner 234 fotografías en un álbum de tapa azul. ¿Cuántas páginas completas habrá en su álbum?

a. ¿Qué debes hallar?

_____

b. ¿Cómo usarás la división para hallar la cantidad de páginas completas?

_____

_____

_____

Álbumes de fotografías

Color de la tapa	Fotografías por página
Azul	4
Verde	6
Rojo	8

c. Muestra los pasos que seguirás para resolver el problema.

d. Completa las siguientes oraciones.

Nan tiene _____ fotografías.

Quiere poner las fotografías en un álbum

en el que en cada página caben _____ fotografías.

Nan tendrá un álbum con _____ páginas

completas y _____ fotografías en otra página.

16. MÁS AL DETALLE El Sr. Parsons compró 293 manzanas con las que hará pasteles para su local. Se necesitan seis manzanas para cada pastel. Si el Sr. Parsons hace la mayor cantidad posible de pasteles, ¿cuántas manzanas quedarán?

_____

17. PIENSA MÁS Carol necesita dividir 320 adhesivos en partes iguales entre 4 clases. ¿En qué lugar está el primer dígito del cociente? Elige la palabra que completa la oración.

El primer dígito del cociente está

en el lugar de las

unidades
decenas
centenas
millares

.

Nombre _____

Colocar el primer dígito

ESTÁNDAR COMÚN—4.NBT.B.6
Utilizan la comprensión del valor de posición y de las propiedades de las operaciones para efectuar aritmética con números de dígitos múltiples.

Estándares comunes

Divide.

1.
$$
\begin{array}{r}
62 \\
3\overline{)186} \\
-18\ \downarrow \\
\hline
06 \\
-6 \\
\hline
0
\end{array}
$$

2. $4\overline{)298}$

3. $3\overline{)461}$

4. $9\overline{)315}$

5. $2\overline{)988}$

6. $4\overline{)604}$

7. $6\overline{)796}$

8. $5\overline{)449}$

Resolución de problemas

9. En la feria de ciencias hay 132 proyectos. Si en una hilera caben 8 proyectos, ¿cuántas hileras de proyectos completas se pueden formar? ¿Cuántos proyectos hay en la hilera que no está completa?

10. En seis botellas de jugo de manzana de 10 onzas hay 798 calorías. ¿Cuántas calorías hay en una botella de jugo de manzana de 10 onzas?

_____

_____

11. **ESCRIBE** ▸*Matemáticas* Escribe un problema de división que tenga un cociente de 2 dígitos y otro problema de división que tenga un cociente de 3 dígitos. Explica cómo elegiste los divisores y dividendos.

_____

_____

_____

Repaso de la lección (4.NBT.B.6)

1. Para dividir 572 ÷ 4, Stanley estimó el lugar del primer dígito del cociente. ¿En qué lugar está el primer dígito del cociente?

_____

2. Onetta recorrió en bicicleta 325 millas en 5 días. Si recorrió la misma cantidad de millas todos los días, ¿cuánto recorrió por día?

_____

Repaso en espiral (4.NBT.B.5, 4.NBT.B.6)

3. Marta arma collares de cuentas que luego vende a $32 cada uno. ¿Aproximadamente cuánto dinero ganará Marta si vende 36 collares en la feria de arte local?

_____

_____

4. Estima el producto de 54 × 68.

_____

_____

5. La Sra. Eisner paga $888 por pasar 6 noches en un hotel. ¿Cuánto paga la Sra. Eisner por noche?

6. ¿Qué división se muestra en el modelo?

_____

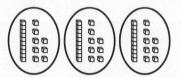

PRACTICA MÁS CON EL
Entrenador personal
en matemáticas

Nombre _____

Dividir entre números de 1 dígito

Pregunta esencial ¿Cómo puedes dividir números de varios dígitos y comprobar tus resultados?

Estándares comunes **Números y operaciones en base diez—4.NBT.B.6**
PRÁCTICAS MATEMÁTICAS
MP5, MP7, MP8

Soluciona el problema

Los estudiantes de tercer, cuarto y quinto grado hicieron 525 animales de *origami* para exhibir en la biblioteca. Cada grado hizo la misma cantidad de animales. ¿Cuántos animales hizo cada grado?

🔑 Ejemplo 1 Divide. 525 ÷ 3

PASO 1 Usa el valor posicional para colocar el primer dígito. Observa las centenas que hay en 525. 5 centenas se pueden dividir entre 3 grupos sin reagrupar. El primer dígito del cociente estará en el lugar de las _____.

_____

Charla matemática

PRÁCTICAS MATEMÁTICAS ⑧

Usa el razonamiento repetitivo En el paso de comprobación, ¿qué harías si el número fuera mayor que el divisor?

PASO 2 Divide las centenas.

$$\begin{array}{r} 1 \\ 3\overline{)525} \\ - \end{array}$$

Divide. Divide _____ centenas en partes iguales entre _____ grupos.

Multiplica. _____ × _____

Resta. _____ − _____

Comprueba. _____ centenas no se pueden dividir entre 3 grupos sin reagrupar.

PASO 3 Divide las decenas.

$$\begin{array}{r} 17 \\ 3\overline{)525} \\ -3\downarrow \\ \hline 22 \\ - \end{array}$$

Divide. Divide _____ en partes iguales entre _____ grupos.

Multiplica. _____

Resta. _____ − _____

Comprueba. _____
_____
_____

PASO 4 Divide las unidades.

$$\begin{array}{r} 175 \\ 3\overline{)525} \\ -3 \\ \hline 22 \\ -21\downarrow \\ \hline 15 \\ - \end{array}$$

Divide. Divide _____ en partes iguales entre _____ grupos.

Multiplica. _____

Resta. _____ − _____

Comprueba. Quedan. _____

Entonces, cada clase hizo _____ animales de *origami*.

Hay 8,523 hojas de papel para hacer *origami* que se deben repartir en partes iguales entre 8 escuelas. ¿Cuántas hojas recibirá cada escuela?

🔑 Ejemplo 2 Divide. 8,523 ÷ 8

PASO 1 Usa el valor posicional para colocar el primer dígito.

Observa los millares que hay en 8,523. 8 millares se pueden dividir entre 8 grupos sin reagrupar.

El primer dígito del cociente estará en

el lugar de los _____.

PASO 2 Divide los millares. _____

PASO 3 Divide las centenas. _____

PASO 4 Divide las decenas. _____

PASO 5 Divide las unidades. _____

Entonces, cada escuela obtendrá _____ hojas.

Quedarán _____ hojas.

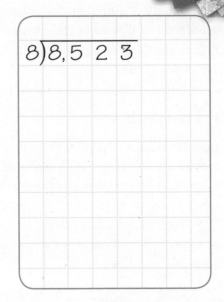

$$8\overline{)8,5\ 2\ 3}$$

Para evitar errores

Cuando un lugar del dividendo no pueda dividirse entre el divisor, coloca un cero en el cociente.

RELACIONA La división y la multiplicación son operaciones inversas. Puedes usar la multiplicación para comprobar el resultado de un ejercicio de división.

Multiplica el cociente por el divisor. Si hay residuo, súmalo al producto. El resultado debe ser igual al dividendo.

Divide.

cociente → 1,065 r3 ← residuo
divisor → 8)8,523 ← dividendo

Comprueba.

```
        1,065   ← cociente
   ×        8   ← divisor
        8,520
   +        3   ← residuo
        8,523   ← dividendo
```

Con la comprobación se muestra que la división es correcta.

Nombre _____

1. Ollie usó 852 cuentas para hacer 4 pulseras. Puso la misma cantidad de cuentas en cada pulsera. ¿Cuántas cuentas hay en cada pulsera? Comprueba tu resultado.

Divide.

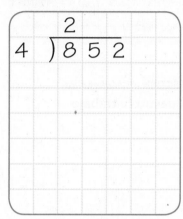

$$4 \overline{)852}$$ con 2 en el cociente

Comprueba.

Charla matemática

PRÁCTICAS MATEMÁTICAS ⑦

Identifica las relaciones
¿Cómo puedes comprobar si tu cociente es correcto?

Entonces, cada pulsera tiene _____ cuentas.

Divide y comprueba.

2. $2 \overline{)394}$ ✓ 3. $2 \overline{)803}$ ✓ 4. $4 \overline{)3,448}$

Por tu cuenta

Divide y comprueba.

5. $2 \overline{)816}$ 6. $4 \overline{)709}$ 7. $3 \overline{)267}$

8. **MÁS AL DETALLE** La florería recibió un envío de 248 rosas rosadas y 256 rosas rojas. El dueño de la florería usa 6 rosas para hacer un arreglo. ¿Cuántos arreglos puede hacer si usa todas las rosas?

_____

Resolución de problemas • Aplicaciones En el mundo

Usa la tabla para resolver los problemas 9 a 11.

9. **PIENSA MÁS** Cuatro maestros compraron
10 libros sobre *origami* y 100 paquetes de papel para
origami para sus clases. Los cuatro maestros
repartirán el costo de los artículos en partes iguales.
¿Cuánto debería pagar cada maestro?

La tienda artística	
Artículo	**Precio**
Libro sobre *origami*	$24 cada uno
Papel para *origami*	$6 por paquete
Kit para *origami*	$8 cada uno

_____

10. **PRÁCTICA MATEMÁTICA ⑤ Comunica** Seis estudiantes repartieron en partes
iguales el costo de 18 unidades de uno de los artículos de la tabla.
Cada estudiante pagó $24. ¿Qué artículo compraron? Explica cómo
hallaste tu respuesta.

ESCRIBE *Matemáticas*
Muestra tu trabajo

_____

_____

_____

_____

11. La Sra. Álvarez puede gastar $1,482 en papel para *origami*. ¿Cuántos
paquetes puede comprar?

_____

12. **MÁS AL DETALLE** Evan hizo grullas de *origami* con papel rojo, azul y
amarillo. Hay la misma cantidad de grullas de cada color. Si hay
342 grullas, ¿cuántas son azules o amarillas?

_____

13. **PIENSA MÁS** El lunes, 336 niños de cuarto grado fueron a una
excursión al parque local. Los maestros dividieron a los estudiantes
en 8 grupos.

Usa una operación básica. Estima la cantidad de estudiantes de
cada grupo. Muestra tu trabajo.

_____

Dividir entre números de 1 dígito

Estándares comunes   **ESTÁNDAR COMÚN—4.NBT.B.6**
Utilizan la comprensión del valor de posición y de las propiedades de las operaciones para efectuar aritmética con números de dígitos múltiples.

Divide y comprueba.

1.
```
        318
     2)636
      -6↓
        03
       -2↓
        16
       -16
         0
```
```
    318
  ×   2
    636
```

2. 4)631

3. 8)906

Resolución de problemas ·En el mundo·

Usa la tabla para resolver los problemas 4 y 5.

4. La familia Brigg alquiló un carro por 5 semanas. ¿Cuánto costó alquilar el carro por semana?

_____

5. La familia Lester alquiló un carro por 4 semanas. La familia Santos alquiló un carro por 2 semanas. ¿A qué familia le costó menos el alquiler por semana? **Explica.**

_____

_____

Costo del alquiler de carros	
Familia	**Costo total**
Lester	$632
Brigg	$985
Santos	$328

6. **ESCRIBE** ▸*Matemáticas* Josey obtuvo el resultado 167 r4 para la división 3)505 . Explica y corrige el error de Josey.

_____

_____

_____

_____

_____

Repaso de la lección (4.NBT.B.6)

1. Escribe una expresión que se pueda usar para comprobar el cociente de 646 ÷ 3.

_____

_____

2. Hay 8 voluntarios para una maratón solidaria en televisión. El objetivo del evento es recaudar $952. Si cada voluntario recauda la misma cantidad de dinero, ¿cuál es la cantidad de dinero mínima que cada uno debe recaudar para lograr el objetivo?

_____

Repaso en espiral (4.OA.A.3, 4.NBT.B.5, 4.NBT.B.6)

3. ¿Qué producto se muestra en el modelo?

_____

4. Se encargaron 26 cajas de CD para la sala de computación de una escuela secundaria. En cada caja había 50 CD. ¿Cuántos CD se encargaron para la sala de computación?

_____

5. Escribe un problema de división que tenga un cociente cuyo primer dígito se encuentre en el lugar de las centenas.

_____

_____

6. Sharon tiene 64 onzas fluidas de jugo. Va a usar el jugo para llenar tantos vasos de 6 onzas como sea posible. Beberá el jugo que sobre. ¿Cuánto jugo beberá Sharon?

_____

PRACTICA MÁS CON EL
Entrenador personal
en matemáticas

© Houghton Mifflin Harcourt Publishing Company

Nombre _____

Resolución de problemas • Problemas de división de varios pasos

Pregunta esencial ¿Cómo puedes usar la estrategia *hacer un diagrama* para resolver problemas de división de varios pasos?

Estándares comunes — Operaciones y pensamiento algebraico—
4.OA.A.2 También 4.OA.A.3, 4.NBT.B.6
PRÁCTICAS MATEMÁTICAS
MP1, MP4, MP5

Soluciona el problema

Lucía juntó 3 veces más maíz que Eli. En total, juntaron 96 espigas de maíz. Eli quiere dividir la cantidad de espigas que juntó en partes iguales entre 8 bolsas. ¿Cuántas espigas de maíz colocará Eli en cada una de las 8 bolsas?

Lee el problema

¿Qué debo hallar?

Debo hallar la cantidad de _____ que habrá en cada bolsa.

¿Qué información debo usar?

Lucía juntó _____ veces más maíz que Eli. En total, juntaron _____ espigas de maíz. La cantidad de espigas que juntó Eli se divide en partes iguales entre _____ bolsas.

¿Cómo usaré la información?

Haré un modelo de barras de cada paso para visualizar la información. Luego _____ para hallar la cantidad de espigas que juntó Eli y _____ para hallar la cantidad que habrá en cada bolsa.

Resuelve el problema

Puedo hacer modelos de barras para visualizar la información dada.

Primero, representaré y compararé para hallar la cantidad de espigas de maíz que juntó Eli.

El de Lucía · [ ][ ][ ] ⎤
⎟ 96
El de Eli · [ ] ⎦

96 ÷ 4 = _____
↑
cantidad de partes

Luego representaré y dividiré para hallar cuántas espigas pondrá Eli en cada bolsa.

[ ][ ][ ][ ][ ][ ][ ][ ]
⎣_____⎦
24

---

1. ¿Cuántas espigas de maíz pondrá Eli en cada bolsa? _____

2. ¿Cómo puedes comprobar tu resultado? _____

_____

🔒 Haz otro problema

Hay 8 pancitos en un paquete. ¿Cuántos paquetes se necesitarán para alimentar a 64 personas si cada persona come 2 pancitos?

Lee el problema	Resuelve el problema
¿Qué debo hallar?	
¿Qué información debo usar?	
¿Cómo usaré la información?	

3. ¿Cuántos paquetes de pancitos se necesitarán? _____

4. ¿Cómo te ayudó el modelo de barras a resolver el problema?

_____

_____

_____

Charla matemática

PRÁCTICAS MATEMÁTICAS ①

Analiza ¿Qué otro método podrías haber usado para resolver el problema?

Comparte y muestra

Nombre _____

Soluciona el problema

√ Usa el tablero de matemáticas de Resolución de problemas.

√ Subraya los datos importantes.

√ Elige una estrategia que conozcas.

1. En la despensa de una estación de bomberos hay 52 latas de verduras y 74 latas de sopa. En cada estante entran 9 latas. ¿Cuál es la cantidad mínima de estantes necesarios para guardar todas las latas?

Primero, haz un modelo de barras para representar la cantidad total de latas.

A continuación, suma para hallar la cantidad total de latas.

Luego, haz un modelo de barras para mostrar los estantes necesarios.

Por último, divide para hallar la cantidad de estantes necesarios.

PRÁCTICAS MATEMÁTICAS ❶

Evalúa ¿Cómo podrías comprobar si tu respuesta es correcta?

ESCRIBE *Matemáticas*
Muestra tu trabajo

Entonces, se necesitan _____ estantes para guardar todas las latas.

2. PIENSA MÁS ¿Qué pasaría si entraran 18 latas en cada estante? ¿Cuál sería la cantidad mínima de estantes necesarios? Describe en qué cambiaría tu respuesta.

_____

_____

3. El papá de Julio compró 10 docenas de papas. Las repartió en partes iguales entre 6 bolsas. ¿Cuántas papas hay en cada bolsa?

_____

4. En el vivero, cada árbol pequeño cuesta $125 y cada árbol grande cuesta $225. ¿Cuánto costarán 3 árboles pequeños y 1 grande?

_____

Por tu cuenta

5. **PIENSA MÁS** La Sra. Johnson compró 6 bolsas con globos. Cada bolsa contiene 25 globos. Infla todos los globos y los pone en grupos de 5 globos. ¿Cuántos grupos puede formar?

_____

6. **PIENSA MÁS** La cena para un adulto cuesta $8. Una familia con 2 adultos y 2 niños paga $26 por la cena. ¿Cuánto cuesta la cena para un niño? Explica.

_____

_____

_____

7. **PRÁCTICA MATEMÁTICA ⑤ Comunica** Usa la tabla que está a la derecha. María compró 80 onzas de manzanas. Necesita 10 manzanas para hacer una tarta. ¿Cuántas manzanas quedarán? Explica.

_____

_____

_____

_____

Fruta	Peso promedio
Durazno	6 onzas
Manzana	5 onzas
Ciruela	2 onzas

8. **MÁS AL DETALLE** Taylor tiene 16 tachuelas. Compra 2 paquetes de 36 tachuelas cada uno. ¿Cuántos carteles de venta de garaje puede poner si usa 4 tachuelas por cada cartel?

_____

Entrenador personal en matemáticas

9. **PIENSA MÁS +** Ryan compró 8 docenas de vendajes para el botiquín de primeros auxilios del equipo de atletismo. Los vendajes se dividieron en partes iguales entre 4 cajas.

¿Cuántos vendajes hay en cada caja?

_____

Nombre _____

Resolución de problemas • Problemas de división de varios pasos

ESTÁNDAR COMÚN—4.0A.A.2
Utilizan las cuatro operaciones con números enteros para resolver problemas.

Resuelve. Haz un diagrama como ayuda.

1. Hay 3 bandejas de huevos.
   En cada bandeja hay
   30 huevos. ¿Cuántas
   personas se pueden servir
   si cada una come 2 huevos?

   Piensa: ¿Qué debo hallar?
   ¿Cómo puedo hacer un
   diagrama como ayuda?

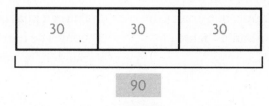

Multiplico para hallar la cantidad total de huevos.

Divido para hallar cuántas personas se pueden servir 2 huevos.

   Se pueden servir 45 personas.

2. Hay 8 lápices en una caja. ¿Cuántas cajas se
   necesitarán para 28 niños si cada uno recibe
   4 lápices?

   _____

3. Hay 3 cajones de mandarinas. En cada cajón hay
   93 mandarinas. Las mandarinas se van a dividir en
   partes iguales entre 9 salones de clases. ¿Cuántas
   mandarinas recibirá cada salón de clases?

   _____

4. **ESCRIBE** ▸*Matemáticas* Escribe un problema de dos pasos que
   puedas resolver usando la estrategia *hacer un diagrama*. Explica
   cómo puedes usar la estrategia para hallar la solución.

   _____

   _____

Repaso de la lección (4.OA.A.3, 4.NBT.B.6)

1. Gavin compra 89 pensamientos azules y 86 pensamientos amarillos. Plantará las flores en 5 hileras con la misma cantidad de plantas en cada una. Dibuja una gráfica de barras para hallar cuántas plantas habrá en cada hilera.

2. Una tienda de mascotas recibe 7 cajas de alimento para gatos. En cada caja hay 48 latas. La tienda quiere almacenar las latas en pilas iguales de 8 latas. Dibuja una gráfica de barras para hallar cuántas pilas se pueden formar.

Repaso en espiral (4.OA.A.3, 4.NBT.B.5, 4.NBT.B.6)

3. ¿Qué producto se muestra en el modelo?

	20	6
10		
4		

4. El Sr. Hatch compró 4 boletos de avión de ida y vuelta a $417 cada uno. También pagó $50 por cargos de equipaje. ¿Cuánto gastó el Sr. Hatch?

_____

_____

5. Mae leyó 976 páginas en 8 semanas. Leyó la misma cantidad de páginas cada semana. ¿Cuántas páginas leyó cada semana?

6. Yolanda y sus 3 hermanos se repartieron una caja con 156 dinosaurios de juguete. ¿Aproximadamente cuántos dinosaurios recibió cada niño?

_____

_____

PRACTICA MÁS CON EL
Entrenador personal
en matemáticas

Repaso y prueba del Capítulo 4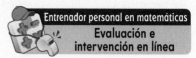

1. Hay 9 presentaciones de una película sobre especies en peligro de extinción en el museo de ciencias. Un total de 459 personas vieron la película. Hubo la misma cantidad de personas en cada presentación. ¿Aproximadamente cuántas personas estuvieron en cada presentación? Selecciona los números entre los cuales se encuentra el cociente.

(A) 40   (B) 50   (C) 60   (D) 70   (E) 80

2. ¿Entre qué dos números se encuentra el cociente de 87 ÷ 5? Escribe los números en las cajas.

5   10   15   20   25

El cociente se encuentra entre ☐ y ☐ .

3. Mira el modelo. ¿Qué división muestra?

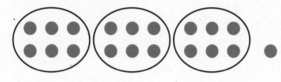

_____ ÷ _____ → _____ r _____

4. En los problemas 4a a 4d, elige Sí o No para indicar si el enunciado de división tiene un residuo.

4a. 28 ÷ 4   ○ Sí   ○ No

4b. 35 ÷ 2   ○ Sí   ○ No

4c. 40 ÷ 9   ○ Sí   ○ No

4d. 45 ÷ 5   ○ Sí   ○ No

Opciones de evaluación
Prueba del capítulo

5. Un guía del parque planea paseos en botes con forma de cisne para 40 personas. Cada bote puede llevar 6 personas. ¿Cuál es la mejor manera de interpretar el residuo en esta situación para que todos den una vuelta en el bote?

_____

6. Nolan divide sus 88 carros de juguete en cajas. Cada caja contiene 9 carros. ¿Cuántas cajas necesita Nolan para guardar todos sus carros?

_____ cajas

7. Un grupo de 140 turistas va a un paseo. El guía turístico alquila 15 camionetas. Cada camioneta lleva a 9 turistas.

Parte A

Escribe un enunciado de división que pueda usarse para hallar el número de camionetas que se necesitan para llevar a los turistas. Luego resuelve.

Parte B

¿Qué significa el residuo en el contexto del problema?

Parte C

¿Cómo puedes usar tu respuesta para determinar si el guía turístico alquiló suficientes camionetas? Explica.

8. Resuelve.

$3,200 \div 8 = $ _____

9. ¿Qué cocientes son iguales a 300? Marca todos los que correspondan.

(A) 1,200 ÷ 4   (C) 2,400 ÷ 8   (E) 90 ÷ 3

(B) 180 ÷ 9   (D) 2,100 ÷ 7   (F) 3,000 ÷ 3

10. Margo estimó que 188 ÷ 5 se halla entre 30 y 40. ¿Qué operaciones básicas usó para estimar? Marca todas las que correspondan.

(A) 10 ÷ 5   (B) 15 ÷ 5   (C) 20 ÷ 5   (D) 25 ÷ 5

11. Matías y su hermano dividieron 2,029 canicas en partes iguales. ¿Aproximadamente cuántas canicas recibió cada uno?

12. En los ejercicios 12a a 12d, elige Sí o No para mostrar cómo usar la propiedad distributiva para descomponer el dividendo y hallar el cociente de 132 ÷ 6.

12a.	$(115 \div 6) + (17 \div 6)$	○ Sí	○ No
12b.	$(100 \div 6) + (32 \div 6)$	○ Sí	○ No
12c.	$(90 \div 6) + (42 \div 6)$	○ Sí	○ No
12d.	$(72 \div 6) + (60 \div 6)$	○ Sí	○ No

13. Hay 136 personas que esperan para pasear en balsa por el río. Cada balsa lleva 8 personas. Silvia usó el cálculo que aparece a continuación para hallar la cantidad de balsas necesarias. Explica cómo se puede usar el cálculo de Silvia para hallar la cantidad de balsas necesarias.

$$
\begin{array}{r}
8\overline{)136} \\
-80 \\
\hline
56 \\
-56 \\
\hline
0
\end{array}
$$

14. Un circo ambulante trae consigo todo lo que necesita para un espectáculo en grandes camiones.

Parte A

El circo ordena sillas en hileras con 9 asientos en cada hilera. ¿Cuántas hileras se necesitarán ordenar si se espera que asistan al espectáculo 513 personas?

_____ hileras

Parte B

¿Se pueden dividir las hileras en un número de secciones iguales? Explica cómo hallaste tu respuesta.

Parte C

Los caballos de circo comen alrededor de 250 libras de alimento de caballos por semana. ¿Aproximadamente cuántas libras de alimento come un caballo de circo por día? Explica.

15. Hilda quiere guardar 825 fotografías digitales en un álbum en línea. En cada carpeta del álbum se pueden guardar 6 fotografías. Usa la división para hallar cuántas carpetas completas tendrá. ¿En qué lugar se encuentra el primer dígito del cociente?

_____

Nombre _____

16. ¿Qué modelo coincide con cada expresión? Escribe la letra en la caja al lado del modelo.

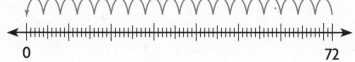

(A) $160 \div 80$　(B) $150 \div 30$　(C) $160 \div 40$　(D) $150 \div 50$

0　　　　　　　　　72　　□

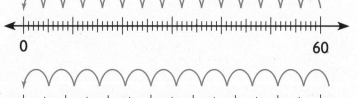

0　　　　　　　　　60　　□

0　　　　　　　　　72　　□

0　　　　　　　　　60　　□

17. Las palomitas de maíz fueron donadas para la feria escolar por 3 vendedores de palomitas de maíz. Donaron un total de 636 bolsas de palomitas de maíz. Cada vendedor donó la misma cantidad de bolsas. ¿Cuántas bolsas de palomitas de maíz donó cada vendedor?

_____ bolsas

18. Usa cocientes parciales. Completa los espacios en blanco.

$$8\overline{)832}$$

$-$ _____　　100×8　　_____

　　_____

$-$ _____　　4×8　　_____

　　_____

19. Zack necesita dividir estos bloques de base diez en 3 grupos iguales.

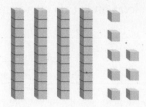

Dibuja o describe un modelo para mostrar cuántos hay en cada grupo.

20. Jim necesita dividir 750 cuponeras de descuento en partes iguales entre 9 tiendas. ¿En qué lugar se encuentra el primer dígito del cociente? Elige la palabra que completa la oración y la hace verdadera.

El primer dígito del cociente está en el lugar de las

| unidades |
| decenas |
| centenas |
| millares |

.

Entrenador personal en matemáticas

21. PIENSA MÁS Úrsula compró 9 docenas de rollos de cinta de primeros auxilios para la enfermería. Los rollos se dividieron en partes iguales entre 4 cajas. ¿Cuántos rollos hay en cada caja?

_____ rollos

22. MÁS AL DETALLE Hay 112 asientos en el auditorio de la escuela. Hay 7 asientos en cada hilera. Hay 70 personas sentadas, que llenan hileras completas de asientos. ¿Cuántas hileras están vacías?

_____ hileras

Capítulo 5 — Factores, múltiplos y patrones

✓ Muestra lo que sabes

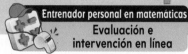

Entrenador personal en matemáticas
Evaluación e intervención en línea

Comprueba si comprendes las destrezas importantes.

Nombre _____

▶ **Contar salteado** **Cuenta salteado para hallar los números desconocidos.** (2.NBT.A.2)

1. Cuenta de 3 en 3.

___3___ , _____ , _____ , _____

2. Cuenta de 5 en 5.

___5___ , _____ , _____ , _____

▶ **Matrices** **Usa la matriz para hallar el producto.** (3.OA.A.3)

3.

_____ hileras de _____ = _____

4.

_____ hileras de _____ = _____

▶ **Operaciones de multiplicación** **Halla el producto.** (3.OA.C.7)

5. $4 \times 5 =$ _____

6. $9 \times 4 =$ _____

7. $6 \times 7 =$ _____

Matemáticas En el mundo

El plástico reciclado ayuda a las personas a mantenerse abrigadas. Algunas fábricas usan plástico reciclado, combinado con otras telas, para hacer chaquetas de invierno. En un depósito hay 46 contenedores de plástico reciclado. Se usan 8 por día. Cuando quedan menos de 16 contenedores, hay que encargar más. Halla cuántos contenedores quedarán después de 2 días. ¿Y después de 3 días? ¿Cuándo habrá que encargar más?

Desarrollo del vocabulario

▶ Visualízalo

Completa el mapa de flujo con las palabras que tienen un ✓.

Multiplicar

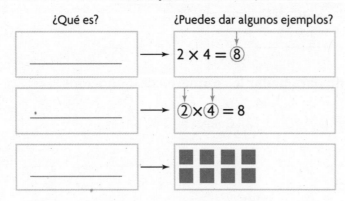

¿Qué es?

¿Puedes dar algunos ejemplos?

$2 \times 4 = ⑧$

$②\times④ = 8$

▶ Comprende el vocabulario

Completa las oraciones con palabras nuevas.

1. Un número que es factor de dos o más números es un

   _____.

2. Un número que es un múltiplo de dos o más números es un

   _____.

3. Un número que tiene exactamente dos factores, 1 y él mismo, es

   un _____.

4. Un número que tiene más de dos factores es un

   _____.

5. Un número es _____ entre otro número si el
   cociente es un número natural y el residuo es 0.

6. Un conjunto ordenado de números u objetos es un

   _____.

7. Cada número de un patrón se llama _____.

• Libro interactivo del estudiante
• Glosario multimedia

Vocabulario del Capítulo 5

factor común
common factor

30

múltiplo común
common multiple

51

número compuesto
composite number

53

divisible
divisible

20

factor
factor

29

patrón
pattern

63

número primo
prime number

56

término
term

90

Un número que es un múltiplo de dos o más números

Un número que es factor de dos o más números

$$8 \qquad\qquad \text{factores} \qquad\qquad 6$$
$$2 \times 2 \times \textcircled{2} \longleftarrow \text{factor común} \longrightarrow \textcircled{2} \times 3$$

Un número es divisible entre otro número si el cociente es un número natural y el residuo es cero.

Ejemplo: 18 es divisible entre 3.

Un número que tiene más de dos factores

Ejemplo: 6 es un número compuesto porque sus factores son 1, 2, 3 y 6.

Un conjunto ordenado de números u objetos; el orden permite predecir qué sigue a continuación

Ejemplos: 2, 4, 6, 8, 10

☆ ♡ ☆ ♡ ☆ ♡

Un número que se multiplica por otro número para hallar un producto

Ejemplo: $4 \times 5 = 20$

factor   factor

Un número u objeto en un patrón

Un número que tiene exactamente dos factores: 1 y él mismo

Ejemplos: 2, 3, 5, 7, 11, 13, 17 y 19 son números primos. 1 no es un número primo.

Juego

Adivina la palabra

Para 3 a 4 jugadores

Materiales

- Temporizador

Instrucciones

1. Túrnense para jugar.

2. Elige un término matemático, pero no lo digas en voz alta.

3. Pon 1 minuto en el temporizador.

4. Da una pista de una palabra sobre tu término. Dale a cada jugador una oportunidad para que adivine tu término.

5. Si nadie adivina, repite el Paso 4 con una pista diferente. Repite la actividad hasta que un jugador adivine el término o se acabe el tiempo.

6. El jugador que adivine el término obtiene 1 punto. Si el jugador puede usar la palabra en una oración, obtiene 1 punto más. Luego es su turno de elegir una palabra.

7. Ganará la partida el primer jugador que obtenga 10 puntos.

Recuadro de palabras

divisible

factor

factor común

múltiplo común

número compuesto

número primo

patrón

término

Escríbelo

Reflexiona

Elige una idea. Escribe sobre ella.

- ¿Cuál es la solución correcta para hallar los factores comunes de 6 y de 8? Explica cómo lo sabes.

  Solución de Eli: 1 y 2

  Solución de Fiona: 1, 2, 3, 4, 6 y 8

- Resume las diferencias entre los números primos y los números compuestos.

- Escribe sobre un momento en el que te sentiste confundido mientras aprendías las ideas de este capítulo. ¿Cómo obtuviste ayuda? ¿Cómo llegaste a comprender lo que te resultaba confuso?

Representar factores

Pregunta esencial ¿Cómo puedes usar modelos para hallar factores?

Estándares comunes Operaciones y pensamiento algebraico—4.OA.B.4
PRÁCTICAS MATEMÁTICAS MP2, MP4, MP6

🔑 Soluciona el problema En el mundo

Un **factor** es un número que se multiplica por otro número para hallar un producto. Todos los números enteros mayores que 1 tienen por lo menos dos factores, ese número y 1.

$$18 = 1 \times 18 \qquad 7 = 7 \times 1 \qquad 342 = 1 \times 342$$

       ↑   ↑

   factor factor

Muchos números pueden descomponerse en factores de diferentes maneras.

$$16 = 1 \times 16 \qquad 16 = 4 \times 4 \qquad 16 = 2 \times 8$$

🔒 Actividad Representa los factores de 24 y regístralos.

Materiales ■ fichas cuadradas

Usa las 24 fichas cuadradas para hacer tantas matrices diferentes como te sea posible. Registra las matrices en la cuadrícula y escribe los factores que representaste.

> **Idea matemática**
> Cuando debas hallar los factores de un número entero, incluye solo los factores que sean números enteros.

$$2 \times 12 = 24$$

Factores: _____, _____

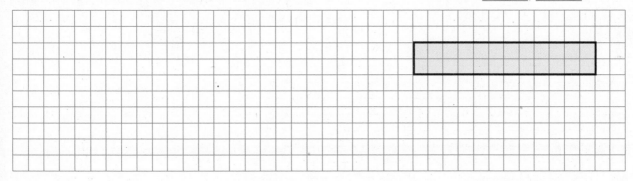

_____ × _____ = 24   _____ × _____ = 24   _____ × _____ = 24

Factores: _____, _____   Factores: _____, _____   Factores: _____, _____

Los factores de 24, de menor a mayor, son

_____, _____, _____, _____, _____, _____, _____ y _____.

A veces se llama par de factores a dos factores que forman un producto. ¿Cuántos pares de factores tiene 24? Explica.

_____

Charla matemática PRÁCTICAS MATEMÁTICAS ②

Razona de forma abstracta ¿Puedes ordenar las fichas de otra manera en cada matriz y mostrar los mismos factores? Explica.

Comparte y muestra

1. Usa las matrices para indicar los factores de 12.

 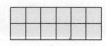

_____ × _____ = 12   _____ × _____ = 12   _____ × _____ = 12

Los factores de 12 son 1, _____ , 3, _____ , 6 y _____ .

**Usa fichas cuadradas para hallar todos los factores del producto.
Registra las matrices y escribe los factores que mostraste.**

> **Charla matemática**
>
> ### PRÁCTICAS MATEMÁTICAS ⑥
>
> **Usa vocabulario matemático** Explica cuál es la relación entre los números 3 y 12. Usa la palabra *factor* en tu explicación.

2. 5: _____

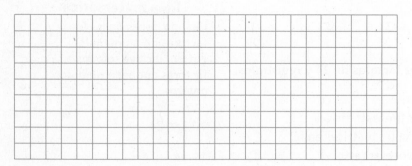

3. 20: _____

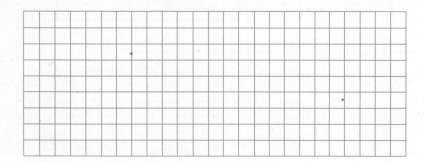

4. 25: _____

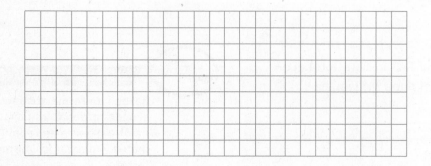

Nombre _____

Práctica: Copia y resuelve Usa fichas cuadradas para hallar todos
los factores del producto. Registra las matrices en un papel cuadriculado
y escribe los factores que mostraste.

5. 9   **6.** 21   **7.** 17   **8.** 18

Resolución de problemas • Aplicaciones En el mundo

Usa el diagrama para resolver los ejercicios 9 y 10.

9. PRÁCTICA MATEMÁTICA ⑥ Pablo está usando 36 losetas para hacer un patio.
¿Puede ordenar las losetas de diferente manera y mostrar los
mismos factores? Haz un dibujo rápido y **explica**.

Losetas de Pablo

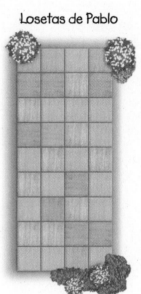

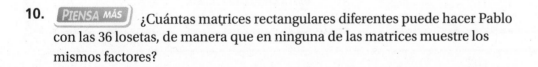

10. PIENSA MÁS ¿Cuántas matrices rectangulares diferentes puede hacer Pablo
con las 36 losetas, de manera que en ninguna de las matrices muestre los
mismos factores?

_____

11. Si 6 es un factor de un número, ¿qué otros números son factores de ese número?

_____

12. MÁS AL DETALLE Juana gastó $16 en camisetas nuevas. Si todas las camisetas valen el
mismo número entero de dólares, ¿cuántas camisetas pudo haber comprado?

_____

Estándares comunes

Soluciona el problema En el mundo

13. **MÁS AL DETALLE** Carmen tiene 18 cubos interconectables. Quiere hacer un modelo de una casa que tenga forma rectangular. Si la altura del modelo es un cubo interconectable, ¿de cuántas maneras diferentes puede hacer Carmen el modelo de la casa usando los 18 cubos interconectables y que en ninguno de los modelos se muestre la misma longitud de los lados?

a. ¿Qué debes hallar? _____

_____

b. ¿Cuál es la relación entre hallar el número de maneras de hacer el modelo de una casa rectangular y

hallar pares de factores? _____

_____

c. ¿Por qué hallar los pares de factores es solo el primer paso para resolver el problema?

_____

_____

_____

d. Muestra los pasos que seguiste para resolver el problema.

_____

_____

_____

_____

e. Completa las oraciones. Los pares de factores

de 18 son _____

_____

Hay _____ maneras diferentes en que Carmen puede ordenar los cubos para hacer el modelo de la casa.

14. **PIENSA MÁS** Sara organizó tarjetas con palabras de vocabulario. Ordenó 40 tarjetas en un cartel formando un rectángulo. En los ejercicios 14a a 14e, elige Sí o No para indicar si se muestran maneras posibles de ordenar las tarjetas.

14a. 4 hileras de 10 tarjetas   ○ Sí   ○ No

14b. 6 hileras de 8 tarjetas   ○ Sí   ○ No

14c. 20 hileras de 2 tarjetas   ○ Sí   ○ No

14d. 40 hileras de 1 tarjeta   ○ Sí   ○ No

14e. 35 hileras de 5 tarjetas   ○ Sí   ○ No

Representar factores

ESTÁNDAR COMÚN—4.OA.B.4
Obtienen familiaridad con los factores y los múltiplos.

Usa fichas cuadradas para hallar todos los factores del producto. Registra las matrices en papel cuadriculado y escribe los factores que se muestran.

1. 15

$1 \times 15 = 15$

$3 \times 5 = 15$

1, 3, 5, 15

2. 30

_____

_____

3. 45

_____

_____

4. 19

_____

_____

5. 40

_____

_____

_____

6. 36

_____

_____

_____

7. 22

_____

_____

_____

8. 4

_____

_____

_____

Resolución de problemas

9. Para el espectáculo de talentos de su clase, Brooke debe acomodar 70 sillas en hileras iguales, pero solo hay lugar para armar 20 hileras como máximo. ¿Cuáles son los números posibles de hileras que Brooke podría armar?

_____

10. Eduardo está pensando en un número que está entre 1 y 20, y que tiene exactamente 5 factores. ¿En qué número está pensando?

_____

11. **ESCRIBE** ▸*Matemáticas* Contesta la Pregunta esencial y dibuja ejemplos para explicar tu respuesta.

_____

_____

_____

_____

Repaso de la lección (4.OA.B.4)

1. Escribe todos los factores de 24.

_____

_____

2. Natalia tiene 48 fichas cuadradas. Escribe un par de factores para el número 48.

_____

_____

Repaso en espiral (4.OA.A.1, 4.NBT.B.5, 4.NBT.B.6)

3. La huerta de calabazas está abierta todos los días. Si vende 2,750 libras de calabaza por día, ¿aproximadamente cuántas libras vende en 7 días?

_____

_____

4. ¿Cuál es el residuo del problema de división que se representa a continuación?

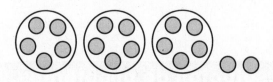

_____

5. Usa una ecuación de multiplicación para representar el modelo siguiente.

_____

6. Channing corre 10 millas por semana. ¿Cuántas millas correrá en 52 semanas?

_____

PRACTICA MÁS CON EL
Entrenador personal en matemáticas

Nombre _____

Los factores y la divisibilidad

Pregunta esencial ¿Cómo puedes saber si un número es un factor de otro número?

Estándares comunes Operaciones y pensamiento algebraico—4.OA.B.4
PRÁCTICAS MATEMÁTICAS
MP3, MP4, MP7

 Soluciona el problema

Los estudiantes de la clase de arte de Carlo pintaron 32 azulejos cuadrados para hacer un mosaico. Ordenarán los azulejos formando un rectángulo. ¿Se pueden ordenar los 32 azulejos en 3 hileras iguales sin que queden espacios vacíos o azulejos cubiertos por otros?

▲ Los mosaicos son patrones decorativos hechos con pedazos de vidrio u otros materiales.

De una manera Dibuja un modelo.

Piensa: Intenta ordenar los azulejos en 3 hileras iguales para formar un rectángulo.

Un rectángulo _____ tener 32 azulejos ordenados en 3 hileras iguales.

De otra manera Usa la división.

Si 3 es un factor de 32, entonces el factor desconocido en $3 \times \blacksquare = 32$ es un número entero.

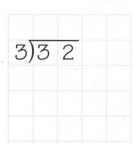

$3 \overline{)3 2}$

Piensa: Divide para descubrir si el factor desconocido es un número entero.

> **Idea matemática**
> El factor de un número divide el número en partes iguales. Esto quiere decir que el cociente es un número entero y el residuo es 0.

El factor desconocido en $3 \times \blacksquare = 32$ _____ un número entero.

Entonces, un rectángulo _____ tener 32 azulejos ordenados en 3 hileras.

• Explica cómo puedes saber si 4 es un factor de 30.

_____

_____

Charla matemática · PRÁCTICAS MATEMÁTICAS ④

Interpreta el resultado ¿De qué manera se relaciona el modelo con el cociente y el residuo de 32 ÷ 3?

Reglas de divisibilidad Un número es **divisible** entre otro número si el cociente es un número natural y el residuo es 0.

Algunos números tienen una regla de divisibilidad. Puedes usar una regla de divisibilidad para saber si un número es un factor de otro.

¿Es 6 un factor de 72?

Piensa: Si 72 es divisible entre 6, entonces 6 es un factor de 72.

Comprueba la divisibilidad entre 6:

¿Es 72 par? _____

¿Cuál es la suma de los dígitos de 72?

_____ + _____ = _____

¿La suma de los dígitos es divisible entre 3?

_____

72 es divisible entre _____ .

Entonces, 6 es un factor de 72.

Reglas de divisibilidad	
Número	**Regla de divisibilidad**
2	El número es par.
3	La suma de los dígitos es divisible entre 3.
5	El último dígito es 0 o 5.
6	El número es par y divisible entre 3.
9	La suma de los dígitos es divisible entre 9.

¡Inténtalo! **Escribe todos los pares de factores de 72 en la tabla.**

Completa la tabla.

Factores de 72	
1 × 72 = 72	1, 72
____ × ____ = ____	____ , ____
____ × ____ = ____	____ , ____
____ × ____ = ____	____ , ____
____ × ____ = ____	____ , ____
____ × ____ = ____	____ , ____

Muestra tu trabajo.

Charla matemática PRÁCTICAS MATEMÁTICAS ⑦

Identifica las relaciones
¿Cuál es la relación entre la divisibilidad y los factores? Explica.

- ¿Cómo comprobaste si 7 es un factor de 72? Explica.

_____

_____

_____

Nombre _____

1. ¿Es 4 un factor de 28? Dibuja un modelo como ayuda.

Piensa: ¿Puedes formar un rectángulo con 28 cuadrados ordenados en 4 hileras iguales?

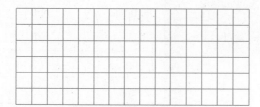

4 _____ un factor de 28.

¿Es 5 un factor del número? Escribe *sí* o *no*.

> **PRÁCTICAS MATEMÁTICAS** ③
> Charla matemática
> Usa contraejemplos Si 3 es un factor de un número, ¿es 6 siempre un factor de ese número? Si no lo es, da un ejemplo.

2. 27   ✓ **3.** 30   **4.** 36   ✓ **5.** 53

_____   _____   _____   _____

Por tu cuenta

¿Es 9 un factor del número? Escribe *sí* o *no*.

6. 54   **7.** 63   **8.** 67   **9.** 93

_____   _____   _____   _____

Escribe todos los pares de factores en la tabla.

10.

Factores de 24	
____ × ____ = ____	____ , ____
____ × ____ = ____	____ , ____
____ × ____ = ____	____ , ____
____ × ____ = ____	____ , ____

11.

Factores de 39	
____ × ____ = ____	____ , ____
____ × ____ = ____	____ , ____

Práctica: Copia y resuelve Escribe todos los pares de factores del número. Haz una tabla como ayuda.

12. 56

_____

13. 64

_____

Resolución de problemas • Aplicaciones En el mundo

Usa la tabla para resolver los problemas 14 y 15.

14. **PIENSA MÁS** Dirk compró una serie de estampillas. El número de estampillas de la serie que compró es divisible entre 2, 3, 5, 6 y 9. ¿Qué serie es?

_____

15. **MÁS AL DETALLE** Geri quiere poner 6 estampillas en algunas páginas de su álbum y 9 estampillas en otras páginas. Explica cómo podría hacerlo con la serie de estampillas de Suecia.

_____

_____

_____

_____

_____

Series de estampillas	
País	**Número de estampillas**
Alemania	90
Suecia	78
Japón	63
Canadá	25

ESCRIBE ▸ *Matemáticas*

Muestra tu trabajo

16. **PRÁCTICA MATEMÁTICA ③ Usa contraejemplos** George dijo que si 2 y 4 son factores de un número, entonces 8 es un factor de ese número. ¿Tiene razón? Explica.

_____

_____

_____

17. **PIENSA MÁS** Clasifica los números. Algunos pueden ir en más de una casilla.

| 27 | 45 | 54 | 72 | 81 | 84 |

Divisible entre 5 y 9	Divisible entre 3 y 9	Divisible entre 2 y 6

Los factores y la divisibilidad

Estándares comunes

ESTÁNDAR COMÚN—4.OA.B.4
Obtienen familiaridad con los factores y los múltiplos.

¿Es 6 un factor del número? Escribe *sí* **o** *no.*

1. 36

Piensa: $6 \times 6 = 36$

sí
_____

2. 56

_____

_____

3. 42

_____

_____

4. 66

_____

_____

¿Es 5 un factor del número? Escribe *sí* **o** *no.*

5. 38

_____

6. 45

_____

7. 60

_____

8. 39

_____

Escribe todos los pares de factores en la tabla.

9.

Factores de 12	
_____ × _____ = _____	_____ , _____
_____ × _____ = _____	_____ , _____
_____ × _____ = _____	_____ , _____

10.

Factores de 25	
_____ × _____ = _____	_____ , _____
_____ × _____ = _____	_____ , _____

11. Escribe todos los pares de factores de 48. Haz una tabla como ayuda.

_____

_____

Resolución de problemas · En el mundo

12. Bryson compró una bolsa con 64 figuras de dinosaurios de plástico. ¿Podría repartirlas equitativamente en seis recipientes sin que sobre ninguna? **Explica.**

_____

13. **ESCRIBE** *Matemáticas* Halla los factores de 42. Muestra y explica tu trabajo y escribe los pares de factores en una tabla.

Repaso de la lección (4.OA.B.4)

1. Escribe tres números mayores de 20 que tengan 9 como un factor.

_____

_____

2. ¿Qué dígito(s) puede(n) estar en el lugar de las unidades de un número que tenga 5 como un factor?

_____

_____

Repaso en espiral (4.NBT.B.4, 4.NBT.B.5)

3. Usa el cálculo mental y las propiedades de los números para escribir una expresión que se pueda usar para hallar 4×275.

_____

_____

4. Jack descompuso 5×216 en $(5 \times 200) + (5 \times 16)$ para multiplicar mentalmente. ¿Qué estrategia usó Jack?

_____

_____

5. Jordan tiene $55. Ganó $67 por hacer tareas en el hogar. ¿Cuánto dinero tiene Jordan ahora?

6. Tina tiene 72 estampillas de colección. Puso 43 de esas estampillas en un álbum. ¿Cuántas estampillas quedan?

PRACTICA MÁS CON EL
Entrenador personal
en matemáticas

Nombre _____

Resolución de problemas • Factores comunes

Pregunta esencial ¿Cómo puedes usar la estrategia *hacer una lista* para resolver problemas con factores comunes?

Estándares comunes: **Operaciones y pensamiento algebraico—4.OA.B.4**
PRÁCTICAS MATEMÁTICAS
MP1, MP5

Soluciona el problema

Chuck tiene una colección de monedas con 30 monedas de 1¢, 24 monedas de 25¢ y 36 monedas de 5¢. Quiere ordenar las monedas en hileras. Cada hilera tendrá igual número de monedas, y todas las monedas de cada hilera serán del mismo tipo. ¿Cuántas monedas puede poner en cada hilera?

La información del siguiente organizador gráfico te ayudará a resolver el problema.

Lee el problema	Resuelve el problema
¿Qué debo hallar? Debo hallar _____ que puedo poner en cada hilera para que cada hilera tenga _____ _____ .	Puedo hacer una lista de todos los factores de cada número. Luego puedo encerrar en un círculo los factores que los tres números tienen en común. Factores de: 30 24 36
¿Qué información debo usar? Chuck tiene _____ _____. Cada hilera tiene _____ _____	
¿Cómo usaré la información? Puedo hacer una lista para hallar todos los factores de _____ . Luego puedo usar la lista para hallar los factores comunes. Un **factor común** es un factor de dos o más números.	 Los factores comunes son _____ .

Entonces, Chuck puede poner _____ , _____ , _____ o _____ monedas en cada hilera.

🔒 Haz otro problema

Ryan colecciona figuras de animales. Tiene 45 elefantes, 36 cebras y 18 tigres. Ordenará las figuras en hileras. Cada hilera tendrá mismo número de figuras, y todas las figuras de cada hilera serán del mismo tipo. ¿Cuántas figuras puede haber en cada hilera?

Usa el siguiente organizador gráfico como ayuda para resolver el problema.

Lee el problema	Resuelve el problema
¿Qué debo hallar?	
¿Qué información debo usar?	
¿Cómo usaré la información?	

Entonces, Ryan puede poner _____ , _____ o _____ figuras en cada hilera.

PRÁCTICAS MATEMÁTICAS ⑤

Usa herramientas adecuadas ¿Cómo te ayudó la estrategia a resolver el problema?

Nombre _____

Comparte y muestra

Soluciona el problema

✓ Usa el tablero de matemáticas de Resolución de problemas.

✓ Subraya los datos importantes.

1. Lucy tiene 40 plantas de frijol, 32 plantas de tomate y 16 plantas de pimiento. Quiere poner las plantas en hileras con un solo tipo de planta en cada hilera. Todas las hileras tendrán igual número de plantas. ¿Cuántas plantas puede poner Lucy en cada hilera?

ESCRIBE *Matemáticas*
Muestra tu trabajo

Primero, lee el problema y piensa en lo que debes hallar. ¿Qué información usarás? ¿Cómo usarás la información?

_____

_____

A continuación, haz una lista. Halla los factores de cada número del problema.

_____

_____

_____

Por último, usa la lista. Encierra en un círculo los factores comunes.

Entonces, Lucy puede poner _____, _____, _____ u _____ plantas en cada hilera.

2. ¿Qué pasaría si Lucy tuviera 64 plantas de frijol en lugar de 40 plantas de frijol? ¿Cuántas plantas podría poner Lucy en cada hilera?

_____

3. _PIENSA MÁS_ Un factor común de dos números es 40. Otro factor común es 10. Si los dos números son menores que 100, ¿cuáles son esos dos números?

_____

4. La suma de dos números es 136. Un número es 51. ¿Cuál es el otro número? ¿Cuáles son los factores comunes de esos dos números?

_____

Por tu cuenta

5. **PRÁCTICA MATEMÁTICA ①** **Analiza** Un número se llama *número perfecto* si es igual a la suma de todos sus factores excepto él mismo. Por ejemplo, 6 es un número perfecto porque sus factores son 1, 2, 3 y 6, y $1 + 2 + 3 = 6$. ¿Cuál es el siguiente número perfecto después de 6?

_____

6. **PIENSA MÁS** Sonia teje 10 cuadrados por día durante 7 días. ¿Puede coser los cuadrados para hacer 5 mantas de igual tamaño? Explica.

_____

_____

7. Julianne ganó $296 trabajando en una tienda de comestibles la semana pasada. Gana $8 por hora. ¿Cuántas horas trabajó Julianne?

_____

ESCRIBE ▶ *Matemáticas*
Muestra tu trabajo

8. **MÁS AL DETALLE** Hay 266 estudiantes viendo una obra en el auditorio. Hay 10 hileras con 20 estudiantes en cada hilera y 5 hileras con 8 estudiantes en cada hilera. ¿Cuántos estudiantes están sentados en cada una de las 2 hileras restantes si cada una tiene mismo número de estudiantes?

_____

Entrenador personal en matemáticas

9. **PIENSA MÁS +** Ben está plantando en su jardín 36 zinnias, 18 caléndulas y 24 petunias. Cada hilera tendrá solo un tipo de planta. Ben dice que puede poner 9 plantas en cada hilera. Hizo una lista de los factores comunes de 36, 18 y 24 para apoyar su razonamiento.

36: 1, 2, 3, 4, 6, 9, 12, 18, 36
18: 1, 2, 3, 6, 8, 9, 18
24: 1, 2, 3, 4, 6, 8, 9, 12, 24

¿Tiene razón? Explica tu respuesta. Si su razonamiento es incorrecto, explica cómo debería haber hallado Ben la respuesta.

_____

_____

Resolución de problemas • Factores comunes

Estándares comunes

ESTÁNDAR COMÚN—4.OA.B.4
Obtienen familiaridad con los factores y los múltiplos.

Resuelve los problemas.

1. Grace prepara bolsitas de sorpresas para la fiesta de apertura de su tienda. Tiene 24 velas, 16 bolígrafos y 40 estatuillas. En cada bolsita habrá igual número de objetos, y todos los objetos de cada bolsita serán del mismo tipo. ¿Cuántos objetos puede poner Grace en cada bolsita?

Halla los factores comunes de 24, 16 y 40.

1, 2, 4 u 8 objetos

2. Simón va a hacer coronas de flores para vender. Tiene 60 lazos, 36 rosas de seda y 48 claveles de seda. Quiere poner igual número de adornos en cada corona. Todos los adornos de una corona serán del mismo tipo. ¿Cuántos adornos puede poner Simón en cada corona?

_____

3. Justin tiene 20 lápices, 25 gomas de borrar y 40 clips. Los organiza en grupos con igual número de objetos en cada uno. Todos los objetos de un grupo serán del mismo tipo. ¿Cuántos objetos puede poner en cada grupo?

_____

4. Un banco de alimentos tiene 50 latas de verduras, 30 panes y 100 botellas de agua. Los voluntarios colocarán los alimentos en cajas. Cada caja tendrá igual número de artículos de alimentos, y todos los alimentos de la caja serán del mismo tipo. ¿Cuántos artículos pueden colocar en cada caja?

_____

5. **ESCRIBE** ▸*Matemáticas* Describe de qué manera hacer una lista puede ayudarte a resolver un problema de matemáticas. Escribe un problema que se pueda resolver haciendo una lista.

_____

_____

_____

Repaso de la lección

1. ¿Cuáles son todos los factores comunes de 24, 64 y 88?

_____

2. ¿Cuáles son todos los factores comunes de 15, 45 y 90?

_____

Repaso en espiral (4.NBT.B.5, 4.NBT.B.6)

3. Cada semana, Daniel deposita $11 de su mesada en su cuenta de ahorros. ¿Cuánto dinero tendrá luego de 15 semanas?

_____

4. James está leyendo un libro que tiene 1,400 páginas. Leerá igual número de páginas cada día. Si lee todo el libro en 7 días, ¿cuántas páginas leerá por día?

_____

5. Emma trabajó 6 semanas como voluntaria en un refugio para animales durante un total de 119 horas. Estima la cantidad de horas que trabajó como voluntaria cada semana.

_____

6. Escribe una expresión que se pueda usar para multiplicar 6×198 mentalmente.

_____

PRACTICA MÁS CON EL
Entrenador personal
en matemáticas

Revisión de la mitad del capítulo

Entrenador personal en matemáticas
Evaluación e
intervención en línea

Vocabulario

Elige el término del recuadro que mejor corresponda.

Vocabulario
divisible
factor
factor común

1. Un número que se multiplica por otro número para hallar un

producto se llama_____. (pág. 279)

2. Un número es _____ entre otro número si el cociente
es un número natural y el residuo es cero (pág. 286)

Conceptos y destrezas

Escribe todos los factores de menor a mayor. (4.0A.B.4)

3. 8

_____

4. 14

_____

¿Es 6 un factor del número? Escribe *sí* o *no*. (4.0A.B.4)

5. 81

_____

6. 45

_____

7. 42

_____

8. 56

_____

Escribe todos los pares de factores en la tabla. (4.0A.B.4)

9.

Factores de 64	
_____ × _____ = _____	_____ , _____
_____ × _____ = _____	_____ , _____
_____ × _____ = _____	_____ , _____
_____ × _____ = _____	_____ , _____

10.

Factores de 44	
_____ × _____ = _____	_____ , _____
_____ × _____ = _____	_____ , _____
_____ × _____ = _____	_____ , _____

Escribe los factores comunes de los números. (4.0A.B.4)

11. 9 y 18

_____

12. 20 y 50

_____

13. Deanna coloca 28 plantas de tomate en hileras. Todas las hileras contienen igual número de plantas. Hay entre 5 y 12 plantas en cada hilera. ¿Cuántas plantas hay en cada hilera? (4.OA.B.4)

_____

14. MÁS AL DETALLE Elena compró llaveros y gastó un total de $24. Cada llavero costó la misma cantidad de dólares exactos. Compró entre 7 y 11 llaveros. ¿Cuántos llaveros compró Elena? (4.OA.B.4)

_____

15. Sandy tiene 16 rosas, 8 margaritas y 32 tulipanes. Quiere hacer ramilletes con todas las flores. Cada ramillete tiene igual número de flores y el mismo tipo de flor. ¿Cuál es el mayor número de flores que podría haber en un ramillete? (4.OA.B.4)

_____

16. Amir ordenó 9 fotografías en un tablero de anuncios. Puso las fotografías en hileras. En cada hilera hay igual número de fotografías. ¿Cuántas fotografías podría haber en cada hilera? (4.OA.B.4)

_____

Los factores y los múltiplos

Pregunta esencial ¿Cuál es la relación entre los factores y los múltiplos?

Estándares comunes Operaciones y pensamiento algebraico—4.OA.B.4
PRÁCTICAS MATEMÁTICAS
MP6, MP7, MP8

🔑 Soluciona el problema

Los animales de juguete se venden en conjuntos de 3, 5, 10 y 12. Mason quiere exhibir 3 animales por hilera. ¿Qué conjuntos podría comprar si quiere exhibir todos los animales?

El producto de dos números es un múltiplo de cada número. Los factores y los múltiplos están relacionados.

$$3 \times 4 = 12$$

↑   ↑   ↑
factor   factor   múltiplo de 3
                 múltiplo de 4

- ¿Cuántos animales habrá en cada hilera?

  _____

- ¿Cuántos animales se venden en cada conjunto?

  _____

🔑 De una manera Halla los factores.

Indica si 3 es un factor de cada número.
Piensa: Si un número es divisible entre 3, entonces 3 es un factor del número.

¿Es 3 un factor de 3? _____

¿Es 3 un factor de 5? _____

¿Es 3 un factor de 10? _____

¿Es 3 un factor de 12? _____

¿Es 3 un factor de _____ y _____.

🔑 De otra manera Halla los múltiplos.

Multiplica y haz una lista.   __3__, _____, _____, _____, _____, ...
                        1 × 3   2 × 3   3 × 3   4 × 3   5 × 3

_____ y _____ son múltiplos de 3.

Entonces, Mason podría comprar conjuntos de _____ y _____ animales de juguete.

Charla matemática

PRÁCTICAS MATEMÁTICAS ⑥

Explica de qué manera puedes usar lo que sabes sobre los factores para determinar si un número es un múltiplo de otro número.

Múltiplos comunes Un **múltiplo común** es un múltiplo de dos o más números.

🔓 Ejemplo Halla los múltiplos comunes.

Tony trabaja cada 3 días y Amanda trabaja cada 5 días. Si Tony trabaja el 3 de junio y Amanda trabaja el 5 de junio, ¿qué días de junio trabajarán juntos?

Encierra en un círculo los múltiplos de 3. Encierra en un recuadro los múltiplos de 5.

Junio						
Dom	**Lun**	**Mar**	**Mié**	**Jue**	**Vie**	**Sáb**
	1	2	3	4	5	6
7	8	9	10	11	12	13
14	15	16	17	18	19	20
21	22	23	24	25	26	27
28	29	30				

Piensa: Los múltiplos comunes están encerrados tanto en un círculo como en un recuadro.

Los múltiplos comunes son _____ y _____.

Entonces, Tony y Amanda trabajarán juntos el _____ de junio y el _____ de junio.

Comparte y muestra

Charla matemática PRÁCTICAS MATEMÁTICAS ⑦

Identifica las relaciones Comenta cómo se relacionan los factores y los múltiplos. Da un ejemplo.

1. Multiplica para escribir los cinco múltiplos de 4 que siguen.

___4___ , _____ , _____ , _____ , _____ , _____

1×4

¿Es el número un factor de 6? Escribe *sí* o *no*.

✅ **2.** 3   **3.** 6   **4.** 16   **5.** 18

_____   _____   _____   _____

¿Es el número un múltiplo de 6? Escribe *sí* o *no*.

✅ **6.** 3   **7.** 6   **8.** 16   **9.** 18

_____   _____   _____   _____

Nombre _____

¿Es el número un múltiplo de 3? Escribe *sí* o *no*.

10. 4   **11.** 8   **12.** 24   **13.** 38

_____   _____   _____   _____

14. Escribe los nueve múltiplos de cada número que siguen. Halla los múltiplos comunes.

Múltiplos de 2: 2, _____

Múltiplos de 8: 8, _____

Múltiplos comunes: _____

 PRÁCTICA MATEMÁTICA ⑧ Generaliza Álgebra Halla el número desconocido.

15. 12, 24, 36, _____   **16.** 25, 50, 75, 100, _____

Indica si 20 es un factor o un múltiplo del número. Escribe *factor*, *múltiplo* o *ninguno*.

17. 10   **18.** 20   **19.** 30

_____   _____   _____

 PIENSA MÁS Escribe *verdadero* o *falso*. Explica.

20. Todo número entero es un múltiplo de 1.   **21.** Todo número entero es un factor de 1.

_____   _____

_____   _____

22. **PIENSA MÁS** Julio se pone una camisa azul cada 3 días. Larry se pone una camisa azul cada 4 días. El 12 de abril, Julio y Larry se pusieron una camisa azul. ¿Cuál será el próximo día en que los dos se pondrán una camisa azul?

_____

Abril						
Dom	Lun	Mar	Mié	Jue	Vie	Sáb
1	2	3	4	5	6	7
8	9	10	11	12	13	14
15	16	17	18	19	20	21
22	23	24	25	26	27	28
29	30					

Resolución de problemas • Aplicaciones En el mundo

Completa el diagrama de Venn. Luego úsalo para resolver los problemas 23 a 25.

23. ¿Qué múltiplos de 4 no son factores de 48?

_____

24. ¿Qué factores de 48 son múltiplos de 4?

_____

25. **MÁS AL DETALLE** **Plantea un problema** Vuelve a mirar el Problema 24. Cambia los números para escribir un problema semejante. Luego resuélvelo.

_____

_____

26. Kia pagó $10 por dos dijes para su brazalete. El precio de cada dije era un múltiplo de $2. ¿Cuáles son los precios posibles de los dijes?

_____

27. **PRÁCTICA MATEMÁTICA ⑦** **Busca estructuras** La respuesta es 9, 18, 27, 36, 45. ¿Cuál es la pregunta?

_____

28. **ESCRIBE** ▸*Matemáticas* ¿Cómo sabes si un número es un múltiplo de otro número?

_____

_____

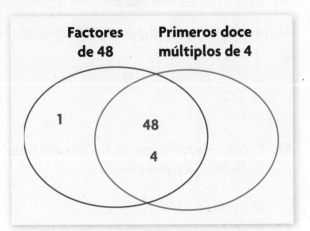

Factores de 48 — Primeros doce múltiplos de 4

1 | 48 / 4

ESCRIBE ▸*Matemáticas*
Muestra tu trabajo

29. **PIENSA MÁS** En los ejercicios 29a a 29e, elige Verdadero o Falso para cada enunciado.

29a. El número 45 es un múltiplo de 9. ○ Verdadero ○ Falso

29b. El número 4 es un múltiplo de 16. ○ Verdadero ○ Falso

29c. El número 28 es un múltiplo de 4. ○ Verdadero ○ Falso

29d. El número 4 es un factor de 28. ○ Verdadero ○ Falso

29e. El número 32 es un factor de 8. ○ Verdadero ○ Falso

Los factores y los múltiplos

Estándares comunes

ESTÁNDAR COMÚN—4.OA.B.4
Obtienen familiaridad con los factores y los múltiplos.

¿Es el número un múltiplo de 8? Escribe *sí* o *no*.

1. 4

Piensa: Como
$4 \times 2 = 8$, 4 es un *factor*
de 8, no un múltiplo de 8.

_____ no _____

2. 8

_____

3. 20

_____

4. 40

_____

Escribe los nueve múltiplos que siguen de cada número.
Halla los múltiplos comunes.

5. Múltiplos de 4: 4, _____

Múltiplos de 7: 7, _____

Múltiplos comunes: _____

6. Múltiplos de 3: 3, _____

Múltiplos de 9: 9, _____

Múltiplos comunes: _____

Indica si 24 es factor o múltiplo del número.
Escribe *factor*, *múltiplo* o *ninguno*.

7. 6 _____

8. 36 _____

9. 48 _____

Resolución de problemas · En el mundo

10. Ken pagó $12 por dos revistas. El precio de cada revista era un múltiplo de $3. ¿Cuáles son los precios posibles de las revistas?

_____

11. Josefina compró unas camisas a $6 cada una. Marge compró unas camisas a $8 cada una. Las niñas gastaron la misma cantidad de dinero en camisas. ¿Cuál es la menor cantidad que pueden haber gastado?

_____

12. **ESCRIBE** ▸*Matemáticas* Escribe un problema que se pueda resolver hallando los números que tienen el número 4 como un factor.

_____

1. ¿Cuáles de los siguientes números NO son múltiplos de 4?

2, 4, 7, 8, 12, 15, 19, 24, 34

_____

2. ¿Qué número es un múltiplo común de 5 y 9?

_____

Repaso en espiral (4.OA.A.3, 4.NBT.A.2, 4.NBT.B.4, 4.NBT.B.5)

3. Jenny tiene 50 fichas cuadradas. Ordena las fichas en una matriz rectangular de 4 hileras. ¿Cuántas fichas sobrarán?

_____

4. Jerome sumó dos números. El total era 83. Uno de los números era 45. ¿Cuál era el otro número?

_____

5. En el auditorio hay 18 hileras de sillas. En cada hilera hay 24 sillas. ¿Cuántas sillas hay en el auditorio?

_____

6. La población de Riverdale es 6,735 habitantes. ¿Cuál es el valor de 7 en el número 6,735?

_____

PRACTICA MÁS CON EL
Entrenador personal
en matemáticas

Nombre _____

Números primos y compuestos

Pregunta esencial ¿Cómo puedes saber si un número es primo o compuesto?

Estándares comunes Operaciones y pensamiento algebraico—4.OA.B.4

PRÁCTICAS MATEMÁTICAS
MP4, MP6, MP7

 Soluciona el problema *En el mundo*

Los estudiantes están ordenando mesas cuadradas para armar una mesa rectangular más grande. Quieren poder ordenar las mesas de varias maneras. ¿Deben usar 12 o 13 mesas?

🔑 **Usa una cuadrícula para representar todas las maneras posibles de ordenar 12 y 13 mesas.**

Dibuja todas las maneras posibles de ordenar 12 y 13 mesas. Rotula cada dibujo con los factores que representaste.

• **¿Cuáles son los factores de 12?**

_____

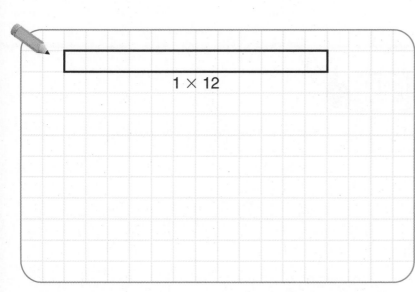

1 × 12

⚠ Para evitar errores

Los mismos factores en diferente orden deben contarse solo una vez. Por ejemplo, 3 × 4 y 4 × 3 son el mismo par de factores.

Entonces, hay más maneras de ordenar _____ mesas.

Charla matemática **PRÁCTICAS MATEMÁTICAS 6**

Haz conexiones Explica de qué manera saber si 12 y 13 son primos o compuestos podría haberte ayudado a resolver el problema anterior.

• Un **número primo** es un número entero mayor que 1 que tiene exactamente dos factores: 1 y él mismo.

• Un **número compuesto** es un número entero mayor que 1 que tiene más de dos factores.

Factores de 12: _____ , _____ , _____ , _____ , _____ , _____

Factores de 13: _____ , _____

12 es un número _____ y 13 es un número _____.

Divisibilidad Puedes usar las reglas de divisibilidad como ayuda para saber si un número es primo o compuesto.

Si un número es divisible entre cualquier número distinto de 1 y de sí mismo, entonces es un número compuesto.

🔑 **Indica si 51 es *primo* o *compuesto*.**

¿Es 51 divisible entre 2?

_____

¿Es 51 divisible entre 3?

_____

Piensa: 51 es divisible entre un número distinto de 1 y de 51.
51 tiene más de dos factores.

Entonces, 51 es _____.

> **Idea matemática**
>
> El número 1 no es primo ni compuesto porque tiene solamente un factor: 1.

Comparte y muestra 🖊 MATH BOARD

1. Usa la cuadrícula para representar los factores de 18. Indica si 18 es *primo* o *compuesto*.

Factores de 18: _____, _____, _____, _____, _____, _____

Piensa: 18 tiene más de dos factores.

Entonces, 18 es _____.

Indica si los números son *primos* o *compuestos*.

> **Charla matemática** **PRÁCTICAS MATEMÁTICAS** ⑦
>
> **Busca estructuras** ¿El producto de dos números primos es primo o compuesto? Explica.

2. 11
Piensa: ¿11 tiene más factores además de 1 y él mismo?

_____

3. 73

_____

✓**4.** 69

_____

✓**5.** 42

_____

Nombre _____

Indica si el número es *primo* o *compuesto*.

6. 18   **7.** 49   **8.** 29   **9.** 64

_____ | _____ | _____ | _____

10. 33   **11.** 89   **12.** 52   **13.** 76

_____ | _____ | _____ | _____

Escribe *verdadero* o *falso* para cada enunciado.
Explica o da un ejemplo para justificar tu respuesta.

14. **MÁS AL DETALLE** Solo los números impares son primos.

_____

_____

15. **PIENSA MÁS** Un número compuesto no puede tener tres factores.

_____

_____

Resolución de problemas • Aplicaciones

16. **MÁS AL DETALLE** Soy un número que está entre el 60 y el 100. Mi dígito de las unidades es dos menos que mi dígito de las decenas. Soy un número primo. ¿Qué número soy?

17. Menciona un número impar de 2 dígitos que sea primo. Menciona un número impar de 2 dígitos que sea compuesto.

_____

_____

18. **PIENSA MÁS** Elige las palabras que completen la oración de manera correcta.

El número 9 es [primo / compuesto] porque tiene [exactamente / más de] dos factores.

Conectar con los Estudios Sociales

La criba de Eratóstenes

Eratóstenes fue un matemático griego que vivió hace más de 2,200 años. Inventó un método para hallar números primos que actualmente se conoce como la criba de Eratóstenes.

19. Sigue los siguientes pasos para encerrar en un círculo todos los números primos menores que 100. Luego escribe los números primos.

PASO 1

Tacha el número 1, porque no es primo.

PASO 2

Encierra el número 2 en un círculo, porque es primo. Tacha el resto de los múltiplos de 2.

PASO 3

Encierra en un círculo el número que sigue que no esté tachado. Ese número es primo. Tacha todos los múltiplos de ese número.

PASO 4

Repite el Paso 3 hasta que todos los números estén encerrados en un círculo o tachados.

1	2	3	4	5	6	7	8	9	10
11	12	13	14	15	16	17	18	19	20
21	22	23	24	25	26	27	28	29	30
31	32	33	34	35	36	37	38	39	40
41	42	43	44	45	46	47	48	49	50
51	52	53	54	55	56	57	58	59	60
61	62	63	64	65	66	67	68	69	70
71	72	73	74	75	76	77	78	79	80
81	82	83	84	85	86	87	88	89	90
91	92	93	94	95	96	97	98	99	100

Entonces, los números primos menores que 100 son:

_____

_____

_____

_____

_____

_____

20. **PRÁCTICA MATEMÁTICA 6** **Explica** por qué los múltiplos de cualquier número distinto de 1 no son números primos.

_____

Números primos y compuestos

ESTÁNDAR COMÚN—4.OA.B.4
Obtienen familiaridad con los factores y los múltiplos.

Indica si el número es *primo* o *compuesto*.

1. 47

Piensa: ¿47 tiene otros factores además de 1 y de sí mismo?

_____ primo _____

2. 68

_____

3. 52

_____

4. 63

_____

5. 75

_____

6. 31

_____

7. 77

_____

8. 59

_____

9. 87

_____

Resolución de problemas

10. Kai escribió el número 85 en el pizarrón. ¿Es 85 un número primo o compuesto? **Explica.**

_____

_____

_____

11. Luisa dice que 43 es un número impar de 2 dígitos que es compuesto. ¿Tiene razón? **Explica.**

_____

_____

_____

12. **ESCRIBE** ▸ *Matemáticas* Describe cómo puedes decidir si 94 es un número primo o un número compuesto.

_____

_____

Repaso de la lección (4.OA.B.4)

1. ¿Es el número 5 primo, compuesto o ninguno de los dos?

2. ¿Es el número 1 primo, compuesto o ninguno de los dos?

Repaso en espiral (4.OA.A.3, 4.NBT.A.2, 4.NBT.A.3, 4.NBT.B.6)

3. Una receta para un plato vegetariano contiene un total de 924 calorías. El plato es para 6 personas. ¿Cuántas calorías hay en cada porción?

4. Un empleado de una tienda debe guardar 45 camisas en cajas. En cada caja caben 6 camisas. ¿Cuál es la menor cantidad de cajas que el empleado necesitará para guardar todas las camisas?

5. Un total de 152,909 personas visitaron un parque nacional durante el fin de semana. ¿Cuál es ese número redondeado a la centena de millar más próxima?

6. ¿Cuál es la forma escrita del número 602,107?

© Houghton Mifflin Harcourt Publishing Company

PRACTICA MÁS CON EL
Entrenador personal en matemáticas

Nombre _____

Patrones numéricos

Pregunta esencial ¿Cómo puedes formar y describir patrones?

Estándares comunes **Operaciones y pensamiento algebraico—4.OA.C.5**
PRÁCTICAS MATEMÁTICAS
MP2, MP5, MP7

Soluciona el problema

Daryl está haciendo un patrón para tejer un edredón. En el patrón se muestran 40 cuadrados. Uno de cada cuatro cuadrados es azul. ¿Cuántos cuadrados azules hay en el patrón?

Un **patrón** es un conjunto ordenado de números u objetos. Cada número u objeto del patrón se denomina **término**.

- Subraya lo que tienes que hallar.
- Encierra en un círculo lo que debes usar.

Actividad 1 Halla un patrón.

Materiales ■ lápices de colores

Sombrea los cuadrados que son azules.

1	2	3	4	5	6	7	8	9	10
11	12	13	14	15	16	17	18	19	20
21	22	23	24	25	26	27	28	29	30
31	32	33	34	35	36	37	38	39	40

Charla matemática PRÁCTICAS MATEMÁTICAS ⑦

Busca el patrón Describe otro patrón numérico para el edredón de Daryl.

¿Qué cuadrados son azules? _____

Entonces, hay _____ cuadrados azules en el patrón.

1. ¿Qué patrones observas en la disposición de los cuadrados azules?

_____

_____

2. ¿Qué patrones observas en los números de los cuadrados azules?

_____

_____

© Houghton Mifflin Harcourt Publishing Company

Capítulo 5 311

🔑 Ejemplo Halla un patrón y descríbelo.

La regla para el patrón es *sumar* 5. El primer término del patrón es 5.

Ⓐ Usa la regla para escribir los números del patrón.

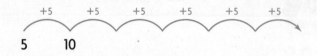

5   10   ___   ___   ___   ___   ___   ___

5, 10, _____, _____, _____, _____, _____, _____, _____, ...

Ⓑ Describe otros patrones que halles en los números.

¿Qué observas en los dígitos que están en el lugar de las unidades?

_____

_____

Usa las palabras *impares* y *pares* para describir el patrón.

_____

_____

Usa la palabra *múltiplos* para describir el patrón.

_____

_____

¡Inténtalo! **Halla un patrón y descríbelo.**

La regla para el patrón es *sumar* 3, *restar* 1. El primer término del patrón es 6.

Suma 3.   Resta 1.   Suma 3.

6   ___   ___   ___   ___   ___   ___   ___

Describe otro patrón que halles en los números.

_____

_____

_____

© Houghton Mifflin Harcourt Publishing Company

Nombre _____

Comparte y muestra MATH BOARD

Charla matemática

PRÁCTICAS MATEMÁTICAS ⑤

Usa patrones ¿Cómo usas el primer término de un patrón para hallar el término que sigue?

Usa la regla para escribir los números del patrón.

1. Regla: Restar 10.   Primer término: 100

Piensa: Resta 10.

100

100, _____, _____, _____, _____, ...

Usa la regla para escribir los números del patrón. Describe otro patrón que halles en los números.

✓ **2.** Regla: Multiplicar por 2.   Primer término: 4

4, _____, _____, _____, _____, ...

_____

✓ **3.** Regla: Contar de 6 en 6.   Primer término: 12

12, _____, _____, _____, _____, ...

_____

Por tu cuenta

Usa la regla para escribir los primeros doce números del patrón. Describe otro patrón que halles en los números.

4. Regla: Sumar 7.   Primer término: 3

_____

_____

5. Regla: Sumar 2, sumar 1.   Primer término: 12

_____

_____

6. **PRÁCTICA MATEMÁTICA** ⑤ **Usa patrones** A Marcie le gusta coleccionar adhesivos, pero también le gusta regalarlos. Ahora, Marcie tiene 87 adhesivos en su colección. Si Marcie obtiene 5 adhesivos nuevos cada semana y regala 3 por semana, ¿cuántos adhesivos tendrá Marcie en su colección después de 5 semanas?

_____

Resolución de problemas • Aplicaciones En el mundo

7. PIENSA MÁS John está ahorrando para su viaje a El Álamo. Empezó con $24 en su cuenta de ahorros. Cada semana, gana $15 cuidando niños. De esa cantidad, gasta $8 y ahorra el resto. John usa la regla *sumar 7* para hallar cuánto dinero tiene al final de cada semana. ¿Cuáles son los primeros 8 números del patrón?

Entrenador personal en matemáticas

8. PIENSA MÁS + Escribe una marca debajo de la columna que describe al número.

	Primo	Compuesto
81		
29		
31		
62		

Plantea un problema

9. MÁS AL DETALLE En una actividad de la Feria de matemáticas se muestran dos tablas.

Números
2
3
5
6
10

Operaciones
suma
resta
multiplicación

Usa al menos dos números y una operación de las tablas para escribir un problema de patrones. Incluye los primeros cinco términos del patrón en la solución de tu problema.

Plantea un problema.	Resuelve tu problema.

• Describe otros patrones de los términos que escribiste.

Nombre _____

Patrones numéricos

ESTÁNDAR COMÚN—4.OA.C.5
Generan y analizan patrones.

Usa la regla para escribir los primeros doce números del patrón.
Describe otro patrón que halles en los números.

1. Regla: *Sumar 8.* Primer término: 5

   Piensa: Sumar 8.

5   13   21   29   37

5, 13, 21, 29, 37, 45, 53, 61, 69, 77, 85, 93 _____

Todos los términos son números impares. _____

2. Regla: *Restar 7.* Primer término: 95

   _____

   _____

3. Regla: *Sumar 15, restar 10.* Primer término: 4

   _____

   _____

Resolución de problemas

4. Barb está armando un collar de cuentas. Enhebra 1 cuenta blanca, luego 3 cuentas azules, luego 1 cuenta blanca, y así sucesivamente. Escribe los números de las primeras ocho cuentas que son blancas. ¿Cuál es la regla del patrón?

   _____

   _____

5. Un artista ordena azulejos en hileras para decorar una pared. Cada hilera tiene 2 azulejos menos que la hilera de abajo. Si la primera hilera tiene 23 azulejos, ¿cuántos azulejos tendrá la séptima hilera?

   _____

   _____

6. **ESCRIBE** ▸*Matemáticas* Da un ejemplo de una regla para un patrón. Escribe un conjunto de números que correspondan al patrón.

   _____

1. La regla de un patrón es *sumar 6*. El primer término es 5. Escribe los primeros cinco términos del patrón.

2. ¿Cuáles son los dos términos que siguen en el patrón 3, 6, 5, 10, 9, 18, 17, . . .?

Repaso en espiral (4.OA.B.4, 4.NBT.B.4, 4.NBT.B.5)

3. Para ganar un juego, Roger debe conseguir 2,000 puntos. Hasta el momento, tiene 837 puntos. ¿Cuántos puntos más debe conseguir Roger?

4. Sue quiere usar el cálculo mental para hallar 7×53. Escribe una expresión que podría usar.

5. Pat hizo una lista de todos los números que tienen 15 como un múltiplo. Escribe los números de la lista de Pat.

6. Completa la siguiente oración con el término correcto.

14 es un_____ de 7 y 14.

PRACTICA MÁS CON EL
Entrenador personal
en matemáticas

✓ Repaso y prueba del Capítulo 5

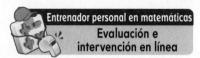

Entrenador personal en matemáticas
Evaluación e
intervención en línea

1. Escribe todos los factores del número.

14: _____

2. Selecciona los números que tienen un factor de 5. Marca todos los que correspondan.

Ⓐ 15   Ⓓ 5

Ⓑ 3   Ⓔ 50

Ⓒ 45   Ⓕ 31

3. Jackson hizo un cartel para su habitación. Ordenó 50 tarjetas de colección en el cartel formando un rectángulo. En los ejercicios 3a a 3e, elige Sí o No para indicar si la disposición de tarjetas que se muestra es posible.

3a.	5 hileras de 10 tarjetas	○ Sí	○ No
3b.	7 hileras de 8 tarjetas	○ Sí	○ No
3c.	25 hileras de 2 tarjetas	○ Sí	○ No
3d.	50 hileras de 1 tarjeta	○ Sí	○ No
3e.	45 hileras de 5 tarjetas	○ Sí	○ No

4. Escribe todos los pares de factores en la tabla.

Factores de 48	
_____ × _____ = _____	_____ , _____
_____ × _____ = _____	_____ , _____
_____ × _____ = _____	_____ , _____
_____ × _____ = _____	_____ , _____
_____ × _____ = _____	_____ , _____

5. Clasifica los números. Algunos números pueden ir en más de una casilla.

| 54 | 72 | 84 | 90 | 96 |

Divisible entre 5 y 9	Divisible entre 6 y 9	Divisible entre 2 y 6

6. James trabaja en una florería. Colocará 36 tulipanes en floreros para una boda. Debe colocar igual número de tulipanes en cada florero. El número de tulipanes de cada florero debe ser mayor que 1 y menor que 10. ¿Cuántos tulipanes podría haber en cada florero?

_____ tulipanes

7. Brady tiene una colección de 64 tarjetas de básquetbol, 32 tarjetas de fútbol americano y 24 tarjetas de béisbol. Quiere poner las tarjetas en pilas iguales, con un solo tipo de tarjeta en cada pila. ¿Cuántas tarjetas puede poner en cada pila? Marca todas las respuestas posibles.

(A) 1　(B) 2　(C) 3　(D) 4　(E) 8　(F) 32

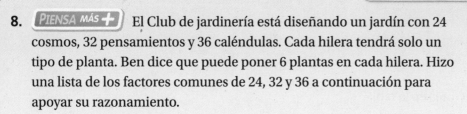

Entrenador personal en matemáticas

8. PIENSA MÁS ➕ El Club de jardinería está diseñando un jardín con 24 cosmos, 32 pensamientos y 36 caléndulas. Cada hilera tendrá solo un tipo de planta. Ben dice que puede poner 6 plantas en cada hilera. Hizo una lista de los factores comunes de 24, 32 y 36 a continuación para apoyar su razonamiento.

24: 1, 2, 3, 4, 6, 8, 12, 24

32: 1, 2, 4, 6, 9, 16, 32

36: 1, 2, 3, 4, 6, 8, 12, 18, 36

¿Tiene razón? Explica tu respuesta. Si su razonamiento es incorrecto, explica cómo debió haber hallado su respuesta.

Nombre _____

9. En la tabla se muestra la cantidad de obras que hay en un museo de arte.

Obras de arte	
Tipo de obra	Cantidad de obras
Óleos	30
Fotografías	24
Bocetos	21

Parte A

En julio, el museo presenta una muestra de los óleos de diferentes artistas. Todos los artistas presentan igual número de cuadros y cada artista presenta más de 1 cuadro. ¿Cuántos artistas podrían participar en la muestra?

_____ artistas

Parte B

El museo quiere exhibir todas las obras de arte en hileras. Cada hilera tiene igual número de obras y el mismo tipo de obra. ¿Cuántas obras podría haber en cada hilera? Explica cómo hallaste tu respuesta.

```
```

10. Charles estaba contando salteado en una reunión del Club de matemáticas. Empezó a contar de 8 en 8. Dijo 8, 16, 24, 32, 40 y 48. ¿Qué número dirá a continuación?

_____

11. Jill escribió el número 40. Si su regla es *sumar 7*, ¿cuál es el cuarto número en el patrón de Jill? ¿Cómo puedes comprobar tu respuesta?

```
```

12. En los ejercicios 12a a 12e, selecciona Verdadero o Falso para cada enunciado.

12a. El número 36 es un múltiplo de 9. ○ Verdadero ○ Falso

12b. El número 3 es un múltiplo de 9. ○ Verdadero ○ Falso

12c. El número 54 es un múltiplo de 9. ○ Verdadero ○ Falso

12d. El número 3 es un factor de 9. ○ Verdadero ○ Falso

12e. El número 27 es un factor de 9. ○ Verdadero ○ Falso

13. ¿Qué múltiplo de 7 es también un factor de 7?

_____

14. Manny prepara la cena con 1 caja de pasta y 1 frasco de salsa. Si la pasta se vende en paquetes de 6 cajas y la salsa se vende en paquetes de 3 frascos, ¿cuál es el menor número de cenas que puede preparar Manny sin que le sobren ingredientes?

_____ cenas

15. Serena tiene varios paquetes de pasas. Cada paquete contiene 3 cajas de pasas. ¿Cuál podría ser el número de cajas de pasas que tiene Serena? Marca todas las respuestas que correspondan.

Ⓐ 9 Ⓑ 18 Ⓒ 23 Ⓓ 27 Ⓔ 32

16. Elige las palabras que hacen que la oración sea verdadera.

El número 7 es | primo / compuesto | porque tiene | exactamente / más de | dos factores.

17. Winnie escribió el siguiente acertijo: Soy un número que está entre 60 y 100. El dígito de mis unidades es dos menos que el dígito de mis decenas. Soy un número primo.

Parte A

¿Qué número describe el acertijo de Winnie? Explica.

Parte B

El amigo de Winnie, Marco, dijo que su acertijo se trataba del número 79. ¿Por qué 79 no puede ser la respuesta al acertijo de Winnie? Explica.

18. Clasifica los números como primos o compuestos.

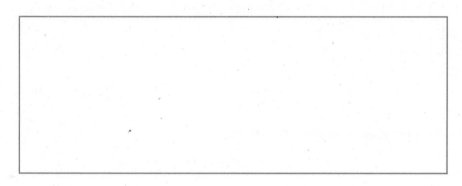

Primo	Compuesto

37   65

71   82

19. $\boxed{\textit{MÁS AL DETALLE}}$ Érica teje 18 cuadrados el lunes. Teje 7 cuadrados más cada día del martes al jueves. ¿Cuántos cuadrados teje Érica el viernes?

_____ cuadrados

20. Usa la regla para escribir los primeros cinco términos del patrón.
Regla: Sumar 10, restar 5   Primer término: 11

_____

21. Elina tenía que ordenar 10 fichas cuadradas formando un diseño rectangular. Dibujó un modelo de los rectángulos que podría formar con las diez fichas cuadradas.

Parte A

¿Cómo muestra el dibujo de Elina que el número 10 es un número compuesto?

Parte B

Imagina que Elina usó 15 fichas cuadradas para hacer su diseño rectangular. ¿Cuántos rectángulos diferentes podría formar con las 15 fichas cuadradas? Haz una lista o un dibujo para mostrar el número y las dimensiones de los rectángulos que podría formar.

Parte C

El amigo de Elina, Luke, dijo que él podría formar más rectángulos con 24 fichas cuadradas que con las 10 fichas cuadradas de Elina. ¿Estás de acuerdo con Luke? Explica.

Glosario

A

a. m. A.M. Horas entre la medianoche y el mediodía

altura height La medida de una recta perpendicular desde la base hasta la parte superior de una figura bidimensional

ángulo angle Una figura formada por dos segmentos o semirrectas que comparten un extremo
Ejemplo:

ángulo agudo acute angle Un ángulo que mide más de 0° y menos de 90°
Ejemplo:

ángulo llano straight angle Un ángulo que mide 180°
Ejemplo:

ángulo obtuso obtuse angle Un ángulo que mide más de 90° y menos de 180°
Ejemplo:

Origen de la palabra

La palabra ***obtuso*** proviene de la palabra latina ***obtundere***, que significa "quitar o gastar la punta". En efecto, cuando miras un ángulo obtuso, ves que el ángulo no es puntiagudo o agudo. En cambio, el ángulo parece sin punta y redondeado.

ángulo recto right angle Un ángulo que forma una esquina cuadrada
Ejemplo:

área area La medida del número de unidades cuadradas que se necesitan para cubrir una superficie
Ejemplo:

área = 9 unidades cuadradas

B

base base Uno de los lados de un polígono o una figura bidimensional, por lo general un polígono o un círculo, que se toma como referencia para medir o nombrar una figura tridimensional
Ejemplos:

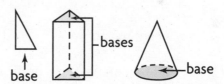

bidimensional two-dimensional Que se mide en dos direcciones, como longitud y ancho
Ejemplo:

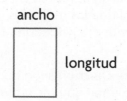

C

calendario calendar Una tabla en la que se muestran los días, las semanas y los meses del año

capacidad capacity La cantidad que puede contener un recipiente cuando se llena

Celsius (°C) Celsius (°C) Una escala del sistema métrico con la que se mide la temperatura

centésimo hundredth Una de cien partes iguales
Ejemplo:

L—centésimo

centímetro (cm) centimeter (cm) Una unidad del sistema métrico con la que se mide la longitud o la distancia
1 metro = 100 centímetros
Ejemplo:

1 centímetro

clave key La parte de un mapa o una gráfica que explica los símbolos

cociente quotient El resultado de una división, sin incluir el residuo
Ejemplo: 8 ÷ 4 = 2; 2 es el cociente.

cociente parcial partial quotient Un método de división en el que los múltiplos del divisor se restan del dividendo y luego se suman los cocientes

comparar compare Describir si un número es menor, mayor o igual que otro número

cuadrado square Un cuadrilátero con dos pares de lados paralelos, cuatro lados de igual longitud y cuatro ángulos rectos
Ejemplo:

cuadrícula grid Cuadrados del mismo tamaño y dispuestos de manera uniforme sobre una figura o superficie plana

cuadrilátero quadrilateral Un polígono con cuatro lados y cuatro ángulos

cuarto (ct) quart (qt) Una unidad del sistema usual con la que se mide la capacidad y el volumen líquido
1 cuarto = 2 pintas

cuarto de hora quarter hour 15 minutos
Ejemplo: Entre las 4:00 y las 4:15 hay un cuarto de hora.

cubo cube Una figura tridimensional con seis caras cuadradas del mismo tamaño
Ejemplo:

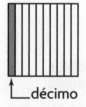

cuerpo geométrico solid shape Ver *figura tridimensional*

 D

datos data Información que se recopila sobre personas o cosas

decágono decagon Un polígono con diez lados y diez ángulos

decímetro (dm) decimeter (dm) Una unidad del sistema métrico con la que se mide la longitud o la distancia
1 metro = 10 decímetros

décimo tenth Una de diez partes iguales
Ejemplo:

L—décimo

denominador denominator El número que está debajo de la barra en una fracción y que indica cuántas partes iguales hay en el entero o en el grupo
Ejemplo: $\frac{3}{4}$ ← denominador

denominador común common denominator Un múltiplo común de dos o más denominadores
Ejemplo: Algunos denominadores comunes para $\frac{1}{4}$ y $\frac{5}{6}$ son 12, 24 y 36.

diagonal diagonal Un segmento que une dos vértices de un polígono que no están uno junto al otro
Ejemplo:

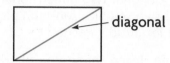

diagonal

diagrama de puntos line plot Una gráfica en la que cada dato se registra sobre una recta numérica
Ejemplo:

Altura de plántulas de frijoles

diagrama de Venn Venn diagram Un diagrama en el que se muestran relaciones entre conjuntos de cosas
Ejemplo:

Números de 2 dígitos   Números pares

35   17   29   12   10   8   6   4

diferencia difference El resultado de una resta

dígito digit Cualquiera de los diez símbolos que se usan para escribir números: 0, 1, 2, 3, 4, 5, 6, 7, 8 o 9

dimensión dimension Una medida hecha en una dirección

dividendo dividend El número que se divide en una división
Ejemplo: $36 \div 6$; $6\overline{)36}$; el dividendo es 36.

dividir divide Separar en grupos iguales; la operación opuesta a la multiplicación

divisible divisible Un número es divisible entre otro número si el cociente es un número natural y el residuo es cero.
Ejemplo: 18 es divisible entre 3.

división division El proceso de repartir un número de elementos para hallar cuántos grupos iguales se pueden formar o cuántos elementos habrá en cada uno de los grupos iguales; la operación opuesta a la multiplicación

divisor divisor El número entre el que se divide el dividendo
Ejemplo: $15 \div 3$; $3\overline{)15}$; el divisor es 3.

dólar dollar Billete que vale 100 centavos y que tiene el mismo valor que 100 monedas de 1¢; $1.00
Ejemplo:

E

ecuación equation Un enunciado numérico que indica que dos cantidades son iguales
Ejemplo: $4 + 5 = 9$

eje de simetría line of symmetry Una línea imaginaria a lo largo de la cual se puede plegar una figura de manera que sus dos partes coincidan totalmente
Ejemplo:

eje de simetría ⟶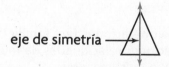

en el sentido de las manecillas del reloj clockwise En la misma dirección en que se mueven las manecillas de un reloj

en sentido contrario a las manecillas del reloj counterclockwise En la dirección opuesta en que se mueven las manecillas de un reloj

encuesta survey Un método para recopilar información

entero whole Todas las partes de una figura o de un grupo

enunciado numérico number sentence Un enunciado que incluye números, signos de operación y un signo de mayor que, menor que o igual a
Ejemplo: $5 + 3 = 8$

equivalente equivalent Que tiene el mismo valor o indica la misma cantidad

escala scale Una serie de números ubicados a distancias fijas en una gráfica, como ayuda para rotularla

esquina corner Ver *vértice*

estimación estimate Un número cercano a la cantidad exacta

estimar estimate Hallar un resultado cercano a la cantidad exacta

expresión expression Una parte de un enunciado numérico que tiene números y signos de operación, pero no un signo de la igualdad

extremo endpoint El punto ubicado en cada punta de un segmento o el punto de inicio de una semirrecta

factor factor Un número que se multiplica por otro número para hallar un producto

factor común common factor Un número que es factor de dos o más números

Fahrenheit (°F) Fahrenheit (°F) Una escala del sistema usual con la que se mide la temperatura

familia de operaciones fact family Un conjunto de ecuaciones relacionadas de multiplicación y división, o de suma y resta
Ejemplo:
$7 \times 8 = 56 \qquad 8 \times 7 = 56$
$56 \div 7 = 8 \qquad 56 \div 8 = 7$

figura abierta open shape Una figura que no comienza y termina en el mismo punto
Ejemplos:

figura bidimensional two-dimensional figure Una figura que se ubica sobre un plano; una figura con longitud y ancho

figura cerrada closed shape Una figura bidimensional que comienza y termina en el mismo punto
Ejemplos:

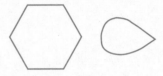

figura plana plane shape Ver *figura bidimensional*

figura tridimensional three-dimensional figure Una figura que tiene longitud, ancho y altura

forma desarrollada expanded form Una manera de escribir los números mostrando el valor de cada dígito
Ejemplo: $253 = 200 + 50 + 3$

forma escrita word form Una manera de escribir números con palabras
Ejemplo: cuatrocientos cincuenta y tres mil doscientos doce

forma normal standard form Una manera de escribir números usando los dígitos 0 a 9, en la que cada dígito ocupa un valor posicional
Ejemplo: 3,540 ← forma normal

fórmula formula Un conjunto de símbolos que expresa una regla matemática
Ejemplo: Área = base × altura, o $A = b \times h$

fracción fraction Un número que nombra una parte de un entero o una parte de un grupo
Ejemplo:

$\frac{1}{3}$

fracción mayor que 1 fraction greater than 1 Una fracción en la que el numerador es mayor que el denominador

fracción unitaria unit fraction Una fracción que tiene un numerador de uno

fracciones equivalentes equivalent fractions Dos o más fracciones que indican la misma cantidad
Ejemplo: $\frac{3}{4}$ y $\frac{6}{8}$ indican la misma cantidad.

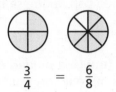

$$\frac{3}{4} \;=\; \frac{6}{8}$$

galón (gal) gallon (gal) Una unidad del sistema usual con la que se mide la capacidad y el volumen líquido
1 galón = 4 cuartos

grado (°) degree (°) La unidad con la que se miden los ángulos y la temperatura

gráfica con dibujos picture graph Una gráfica en la que se usan símbolos para mostrar y comparar información
Ejemplo:

gráfica de barras bar graph Una gráfica en la que los datos se muestran con barras
Ejemplo:

gráfica lineal line graph Una gráfica en la que se usan segmentos para mostrar cómo cambian los datos a lo largo del tiempo

gramo (g) gram (g) Una unidad del sistema métrico con la que se mide la masa
1 kilogramo = 1,000 gramos

grupos iguales equal groups Grupos que tienen el mismo número de objetos

hexágono hexagon Un polígono con seis lados y seis ángulos
Ejemplos:

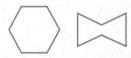

hora (h) hour (hr) Una unidad con la que se mide el tiempo
1 hora = 60 minutos

horizontal horizontal En dirección de izquierda a derecha

igual a equal to Que tiene el mismo valor
Ejemplo: 4 + 4 es igual a 3 + 5.

impar odd Un número entero que tiene un 1, un 3, un 5, un 7 o un 9 en el lugar de las unidades

kilogramo (kg) kilogram (kg) Una unidad del sistema métrico con la que se mide la masa
1 kilogramo = 1,000 gramos

kilómetro (km) kilometer (km) Una unidad del sistema métrico con la que se mide la longitud o la distancia
1 kilómetro = 1,000 metros

libra (lb) pound (lb) Una unidad del sistema usual con la que se mide el peso
1 libra = 16 onzas

líneas secantes intersecting lines Líneas que se cruzan entre sí en un único punto
Ejemplo:

litro (l / L) liter (L) Una unidad del sistema métrico con la que se mide la capacidad y el volumen líquido
1 litro = 1,000 mililitros

longitud length La medición de la distancia entre dos puntos

masa mass La cantidad de materia que hay en un objeto

matriz array Una disposición de objetos en hileras y columnas
Ejemplo:

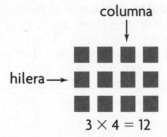

$$3 \times 4 = 12$$

media hora half hour 30 minutos
Ejemplo: Entre las 4:00 y las 4:30 hay media hora.

media unidad cuadrada half-square unit La mitad de una unidad de área con dimensiones de 1 unidad × 1 unidad

medianoche midnight Las 12:00 de la noche

mediodía noon Las 12:00 del día

medio galón half gallon Una unidad del sistema usual con la que se mide la capacidad y el volumen líquido
medio galón = 2 cuartos

metro (m) meter (m) Una unidad del sistema métrico con la que se mide la longitud o la distancia
1 metro = 100 centímetros

mililitro (ml) milliliter (mL) Una unidad del sistema métrico con la que se mide la capacidad y el volumen líquido
1 litro = 1,000 mililitros

milímetro (mm) millimeter (mm) Una unidad del sistema métrico con la que se mide la longitud o la distancia
1 centímetro = 10 milímetros

milla (mi) mile (mi) Una unidad del sistema usual con la que se mide la longitud o la distancia
1 milla = 5,280 pies

millares thousands El período que sigue al período de las unidades en el sistema numérico de base diez

millón million El número positivo que sigue a 999,999; 1,000 millares; se escribe 1,000,000.

millones millions El período que sigue a los millares

mínima expresión simplest form Una fracción está en su mínima expresión cuando el numerador y el denominador solo tienen 1 como factor común

minuto (min) minute (min) Una unidad con la que se miden períodos breves de tiempo
1 minuto = 60 segundos

moneda de 5¢ nickel Una moneda que vale 5 centavos y que tiene el mismo valor que 5 monedas de 1¢
Ejemplo:

moneda de 10¢ dime Una moneda que vale 10 centavos y que tiene el mismo valor que diez monedas de 1¢
Ejemplo:

multiplicación multiplication El proceso por el cual se halla el número total de elementos en grupos del mismo tamaño o el número total de elementos en un número dado de grupos cuando todos los grupos tienen el mismo número de elementos; la multiplicación es la operación opuesta a la división.

multiplicar multiply Combinar grupos iguales para hallar cuántos hay en total; la operación opuesta a la división

múltiplo multiple Un múltiplo de un número es el producto de un número y un número natural.
Ejemplo:

$$\begin{array}{cccc} 3 & 3 & 3 & 3 \\ \times\ 1 & \times\ 2 & \times\ 3 & \times\ 4 \\ \hline 3 & 6 & 9 & 12 \end{array}$$ ← números naturales

múltiplos de 3

múltiplo común common multiple Un número que es un múltiplo de dos o más números

numerador numerator El número que está arriba de la barra en una fracción y que indica cuántas partes del entero o del grupo se consideran

Ejemplo: $\frac{2}{3}$ ← numerador

número compuesto composite number Un número que tiene más de dos factores
Ejemplo: 6 es un número compuesto, puesto que sus factores son 1, 2, 3 y 6.

número decimal decimal Un número con uno o más dígitos a la derecha del punto decimal

número mixto mixed number Una cantidad que se da como un número entero y una fracción

número natural counting number Un número entero que se puede usar para contar un conjunto de objetos (1, 2, 3, 4, ...)

número primo prime number Un número que tiene exactamente dos factores: 1 y él mismo
Ejemplos: 2, 3, 5, 7, 11, 13, 17 y 19 son números primos. 1 no es un número primo.

números compatibles compatible numbers Números que son fáciles de calcular mentalmente

números decimales equivalentes equivalent decimals Dos o más números decimales que nombran la misma cantidad

octágono octagon Un polígono con ocho lados y ocho ángulos
Ejemplos:

onza (oz) ounce (oz) Una unidad del sistema usual con la que se mide el peso
1 libra = 16 onzas

onza fluida (oz fl) fluid ounce (fl oz) Una unidad del sistema usual con la que se mide la capacidad y el volumen líquido
1 taza = 8 onzas fluidas

operaciones inversas inverse operations Operaciones que se cancelan entre sí, como la suma y la resta o la multiplicación y la división
Ejemplo: 6 × 8 = 48 y 48 ÷ 6 = 8

operaciones relacionadas related facts Un conjunto de enunciados numéricos relacionados de suma y resta o de multiplicación y división
Ejemplos: 4 × 7 = 28   28 ÷ 4 = 7
7 × 4 = 28   28 ÷ 7 = 4

orden order Una organización o disposición particular de cosas una después de la otra

orden de las operaciones order of operations Un conjunto especial de reglas que establece el orden en que se hacen los cálculos

p. m. P.M. Las horas entre el mediodía y la medianoche

par even Un número entero que tiene un 0, un 2, un 4, un 6 o un 8 en el lugar de las unidades

paralelogramo parallelogram Un cuadrilátero con lados opuestos paralelos y de igual longitud
Ejemplo:

paréntesis parentheses Los símbolos que indican qué operación u operaciones de una expresión deben hacerse primero

partes iguales equal parts Partes que tienen exactamente el mismo tamaño

patrón pattern Un conjunto ordenado de números u objetos; el orden permite predecir qué sigue a continuación.
Ejemplos: 2, 4, 6, 8, 10

pentágono pentagon Un polígono con cinco lados y cinco ángulos
Ejemplos:

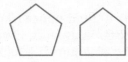

perímetro perimeter La distancia alrededor de una figura

período period Cada grupo de tres dígitos en un número de varios dígitos; por lo general, los períodos suelen separarse con comas o espacios.
Ejemplo: 85,643,900 tiene tres períodos.

peso weight Cuán pesado es un objeto

pie (ft) foot (ft) Una unidad del sistema usual con la que se mide la longitud o la distancia
1 pie = 12 pulgadas

pinta (pt) pint (pt) Una unidad del sistema usual con la que se mide la capacidad y el volumen líquido
1 pinta = 2 tazas

plano plane Una superficie plana que se extiende sin fin en todas direcciones
Ejemplo:

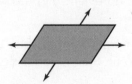

polígono polygon Una figura bidimensional cerrada formada por tres o más lados rectos que son segmentos
Ejemplos:

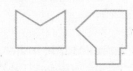
Polígonos

No son polígonos

polígono regular regular polygon Un polígono en el que todos los lados tienen la misma longitud y todos los ángulos tienen la misma medida
Ejemplos:

prisma prism Un cuerpo geométrico que tiene dos bases del mismo tamaño y la misma forma poligonal y otras caras que son todas rectángulos
Ejemplos:

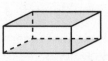

prisma rectangular   prisma triangular

prisma rectangular rectangular prism Una figura tridimensional con seis caras que son rectángulos
Ejemplo:

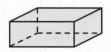

producto product El resultado de una multiplicación

producto parcial partial product Un método de multiplicación en el que las unidades, decenas, centenas, etc. se multiplican por separado y luego se suman los productos

propiedad asociativa de la multiplicación Associative Property of Multiplication La propiedad que establece que los factores se pueden agrupar de diferente manera sin cambiar el producto
Ejemplo: $3 \times (4 \times 2) = (3 \times 4) \times 2$

propiedad asociativa de la suma Associative Property of Addition La propiedad que establece que los sumandos se pueden agrupar de diferente manera sin cambiar el total
Ejemplo: $3 + (8 + 5) = (3 + 8) + 5$

propiedad conmutativa de la multiplicación
Commutative Property of Multiplication La
propiedad que establece que, cuando cambia el
orden de dos factores, el producto es el mismo
Ejemplo: $4 \times 5 = 5 \times 4$

propiedad conmutativa de la suma Commutative
Property of Addition La propiedad que
establece que, cuando cambia el orden de dos
sumandos, el total es el mismo
Ejemplo: $4 + 5 = 5 + 4$

propiedad de identidad de la multiplicación
Identity Property of Multiplication La
propiedad que establece que el producto de
cualquier número y 1 es ese número
Ejemplo: $9 \times 1 = 9$

propiedad de identidad de la suma Identity
Property of Addition La propiedad que
establece que, cuando se suma cero a cualquier
número, el resultado es ese número
Ejemplo: $16 + 0 = 16$

propiedad del cero de la multiplicación Zero
Property of Multiplication La propiedad que
establece que el producto de 0 y cualquier
número es 0
Ejemplo: $0 \times 8 = 0$

propiedad distributiva Distributive Property La
propiedad que establece que multiplicar una
suma por un número es igual que multiplicar
cada sumando por ese número y luego sumar
los productos
Ejemplo: $5 \times (10 + 6) = (5 \times 10) + (5 \times 6)$

pulgada (in) inch (in.) Una unidad del sistema
usual con la que se mide la longitud o la
distancia
Ejemplo:

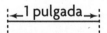

punto point Una ubicación exacta en el espacio

punto de referencia benchmark Un tamaño o
una cantidad que se conoce y que permite
comprender otro tamaño o cantidad

punto decimal decimal point Un símbolo que se
usa para separar los dólares de los centavos en
cantidades de dinero y el lugar de las unidades
del lugar de los décimos en un número decimal
Ejemplo: 6.4
      ↑ punto decimal

reagrupar regroup Intercambiar cantidades de
igual valor para convertir un número
Ejemplo: $5 + 8 = 13$ unidades o 1 decena y
         3 unidades

recta line Una sucesión recta de puntos en un
plano que continúa sin fin en ambas direcciones
y no tiene extremos
Ejemplo:

recta numérica number line Una línea en la que
se pueden ubicar los números
Ejemplo:

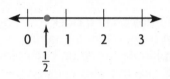

rectángulo rectangle Un cuadrilátero con dos
pares de lados paralelos de igual longitud y
cuatro ángulos rectos
Ejemplo:

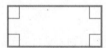

rectas paralelas parallel lines Rectas ubicadas
en un mismo plano que nunca se intersecan
y siempre están a la misma distancia entre sí
Ejemplo:

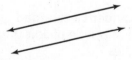

Origen de la palabra

Euclides, un matemático de la antigua
Grecia, fue uno de los primeros en
explorar la idea de las rectas paralelas.
El prefijo *para-* significa "junto o al lado
de". Este prefijo te ayuda a comprender el
significado de la palabra *paralelas*.

rectas perpendiculares perpendicular lines
Dos rectas que se intersecan y forman cuatro
ángulos rectos
Ejemplo:

redondear round Reemplazar un número
con otro número que indica una cantidad
aproximada

regla rule Un procedimiento (que por lo
general implica operaciones aritméticas) para
determinar un valor de salida a partir de un
valor de entrada

reloj analógico analog clock Instrumento para
medir el tiempo, en la que unas manecillas se
mueven alrededor de un círculo para indicar
las horas, los minutos y, a veces, los segundos
Ejemplo:

reloj digital digital clock Un reloj que indica la
hora y los minutos con dígitos
Ejemplo:

residuo remainder La cantidad que queda
cuando no se puede dividir un número en
partes iguales

resta subtraction El proceso de hallar cuántos
elementos quedan cuando se quita un número
de elementos de un grupo; el proceso de
hallar la diferencia cuando se comparan dos
grupos; la operación opuesta a la suma

rombo rhombus Un cuadrilátero con dos pares
de lados paralelos y cuatro lados de igual
longitud
Ejemplo:

S

segmento line segment Una parte de una recta
que incluye dos puntos llamados extremos y
todos los puntos que hay entre ellos
Ejemplo:

A B

segundo (s) second (sec) Una unidad de tiempo
pequeña
1 minuto = 60 segundos

semirrecta ray Una parte de una recta; tiene
un extremo y continúa sin fin en una sola
dirección
Ejemplo:

K L

signo de la igualdad (=) equal sign (=) Un
símbolo que indica que dos números tienen el
mismo valor
Ejemplo: 384 = 384

signo de mayor que (>) greater than sign (>)
Un símbolo con el que se comparan dos
cantidades, con la cantidad mayor en primer
lugar
Ejemplo: 6 > 4

signo de menor que (<) less than sign (<) Un
símbolo con el que se comparan dos cantidades,
con la cantidad menor en primer lugar
Ejemplo: 3 < 7

signo de no igual a (≠) not equal to sign (≠)
Un símbolo que indica que una cantidad no es
igual a otra
Ejemplo: 12 × 3 ≠ 38

símbolo de centavo (¢) cent sign (¢) Un símbolo
que indica *centavo* o *centavos*
Ejemplo: 53¢

simetría axial line symmetry Lo que tiene una
figura si se puede plegar a lo largo de una
línea de manera que sus dos partes coincidan
totalmente

suma addition El proceso de hallar el número
total de elementos cuando se unen dos o más
grupos de elementos; la operación opuesta a
la resta

suma o total sum El resultado de una suma

sumando addend Un número que se suma a
otro en una suma
Ejemplo: 2 + 4 = 6;
2 y 4 son sumandos.

tabla de conteo tally table Una tabla en la que
se usan marcas de conteo para registrar datos

Origen de la palabra

En los juegos de naipes, algunas personas
anotan los puntos haciendo marcas en
papel (IIII). Estas marcas se conocen como
marcas de conteo. La palabra *conteo* es
un sinónimo de *cálculo,* que proviene del
latín *calculus* y que significa "guijarro
o piedra pequeña". En la antigüedad,
algunos métodos de conteo consistían en
hacer marcas en un pedazo de madera
o de hueso, así como en reunir semillas,
ramitas, guijarros o piedras.

tabla de frecuencia frequency table Una tabla en
la que se registran datos numéricos sobre con
qué frecuencia ocurre algo
Ejemplo:

Color favorito	
Color	**Número**
Azul	10
Rojo	7
Verde	5
Otros	3

taza (tz) cup (c) Una unidad del sistema usual con
la que se mide la capacidad y el volumen de un
líquido
1 taza = 8 onzas

temperatura temperature El grado de calor
o frío, generalmente medido en grados
Fahrenheit o grados Celsius

término term Un número u objeto en un patrón

tiempo transcurrido elapsed time El tiempo que
pasa desde el comienzo hasta el final de una
actividad

tonelada (t) ton (T) Una unidad del sistema usual
que se usa para medir el peso
1 tonelada = 2,000 libras

transportador protractor Un instrumento con el
que se mide el tamaño de un ángulo

trapecio trapezoid Un cuadrilátero con un solo
par de lados paralelos
Ejemplos:

triángulo triangle Un polígono con tres lados y tres ángulos
Ejemplos:

triángulo acutángulo acute triangle Un triángulo con tres ángulos agudos
Ejemplo:

triángulo obtusángulo obtuse triangle Un triángulo con un ángulo obtuso
Ejemplo:

triángulo rectángulo right triangle Un triángulo con un ángulo recto
Ejemplo:

tridimensional three-dimensional Que se mide en tres direcciones, como longitud, ancho y altura
Ejemplo:

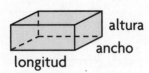

altura
ancho
longitud

U

unidad cuadrada square unit Una unidad de área con dimensiones de 1 unidad × 1 unidad

unidad de patrón pattern unit La parte de un patrón que se repite
Ejemplo:

unidad de patrón

unidades lineales linear units Unidades que miden la longitud, el ancho, la altura o la distancia

unidimensional one-dimensional Que se mide en una sola dirección, como la longitud
Ejemplos:

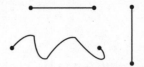

V

valor posicional place value El valor que tiene un dígito en un número según su ubicación

variable variable Una letra o un símbolo que representa uno o varios números

vertical vertical En dirección de arriba hacia abajo

vértice **vertex** El punto en el que se unen
dos semirrectas de un ángulo o dos (o más)
segmentos de una figura bidimensional
Ejemplos:

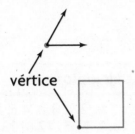

vértice

volumen líquido **liquid volume** La medida del
espacio que ocupa un líquido

yarda (yd) **yard (yd)** Una unidad del sistema usual
con la que se mide la longitud o la distancia
1 yarda = 3 pies

Correlaciones

Estándares comunes ESTÁNDARES ESTATALES COMUNES

Estándares que aprenderás

Prácticas matemáticas		Algunos ejemplos son:
MP1	Dan sentido a los problemas y perseveran en su resolución.	Lecciones 1.8, 2.1, 3.2, 4.6, 5.3, 6.5, 7.4, 9.2, 10.4, 11.5, 12.8, 13.5
MP2	Razonan de forma abstracta y cuantitativa.	Lecciones 1.3, 2.2, 3.3, 4.8, 5.6, 6.2, 7.7, 8.2, 9.5, 10.5, 12.3, 13.4
MP3	Construyen argumentos viables y critican el razonamiento de otros.	Lecciones 1.7, 2.10, 4.10, 5.2, 6.7, 7.3, 10.5, 11.1,12.2
MP4	Representación a través de las matemáticas	Lecciones 1.2, 2.5, 3.1, 4.7, 5.1, 6.4, 7.1, 8.3, 9.4, 10.1,12.5
MP5	Utilizan las herramientas apropiadas estratégicamente.	Lecciones 1.1, 2.3, 4.1, 4.7, 6.1, 9.1, 10.7, 11.3, 12.9
MP6	Ponen atención a la precisión.	Lecciones 1.4, 2.7, 3.6, 4.5, 6.3, 7.5, 8.5, 9.3, 10.2, 11.4, 12.4, 13.3
MP7	Reconocen y utilizan estructuras.	Lecciones 1.5, 2.4, 3.5, 4.4, 5.4, 6.6, 7.6, 8.1, 9.7, 10.3, 11.2, 12.1, 13.2
MP8	Reconocen y expresan regularidad en el razonamiento repetitivo.	Lecciones 1.6, 3.4, 4.3, 7.9, 8.4, 9.6, 10.6, 12.10, 13.1

Área: Operaciones y pensamiento algebraico		
Utilizan las cuatro operaciones con números enteros para resolver problemas.		
4.OA.A.1	Interpretan una ecuación de multiplicación como una comparación, por ejemplo, $35 = 5 \times 7$ como un enunciado de que 35 es 5 veces 7, y 7 veces 5. Representan enunciados verbales de comparaciones multiplicativas como ecuaciones de multiplicación.	Lección 2.1
4.OA.A.2	Multiplican o dividen para resolver problemas verbales que incluyen comparaciones multiplicativas, por ejemplo, para representar el problema usando dibujos y ecuaciones con un símbolo para el número desconocido, distinguen una comparación multiplicativa de una comparación de suma.	Lecciones 2.2, 4.12
4.OA.A.3	Resuelven problemas verbales de pasos múltiples con números enteros, cuyas respuestas son números enteros, usando las cuatro operaciones, incluyendo problemas en los que los residuos deben ser interpretados. Representan estos problemas usando ecuaciones con una letra que representa la cantidad desconocida. Evalúan si las respuestas son razonables usando cálculos mentales y estrategias de estimación incluyendo el redondeo.	Lecciones 2.9, 2.12, 3.7, 4.3
Obtienen familiaridad con los factores y los múltiplos.		
4.OA.B.4	Hallan todos los pares de factores de números enteros dentro del rango 1–100. Reconocen que un número entero es un múltiplo de cada uno de sus factores. Determinan si cierto número entero dentro del rango 1–100 es un múltiplo de cierto número de un solo dígito. Determinan si un número entero dentro del rango 1–100 es primo o compuesto.	Lecciones 5.1, 5.2, 5.3, 5.4, 5.5
Generan y analizan patrones.		
4.OA.C.5	Generan un patrón de números o figuras que sigue una regla dada. Identifican las características aparentes del patrón que no eran explícitas en la regla misma.	Lecciones 5.6, 10.7

Estándares que aprenderás

Área: Números y operaciones en base diez

Generalizan la comprensión del valor de posición para los números enteros de dígitos múltiples.

4.NBT.A.1	Reconocen que en un número entero de dígitos múltiples, un dígito en determinado lugar representa diez veces lo que representa en el lugar a su derecha.	Lecciones 1.1, 1.5
4.NBT.A.2	Leen y escriben números enteros con dígitos múltiples usando numerales en base diez, los nombres de los números, y sus formas desarrolladas. Comparan dos números de dígitos múltiples basándose en el valor de los dígitos en cada lugar, utilizando los símbolos $>$, $=$, y $<$ para anotar los resultados de las comparaciones.	Lecciones 1.2, 1.3
4.NBT.A.3	Utilizan la comprensión del valor de posición para redondear números enteros con dígitos múltiples a cualquier lugar.	Leccion 1.4

Utilizan la comprensión del valor de posición y de las propiedades de operaciones para efectuar aritmética con números de dígitos múltiples.

4.NBT.B.4	Suman y restan con fluidez los números enteros con dígitos múltiples utilizando el algoritmo convencional.	Lecciones 1.6, 1.7, 1.8
4.NBT.B.5	Multiplican un número entero de hasta cuatro dígitos por un número entero de un dígito, y multiplican dos números de dos dígitos, utilizando estrategias basadas en el valor de posición y las propiedades de operaciones. Ilustran y explican el cálculo utilizando ecuaciones, matrices rectangulares, y/o modelos de área.	Lecciones 2.3, 2.4, 2.5, 2.6, 2.7, 2.8, 2.10, 2.11, 3.1, 3.2, 3.3, 3.4, 3.5, 3.6
4.NBT.B.6	Hallan cocientes y residuos de números enteros, a partir de divisiones con dividendos de hasta cuatro dígitos y divisores de un dígito, utilizando estrategias basadas en el valor de posición, las propiedades de las operaciones y/o la relación entre la multiplicación y la división. Ilustran y explican el cálculo utilizando ecuaciones, matrices rectangulares, y/o modelos de área.	Lecciones 4.1, 4.2, 4.4, 4.5, 4.6, 4.7, 4.8, 4.9, 4.10, 4.11

Estándares que aprenderás

Área: Números y operaciones – Fracciones

Extienden el entendimiento de la equivalencia y el orden de las fracciones.

4.NF.A.1	Explican por qué la fracción *a/b* es equivalente a la fracción ($n \times a$)/($n \times b$) al utilizar modelos visuales de fracciones, poniendo atención a como el número y el tamaño de las partes difiere aún cuando ambas fracciones son del mismo tamaño. Utilizan este principio para reconocer y generar fracciones equivalentes.	Lecciones 6.1, 6.2, 6.3, 6.4, 6.5
4.NF.A.2	Comparan dos fracciones con numeradores distintos y denominadores distintos, por ejemplo, al crear denominadores o numeradores comunes, o al comparar una fracción de referencia como 1/2. Reconocen que las comparaciones son válidas solamente cuando las dos fracciones se refieren al mismo entero. Anotan los resultados de las comparaciones con los símbolos >, = ó <, y justifican las conclusiones, por ejemplo, utilizando un modelo visual de fracciones.	Lecciones 6.6, 6.7, 6.8

Área: Números y operaciones – Fracciones

Forman fracciones a partir de fracciones unitarias al aplicar y ampliar los conocimientos previos de las operaciones con números enteros.

4.NF.B.3	Entienden la fracción a/b cuando $a > 1$ como una suma de fracciones $1/b$.	
	a. Entienden la suma y la resta de fracciones como la unión y la separación de partes que se refieren a un mismo entero.	Lección 7.1
	b. Descomponen de varias maneras una fracción en una suma de fracciones con el mismo denominador, anotando cada descomposición con una ecuación. Justifican las descomposiciones, por ejemplo, utilizando un modelo visual de fracciones.	Lecciones 7.2, 7.6
	c. Suman y restan números mixtos con el mismo denominador, por ejemplo, al reemplazar cada número mixto por una fracción equivalente, y/o al utilizar las propiedades de las operaciones y la relación entre la suma y la resta.	Lecciones 7.7, 7.8, 7.9
	d. Resuelven problemas verbales sobre sumas y restas de fracciones relacionados a un mismo entero y con el mismo denominador, por ejemplo, utilizando modelos visuales de fracciones y ecuaciones para representar el problema.	Lecciones 7.3, 7.4, 7.5, 7.10
4.NF.B.4	Aplican y amplían los conocimientos previos sobre la multiplicación para multiplicar una fracción por un número entero.	
	a. Entienden que una fracción a/b es un múltiplo de $1/b$.	Lección 8.1
	b. Entienden que un múltiplo de a/b es un múltiplo de $1/b$, y utilizan este entendimiento para multiplicar una fracción por un número entero.	Lecciones 8.2, 8.3
	c. Resuelven problemas verbales relacionados a la multiplicación de una fracción por un número entero, por ejemplo, utilizan modelos visuales de fracciones y ecuaciones para representar el problema.	Lecciones 8.4, 8.5

Estándares que aprenderás

Área: Números y operaciones – Fracciones

Entienden la notación decimal para las fracciones, y comparan fracciones decimales.

4.NF.C.5	Expresan una fracción con denominador 10 como una fracción equivalente con denominador 100, y utilizan esta técnica para sumar dos fracciones con denominadores respectivos de 10 y 100.	Lecciones 9.3, 9.6
4.NF.C.6	Utilizan la notación decimal para las fracciones con denominadores de 10 ó 100.	Lecciones 9.1, 9.2, 9.4
4.NF.C.7	Comparan dos decimales hasta las centésimas al razonar sobre su tamaño. Reconocen que las comparaciones son válidas solamente cuando ambos decimales se refieren al mismo entero. Anotan los resultados de las comparaciones con los símbolos >, = ó <, y justifican las conclusiones, por ejemplo, utilizando un modelo visual.	Lección 9.7

Área: Medición y datos

Resuelven problemas relacionados a la medición y a la conversión de medidas de una unidad más grande a una más pequeña.

4.MD.A.1	Reconocen los tamaños relativos de las unidades de medición dentro de un sistema de unidades, incluyendo km, m, cm; kg, g; lb, oz.; L, mL; h, min, s. Dentro de un mismo sistema de medición, expresan las medidas en una unidad más grande en términos de una unidad más pequeña. Anotan las medidas equivalentes en una tabla de dos columnas.	Lecciones 12.1, 12.2, 12.3, 12.4, 12.6, 12.7, 12.8, 12.11
4.MD.A.2	Utilizan las cuatro operaciones para resolver problemas verbales sobre distancias, intervalos de tiempo, volúmenes líquidos, masas de objetos y dinero, incluyendo problemas con fracciones simples o decimales, y problemas que requieren expresar las medidas dadas en una unidad más grande en términos de una unidad más pequeña. Representan cantidades medidas utilizando diagramas tales como rectas numéricas con escalas de medición.	Lecciones 9.5, 12.9, 12.10
4.MD.A.3	Aplican fórmulas de área y perímetro de rectángulos para resolver problemas matemáticos y del mundo real.	Lecciones 13.1, 13.2, 13.3, 13.4, 13.5

Estándares que aprenderás

Área: Medición y datos

Representan e interpretan datos.

4.MD.B.4	Hacen un diagrama de puntos para representar un conjunto de datos de medidas en fracciones de una unidad (1/2, 1/4, 1/8). Resuelven problemas sobre sumas y restas de fracciones utilizando la información presentada en los diagramas de puntos.	Lección 12.5

Medición geométrica: entienden conceptos sobre los ángulos y la medición de ángulos.

4.MD.C.5	Reconocen que los ángulos son elementos geométricos formados cuando dos semirrectas comparten un extremo común, y entienden los conceptos de la medición de ángulos.	
	a. Un ángulo se mide con respecto a un círculo, con su centro en el extremo común de las semirrectas, tomando en cuenta la fracción del arco circular entre los puntos donde ambas semirrectas intersecan el círculo. Un ángulo que pasa por 1/360 de un círculo se llama "ángulo de un grado" y se puede utilizar para medir ángulos.	Lecciones 11.1, 11.2
	b. Un ángulo que pasa por n ángulos de un grado tiene una medida angular de n grados.	Lección 11.2
4.MD.C.6	Miden ángulos en grados de números enteros utilizando un transportador. Dibujan ángulos con medidas dadas.	Lección 11.3
4.MD.C.7	Reconocen la medida de un ángulo como una suma. Cuando un ángulo se descompone en partes que no se superponen, la medida del ángulo entero es la suma de las medidas de los ángulos de las partes. Resuelven problemas de suma y resta para encontrar ángulos desconocidos en problemas del mundo real y en problemas matemáticos, por ejemplo, al usar una ecuación con un símbolo para la medida desconocida del ángulo.	Lecciones 11.4, 11.5

Área: Geometría

Dibujan e identifican rectas y ángulos, y clasifican figuras geométricas según las propiedades de sus rectas y sus ángulos.

4.G.A.1	Dibujan puntos, rectas, segmentos de rectas, semirrectas, ángulos (rectos, agudos, obtusos), y rectas perpendiculares y paralelas. Identifican estos elementos en las figuras bidimensionales.	Lecciones 10.1, 10.3
4.G.A.2	Clasifican las figuras bidimensionales basándose en la presencia o ausencia de rectas paralelas o perpendiculares, o en la presencia o ausencia de ángulos de un tamaño especificado. Reconocen que los triángulos rectos forman una categoría en sí, e identifican triángulos rectos.	Lecciones 10.2, 10.4
4.G.A.3	Reconocen que en una figura bidimensional, el eje de simetría es una recta que corta la figura de tal manera que la figura se puede doblar a lo largo de la recta en partes exactamente iguales. Identifican figuras con simetría axial y dibujan ejes de simetría.	Lecciones 10.5, 10.6

Índice

A

a. m., 691–693

Actividades

Actividad, 5, 279, 311, 339, 345, 359, 549, 550, 555, 556, 562, 567, 568, 575, 581, 582, 613, 614, 647, 653, 686, 703

Investigar, 31, 87, 157, 203, 227, 235, 247, 327, 385, 601, 621, 673

Actividades de Matemáticas en el mundo, 3, 61, 143, 195, 277, 325, 383, 453, 493, 547, 599, 639, 715

Actividades y conexiones con otras materias

Conectar con el Arte, 400, 570

Conectar con la Lectura, 84, 224

Conectar con las Ciencias, 26, 218, 510, 616, 688, 740

Conectar con los Estudios Sociales, 308

Álgebra

área

fórmula, 723–726

hallar, 723–726, 729–732, 743–746

división relacionada con la multiplicación, 228, 475, 476

operaciones inversas, 260

ecuaciones

división, 210–223, 738

ecuaciones con ángulos, 622–623, 627–630, 631–632

escribir, 49–51, 63–66, 69–72, 386–387, 391–394

multiplicación, 63–66, 131–134, 470, 475–478

problemas de varios pasos, 131–134

representar, 69–72, 131–134, 157–159, 203–204, 391, 394

resolver usando el cálculo mental, 107–110

resta, 49–52, 132, 409–412

suma, 50, 385–388, 397–400, 409–412

escribir una regla, 121

expresiones

numéricas, 435–438

paréntesis, 107, 145

tablas de funciones, 286–287

multiplicación

hallar factores desconocidos, 285–288

problemas de comparación, 63–66, 69–72

propiedad asociativa de la multiplicación, 107–110, 145–148

propiedad conmutativa de la multiplicación, 63–66, 107–110, 171

propiedad distributiva, 87–90, 99–101, 108–109, 227–230, 718

relacionada con la división, 475

patrones en unidades de medición, 703–706

patrones numéricos, 311–314, 470–472

perímetro

fórmula, 717–720

hallar, 717–720

propiedad distributiva, 87–90, 99, 227–230, 718

división, 227–230

multiplicación, 87–90, 99–102, 108–109

suma

propiedad asociativa de la suma, 39, 435–438

propiedad conmutativa de la suma, 39, 435–438

unidades de medición, convertir, 647–650, 653–656, 659–662, 673–676, 679–682, 685–688

Algoritmos

división, 253–256, 259–262

multiplicación, 119–122, 125–128, 163–166, 171–174

resta, 43–46

suma, 37–40

Altura, 723–726, 737, 739

Ángulo llano, 550–552, 608

Ángulos

agudos, 550, 555, 608, 615

definición, 550

ecuaciones con ángulos, 622–623, 627–630, 631–632

giros en un círculo, 607–610

llanos, 550, 608

medir y dibujar, 613–616

obtusos, 550, 555, 608, 615

rectos, 550, 555, 567, 608, 723

usar para clasificar triángulos, 555–558

Ángulos agudos, 550, 555

Ángulos obtusos, 550–552, 555–558

Ángulos rectos, 549–552, 555–558, 567, 608, 723

usando la recta numérica, 371–374
usando tiras fraccionarias, 359–361
convertir en números mixtos,
417–420, 476
denominador, 365–368
denominador común, 345–348,
365–368, 410
división, 476
fracciones equivalentes
definición, 327
denominadores comunes, 346–347
multiplicación y división para hallar,
333–336
representar, 327–330, 333–336,
339–342, 351–354
hacer un diagrama, 481–484
mayor que 1, 1, 417–420, 429–432
modelos de barras, 481–484
modelos de área, 327–330, 333–336,
351–354
multiplicación con números enteros,
469–472
usando la suma, 469–472
usando modelos, 469–472
usando patrones, 470–471
mínima expresión, 339–342
múltiplos, 455–458, 461–464
numerador, 365–368
numerador común, 365–368
números mixtos, 417–420
ordenar, 371–374
patrones, 470
problemas de comparación, 481–484
problemas de varios pasos, 441–444
puntos de referencia, 359–362
relacionadas con
dinero, 513–516
números decimales, 495–498, 501–504,
508, 513–516, 527–530
resta
convertir para restar, 429–432
mismo denominador, 409–412,
423–426
números mixtos, 423–426
representar, 385–388, 403–406,
409–412, 429–432
suma
fracciones unitarias, 391–394
mismo denominador, 391–394,
409–412, 423–426, 435–438,
527–530

números mixtos, 423–426
partes de 10 y 100, 527–530
propiedades, 435–438
representar, 385–388, 397–400,
409–412, 423–426, 441–444
Fracciones equivalentes
definición, 327
multiplicación y división para hallar,
333–336, 340
representar, 327–330, 333–336, 339–342,
351–354
Fracciones unitarias, 391–394, 455–458

G

Galón, 659–662
Geometría. *Ver también* **Figuras
bidimensionales**
ángulos, 549–552
agudos, 550, 555, 608, 615
clasificar triángulos según el tamaño
de sus ángulos, 555–558
ecuaciones con ángulos, 622–623,
627–630, 631–632
giros en un reloj y medidas de
ángulos, 602, 603, 685
hallar medidas desconocidas,
737–740
medir y dibujar, 613–616
obtusos, 550, 555, 608, 615
rectos, 550, 555, 567, 608, 723
cuadrados, 567–569, 581
cuadriláteros, 567–570
clasificar, 567–570
hexágonos, 581
patrones de figuras, 587–590
polígonos, 555–558, 567–570
rectángulos, 567–569
rectas, 549–552
paralelas, 561–564
perpendiculares, 561–564
semirrectas, 549–552
simetría
ejes de simetría, 581–584
simetría axial, 575–578, 581–584
trapecios, 567–569, 581
triángulos, 555–558
clasificar, 555–558

O

© Houghton Mifflin Harcourt

S

Tabla de medidas

SISTEMA MÉTRICO

Longitud

1 centímetro (cm) = 10 milímetros (mm)

1 metro (m) = 1,000 milímetros

1 metro = 100 centímetros

1 metro = 10 decímetros (dm)

1 kilómetro (km) = 1,000 metros

Capacidad y volumen líquido

1 litro (l) = 1,000 mililitros (ml)

Masa/Peso

1 kilogramo (kg) = 1,000 gramos (g)

SISTEMA USUAL

Longitud

1 pie (ft) = 12 pulgadas (in)

1 yarda (yd) = 3 pies o 36 pulgadas

1 milla (mi) = 1,760 yardas o 5,280 pies

Capacidad y volumen líquido

1 taza (tz) = 8 onzas fluidas (oz fl)

1 pinta (pt) = 2 tazas

1 cuarto (ct) = 2 pintas o 4 tazas

medio galón = 2 cuartos

1 galón (gal) = 2 medios galones o 4 cuartos

Masa/Peso

1 libra (lb) = 16 onzas (oz)

1 tonelada (t) = 2,000 libras

TIEMPO

1 minuto (min) = 60 segundos (s)

media hora = 30 minutos

1 hora (h) = 60 minutos

1 día (d) = 24 horas

1 semana (sem.) = 7 días

1 año (a.) = 12 meses (mes.) o
aproximadamente 52 semanas

1 año = 365 días

1 año bisiesto = 366 días

1 década = 10 años

1 siglo = 100 años

DINERO

1 moneda de 1¢ = 1¢ o $0.01

1 moneda de 5¢ = 5¢ o $0.05

1 moneda de 10¢ = 10¢ o $0.10

1 moneda de 25¢ = 25¢ o $0.25

1 moneda de 50¢ = 50¢ o $0.50

1 dólar = 100¢ o $1.00

SIGNOS

$<$	es menor que	$\perp$	es perpendicular a
$>$	es mayor que	$\parallel$	es paralelo a
$=$	es igual a	$\overleftrightarrow{AB}$	recta AB
$\neq$	no es igual a	$\overrightarrow{AB}$	semirrecta AB
¢	centavo o centavos	$\overline{AB}$	segmento AB
$	dólar o dólares	$\angle ABC$	ángulo ABC o ángulo B
°	grado o grados	$\triangle ABC$	triángulo ABC

FÓRMULAS

	Perímetro		**Área**
Polígono	$P =$ suma de la longitud de los lados	Rectángulo	$A = b \times h$
Rectángulo	$P = (2 \times l) + (2 \times a)$ o $P = 2 \times (l + a)$		$A = l \times a$
Cuadrado	$P = 4 \times L$		